高等学校物流管理与工程类专业创新型人才培养系列教材

U0663146

仓储和配送管理

（第3版）

袁伯友　魏　然◎编著

WAREHOUSING
AND DISTRIBUTION
MANAGEMENT

电子工业出版社·
Publishing House of Electronics Industry
北京·BEIJING

内 容 简 介

本书在第 2 版的基础上进行了修订，吸收了学界近几年新的研究成果和企业管理实践当中的创新成果，更加关注物流行业的发展，贴近企业实际，突出应用性和对学生理论素质与专业能力的培养。主要内容包括仓储和配送作业管理，库存管理，配送系统和配送方式，配送计划与决策，仓库规划及设备管理，仓储经营方法、仓储与配送管理模式及服务营销，仓储及配送服务质量和成本管理，仓储和配送战略管理等。本书可作为高等院校本科物流管理及相关专业课程的教学用书，同时也可作为从事企业物流管理工作及相关岗位的从业人员的学习参考用书。

图书在版编目（CIP）数据

仓储和配送管理 / 袁伯友，魏然编著. -- 3 版.

北京 : 电子工业出版社，2025. 9. -- ISBN 978-7-121

-50853-0

Ⅰ. F253；F252.14

中国国家版本馆 CIP 数据核字第 2025KR4179 号

责任编辑：袁桂春

印　　刷：三河市兴达印务有限公司

装　　订：三河市兴达印务有限公司

出版发行：电子工业出版社

　　　　　北京市海淀区万寿路 173 信箱　邮编：100036

开　　本：787×1 092　1/16　印张：15.75　字数：403 千字

版　　次：2006 年 4 月第 1 版

　　　　　2025 年 9 月第 3 版

印　　次：2025 年 9 月第 1 次印刷

定　　价：59.00 元

前　言 ————————————●

　　党的二十大报告指出："加快发展物联网，建设高效顺畅的流通体系，降低物流成本。"这为推动当下与未来一段时间内我国物流业发展指明了方向，也为高校高质量物流人才培养模式提供了指南。

　　随着经济发展和科学技术的进步，我国物流业获得了快速的发展。仓储和配送作为现代物流的重要环节，给社会、政治、军事、经济、文化等方面带来了巨大的影响，受到各国政府、学界、企业等的高度重视。当前，电子商务蓬勃发展，进一步促进了物流业的发展，使仓储和配送活动发生了巨大的变化，企业在仓储和配送的管理及决策等方面不断创新。但是，随着市场竞争日益激烈，企业降低成本、提高效益的压力增大，从事仓储和配送活动的企业乃至整个物流业开始面临更大的挑战。因此，仓储和配送管理模式也需要不断地探索和发展。

　　本教材以国际国内现代物流的发展动态为背景，以经济学和管理学理论为基础，系统介绍了仓储与仓储管理、配送与配送管理的基本知识，并重点阐述了仓储管理和配送管理的主要内容。本教材从企业微观管理的角度出发，重点围绕仓储管理和配送管理内容展开撰写，较少涉及仓储和配送作业方面的内容；在教材结构上，从学校教学的角度，按照先易后难、先基础后综合的顺序来编写。第1章先概述仓储管理和配送管理的基础知识，第2章介绍仓储和配送作业管理，这两章是仓储和配送管理的基础；第3章介绍仓储管理中比较重要的库存管理，第4～5章介绍配送系统和配送方式、配送计划与决策，这三章按照货物的"存"和"出"流程介绍相关的仓储和配送管理活动；第6～9章主要介绍企业仓储和配送管理中一些重要内容，包括仓库规划及设备管理，仓储和配送经营方法、模式及营销，仓储及配送服务质量和成本管理，仓储和配送战略管理等。

　　自本教材再版以来，我国高校物流教育为满足经济发展和物流业转型升级的需求，在教育体制改革、培养模式创新、学科建设、教材体系建设、资源投入等方面付出了巨大的努力，同时也使得我国物流人才教育与培养模式发生了较大的变化。本次修订结合我国国民经济、物流业及物流教育的新形势和新变化，对第2版教材进行了审慎的论证，在第2版教材基础上进行了创新。一是对教材框架结构做了彻底的改变，由原来的12章压缩为9章，除了个别章节的某些部分保留了原有的结构，其他章节的结构都重新进行了设计和完善。二是对教材内容进行了深度更新，除了保留个别章节的部分内容，其余章节均重新编写。修订后的教材吸收了学界近几年新的研究成果和企业管理实践当中的创新成果，更加聚焦物流行业的发展，贴近企业实际，突出应用性和对学生理论素质与专业能力的培养。三是配有丰富的教辅资源，主要包括电子课件、课后习题及答案、期末试卷及答案、微课视频等。任课教师可以登录华信教育资源网（http://www.hxedu.com.cn）免费获取。

本教材在编写过程中注重理论与应用相结合，力求做到内容全面、结构严谨、语言简洁，目标是使其既适用于高等院校物流管理及相关专业的教学，也能满足物流管理从业人员的学习和培训需求。

本教材编写分工如下：第 1 章、第 3 章、第 9 章由袁伯友编写；第 4 章、第 5 章、第 6 章、第 7 章由魏然编写；第 2 章、第 8 章由贾子若编写；李亚伶、吴向悦、张贺、王乔博等参与了资料的收集、整理及书稿校对等工作。隋东旭对书稿做了细致的审校工作。

在本教材编写过程中，原主编刘彦平教授给予了热心指导和大力支持，对此表示诚挚的感谢。本教材在修订过程中参考并保留了前两版的部分内容，在此向原作者表示衷心的感谢。教材中参考和引用了国内外有关物流和仓储、配送方面论著的内容，吸收了许多学者的研究成果，在此谨向这些作者致以衷心的感谢。因工作疏忽，部分参考资料及其作者未能在参考文献中一一列出，特此向作者表示歉意与感谢。

由于时间限制，加上受作者水平和所掌握的资料数量所限，书中可能会有一些错误和疏漏之处，敬请读者指正并提出宝贵意见。

目　　录

第 1 章

绪论

仓储业是一个古老的行业，随着经济与技术的发展而发生了巨大的变化。仓储活动作为现代物流的一个重要组成部分，在基础设施、设备技术、管理方法等方面也在快速发展。配送业是随着物流行业的发展而逐渐发展起来的一个新兴行业。仓储活动和配送活动对于国民经济增长、社会发展以及人们日常生活需要的满足等方面产生了巨大的影响，发挥了巨大的作用。

本章学习目标

1. 理解仓储管理的含义、内容及作用；
2. 理解配送的含义及作用；
3. 理解配送管理的含义及内容。

促进商贸服务业和物流业深度融合
未来五年商贸物流发展行动计划发布

为贯彻落实党中央、国务院关于畅通国民经济循环和建设现代流通体系的决策部署，加快提升商贸物流现代化水平，促进商贸物流降本增效，商务部、发展改革委、财政部、自然资源部、交通运输部、海关总署等 9 个部门于 2021 年 8 月 6 日发布《商贸物流高质量发展专项行动计划（2021—2025 年）》（以下简称"计划"）。计划提出，加快提升商贸物流网络化、协同化、标准化、数字化、智能化、绿色化和全球化水平，健全现代流通体系，促进商贸物流提质降本增效，便利居民生活消费，推动经济高质量发展。

重点任务包括优化商贸物流网络布局，建设城乡高效配送体系，促进区域商贸物流一体化。在优化商贸物流网络布局方面，要加强商贸物流网络与国家综合运输大通道及国家物流枢纽衔接，提升全国性、区域性商贸物流节点城市集聚辐射能力；优化综合物流园区、配送（分拨）中心、末端配送网点等空间布局；加强县域商业体系建设，健全农村商贸服务和物流配送网络。在建设城乡高效配送体系方面，要强化综合物流园区、配送（分拨）中心服务城乡商贸的干线接卸、前置仓储、分拣配送能力，促进干线运输与城乡配送高效衔接；引导连锁零售企业、电商企业等加快向农村地区下沉渠道和服务，完善县乡村三级物流配送体系。在促进区域商贸物流一体化方面，要支持京津冀、长三角、粤港澳大湾区、成渝地区双城经济圈等重点区域探索建立商贸物流一体化工作机制；优化整合区域商贸物流设施布局，提高区域物流资源集中度和商贸物流总体运行效率。

计划鼓励批发、零售、电商、餐饮、进出口等商贸服务企业与物流企业深化合作，优化业务流程和渠道管理，促进自营物流与第三方物流协调发展。推广共同配送、集中配送、统一配送、分时配送、夜间配送等集约化配送模式，完善前置仓配送、门店配送、即时配送、网订店取、自助提货等末端配送模式。同时鼓励商贸企业、物流企业将物流服务深度嵌入供应链体系，提升市场需求响应能力和供应链协同效率。

案例思考题

（1）简述物流配送在商贸物流中的作用。
（2）物流配送有哪些配送模式？

1.1 仓储与仓储管理

对于一般的物流企业来说，物品的储存、保管都是企业必须面对的问题。如何解决这些问题，并有效地促进物流企业正常的生产经营活动的开展，是物流企业仓储及仓储管理活动的任务。仓储与仓储管理是物流企业管理中的重要内容，也是现代物流重要的组成部分。

1.1.1 仓储的认知

仓储是现代物流的一项基本活动，主要包括入库、保存和出库等与仓储相关的一系列作业活动。在我国，经营仓储业务的企业构成仓储业，并在一定的仓储市场环境中生存和发展。

1. 仓储的定义

对于仓储的定义，人们的认识不尽相同。下面是人们从不同的角度给出的仓储定义。

首先，从"仓"和"储"的基本含义看，"仓"即仓库，是存放物品的建筑物和场地的总称，主要包括房屋建筑、大型容器、洞穴或特定的场所等，具有存放和保护物品的功能。"储"即储存，有收存、保管、储藏和交付使用的含义，表示将储存对象收存以备使用，而储存对象则是在企业生产、交易或人们日常消费中暂时没有被使用、处于闲置状态的物品。例如，为企业生产准备的、暂时储存在库房及其他场所的原材料，商业企业待售的居民日常用品等。综上所述，仓储就是利用仓库存放暂时不使用、处于闲置状态的物品的行为或活动。

根据国家标准《物流术语》（GB/T 18354—2021）中的定义，仓储是"利用仓库及相关设施设备进行物品的入库、储存、出库的活动"；物流是"根据实际需要，将运输、储存、装卸、搬运、包装、流通加工、配送、信息处理等基本功能实施有机结合，使物品从供应地向接收地进行实体流动的过程"；物流服务是"为满足客户物流需求所实施的一系列物流活动过程及其产生的结果"。所以，从现代物流的角度看，一方面，仓储是物流的一种基本功能，是物流过程的一个环节；另一方面，仓储是一种物流服务，指的是企业为客户提供物品存放、保管等服务。例如，一家物流公司按照与家电制造公司达成的协议，将电视机产品从制造公司运输到本企业，并经过交接、装卸、搬运、上架等过程，储存在自己仓库的货架上，并选派人员对产品进行日常维护、保养。在这个过程中，物流公司为客户提供了仓储服务及其他物流服务。

从一家企业的整体看，仓储也可以被看作仓储系统，它是企业物流系统中一个重要的子系统，其主要构成要素包括储存空间、物品、人员及储存设备等。仓储系统的好坏直接影响企业的物流系统运转水平，而整个物流系统对企业的正常运行起着至关重要的作用。仓储系统的运行效果取决于仓储网络的布局、设施设备的规划与维护，以及员工技术培训等多方面因素。

企业生产的产品是被人们消费和使用，并能满足人们某种需求的东西，包括有形的物品、无形的服务，或者两者的组合。仓储能够满足客户对于物品装卸、搬运、维护、保养和交付等的服务需求，所以仓储也是企业生产的一种产品，即非实物形态的劳动成果或服务产品。仓储具有服务产品的基本特点，如仓储服务是无形的，没有有形物品所具有的颜色、款式、形状等特征。

知识链接

服务产品相关认知

服务产品即以非实物形态存在的劳动成果，是劳动者运用一定的设备和工具为消费者提供服务所产生的结果，主要包括第三产业部门中一切不表现为实物形态的劳动成果（由于经济过程的复杂性，现实中第一、第二产业部门中也混杂着少量服务产品）。相对于实体产品，服务产品具有以下 3 个特点：①无形性，即消费者在购买和使用服务产品前无法感受到视、听、闻、尝、触等物理特征；②不可分离性，即服务产品的生产、流通和消费一般在时间和空间上是不可分离的、同时进行的；③不可存储性，即服务的价值只存在于服务进行之中，不能储存以供今后销售和使用。

一般来说，在物流业务中，仓库内储存的或在物流其他环节中流动的物质资料被称为物品、货物或物料，如库存物品、运输货物、库存货物、储存物料等。在制造企业的生产过程或销售过程中储存或流动的物质资料被称为产品，如库存产品、产品销售、产品运送及交付等。但产品进入流通领域，往往又被称为商品，如商业企业库存商品等。所以产品、物品、货物、物料或商品都属于经济与社会活动中实体流动的物质资料，也都是物流活动（包括仓储、配送及运输）中涉及的实体物质资料，只是在不同地点、不同领域的称呼不同，有时也不严加区分。

2. 仓储作业

仓储作业是企业在仓储活动中，为完成仓储任务而进行的相关活动。从企业整体来看，全部的仓储作业形成一个完整的过程，这个过程从货物入库开始，经过有一定顺序且相互连接的各个作业环节，最后将货物出库发运。

根据作业过程各个环节的内容，仓储作业可以分为 3 个阶段：入库作业阶段、在库作业阶段和出库作业阶段。入库作业阶段主要任务是接运、验收、交接、入库、装卸搬运等。在库作业阶段主要任务是分区分类、养护、盘点、加工等。出库作业阶段主要任务是订单处理、分拣、包装、配货、积载、送货、交接等。仓储作业 3 个阶段及其主要任务如图 1-1 所示。

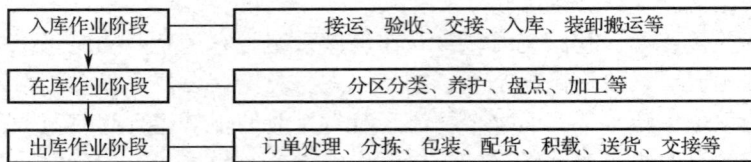

图 1-1　仓储作业 3 个阶段及其主要任务

3. 仓储企业与仓储业

（1）仓储企业的定义。从狭义上看，仓储企业指主营仓储业务的企业，如主要为客户提供货物储存、保管、中转等仓储服务的仓储型公司或物流公司。从广义上看，仓储企业指拥有仓储业务的所有企业，既包括狭义的仓储企业，也包括非主营仓储业务的企业（如以制造为主营业务的企业）。本书采用的是广义仓储企业的定义。

（2）仓储企业的分类。根据是否面向社会提供仓储服务，仓储企业可分为两类：一类是面向社会提供仓储服务的企业，此类企业主要包括从事仓储业务及其他物流业务的仓储企业或物流企业，还有少量利用自己的仓库为社会提供仓储服务的制造企业或贸易企业；另一类是不面向社会提供仓储服务的企业，其仓储业务是为主营业务提供服务或支撑，此类企业主要包括制造企业、贸易企业。为了方便叙述，本书在后面的内容中将前一类用物流企业作为代表，后一类用制造企业作为代表。

🔍 **知识链接**

仓储经营管理认知

仓储经营管理是物流企业经营管理的主要内容，其任务主要是根据市场需求，选择和实施科学合理的经营方法，制定仓储规划，提供适宜的保管环境，保证仓储商品的数量正确和质量完好，提供仓储物资的信息，进行广泛的市场宣传和市场开发等。

（3）仓储企业的增值服务。目前，许多仓储企业除了为客户提供物品保管服务，还拓展了多种增值服务。这些增值服务主要包括：①采购，是指企业根据客户需求，独立完成货物采购任务，并将其储存在自己的仓库中；②流通加工，是指企业利用仓库设施，根据客户需求进行的组装、剪切、套裁、贴标签、刷标志、分类、检测、弯管、打孔等活动；③信息咨询，是指企业向客户提供可行性研究、解决方案、战略规划等方面的专业咨询服务；④物流规划，是指企业为客户提供有关货物运输、储存、配送等物流服务的设计方案；

4

⑤教育培训，是指企业利用自己掌握的有关仓储作业及管理方面的知识和技能，为客户提供相关人员的培训服务；⑥市场预测，是指企业利用掌握的有关库存产品的品种及数量、进出库、销售地域、客户等详细信息，为客户提供相关产品销售的详细信息，并做出科学的市场预测；⑦仓单质押，是指以仓单为标的物而成立的一种质权，是一种新型的服务项目。企业以此为基础，进一步拓展了物流金融方面的增值服务，具体模式包括垫付货款模式、代收货款模式、融通仓模式、保兑仓模式、海陆仓模式、金融授信模式等。

（4）仓储业。在我国，仓储业是指专业从事仓储活动的产业。同时，仓储业也是从事仓储活动的经营企业的总称，这些企业属于第一类仓储企业。随着国民经济的不断发展，仓储业已成为经济社会发展中不可或缺的力量，在国民经济体系中占有重要的地位。国家统计局每年发布的《统计年鉴》都将仓储业纳入国民经济统计中（如在国内生产总值统计表中的统计指标为"交通运输、仓储和邮电业"）。因为仓储是物流职能之一，所以仓储业成为物流业的重要组成部分。

4．仓储市场

物流企业向社会提供仓储服务产品，有仓储服务需求的企业购买这种服务产品，这样就形成了仓储市场。在这个市场中，物流企业拥有仓库等设施，是仓储服务产品的供给方或供给者，制造企业、贸易企业、其他社会组织及个人是仓储服务产品的需求方或需求者。仓储市场具有自己的特点，如仓储市场属于服务市场，进入该市场比较困难等。但是，仓储市场也具有商品市场的基本规律，如需求定理和供给定理等。

知识链接

需求定理和供给定理

（1）需求定理是反映商品本身价格和需求量之间关系的理论，其基本内容是：在市场其他条件不变的情况下，某种商品的需求量与价格之间呈反方向变动的关系，即商品的价格上升时，商品的需求量减少；商品价格下降时，商品的需求量增加。

（2）供给定理是反映商品本身价格和供给量之间关系的理论，其基本内容是：在市场其他条件不变的情况下，某种商品的供给量与价格之间呈同方向变动的关系，即供给量随着商品价格的上升而增加，随着商品价格的下降而减少。

1.1.2　仓储的作用

从仓储企业的角度看，仓储可以保证企业在生产过程中获得及时、准确、质量完好的物资供应，有利于企业通过较少的流动资金占用降低产品成本，从而提高企业经济效益和竞争力。下面从企业物流管理和企业经营的角度来进一步认识仓储的作用。

1．仓储在企业物流管理中的作用

（1）仓储在物流操作中的作用具体表现为以下 3 个方面。

① 运输整合和配载。由于运输费率随着运量的增加而降低，因此尽可能大批量运输是节省运费的有效手段。而将连续产出的产品集中成大批量再组织运输，或者将众多供货商所提供的产品整合成单一的一票运输等，就需要通过仓储来实现。整合不仅可实现大批量

运输，还可以应用比重整合、轻重搭配等方法，实现对运输工具空间的充分利用。整合服务还可以由多个厂商共同享有，以减少仓储和运输成本。在运输整合过程中还可以对商品进行成组、托盘化等操作，使运输作业效率进一步提高。运输服务商也可在仓储过程中对众多小批量货物进行合并运输、运输配载，以达到充分利用运输工具、降低物流成本的目的。

② 分拣和产品组合。对于通过整合运达消费地的产品，需要在仓库里根据流出去向、流出时间的不同进行分拣，然后分别配载到不同的运输工具上，最后配送到不同的目的地。仓储的整合作用还适用于将不同产地生产的系列产品在仓库中进行组合，形成完整的系列商品后向销售商供货。生产商可以要求分散的供应商将众多的零部件送到指定的仓库，由仓库进行虚拟配装组合，再送到生产线上进行装配，这还包括将众多小批量的货物组合成大的运输单元，以降低运输成本。

③ 流通加工。流通加工是将产品加工工序从生产环节转移到物流环节中进行的作业安排。仓储中的物资处于停滞状态，适合进行流通加工，这既不影响产品的流通速度，又能使产品及时适应市场消费的变化及满足不同客户的需求。流通加工包括产品包装、装潢包装、贴标签、改型、上色、定量、组装等。虽然流通加工往往比在生产地加工成本更高，但能够及时满足销售需求，促进销售，还能降低整体物流成本。

（2）仓储在物流成本管理中的作用具体表现为：仓储成本是物流成本的组成部分，仓储环节是整体上对物流成本实施管理的控制环节。控制和降低仓储成本可直接实现物流成本的降低。产品在仓储中的组合、配载和包装、成组等流通加工是为了提高装卸效率，充分利用运输工具，降低运输成本。合理的仓储规划和准确的库存管理会减少商品的换装和流动次数，有利于降低作业成本。优良的仓储管理能对商品实施有效的保管和养护，确保库存数量的准确性，从而大大降低风险成本。

（3）仓储是物流增值服务功能的实现环节。卓越的物流管理不仅能满足产品销售需要、降低产品成本，还能提供增值服务、提高产品销售收入。产品销售的增值主要来源于产品质量的提高、功能的扩展、供应及时性的时间价值、削峰平谷的市场价值、个性化服务等。

一些物流增值服务可以在仓储环节进行。流通加工在仓储环节物资流动停顿时开展，通过加工提高产品的质量、改变功能、实现产品个性化。仓储环节的时间控制可使生产节奏和消费节奏同步，实现物流管理的时间效用。企业还可以通过仓储环节的商品整合，提供个性化消费服务等。

2．仓储在企业经营中的作用

（1）在企业制定并实施组织战略、实现战略目标中发挥重要作用。在现代企业管理中，仓储战略已经成为组织战略的一部分，通过实施仓储战略，可以促进组织战略及其目标的实现。例如，企业要实施跨国经营战略，在多个国家和地区建立工厂并开拓当地市场，就需要制定相应的仓储战略，要在当地建立储存产品的仓库，或建立物流中心、配送中心，负责产品的储存和配送。

（2）将企业供应链上下游各环节的活动衔接起来。供应链是企业从原材料和零部件采购、运输、加工制造、分销直至最终把商品送到消费者手中的环环相扣的链条。制造企业通过采购、运输获得生产所需的原材料或零部件，然后在仓库中进行储存和保管；接着按生产部门需求提供原材料或零部件；生产部门生产出成品后储存在企业的产成品仓库中；

最后，根据客户订单，产品出库，被发送给客户。在供应链各个环节中，仓储起到了衔接作用。

（3）为企业正常的生产经营提供支持和保障。制造企业的仓库如果有充足的原材料，就可以满足生产所需；如果有充足的产成品，就可以有效地落实销售部门的销售计划，满足客户的产品需求。反过来，如果企业仓储部门管理出现问题，仓库没有储存足够的原材料或产成品，很可能会影响企业正常的生产或销售活动。

1.1.3　仓储管理概述

为了使仓储活动更经济和高效，企业需要依据基本的仓储管理原理，对其进行调节和控制，实施有效的仓储管理。

1．仓储管理的概念及目的

仓储管理的概念可分为狭义和广义两种。从狭义上看，仓储管理是对货物的入库、保管和出库等业务活动所进行的计划、组织、指挥、监督和调节工作。例如，一批货物即将入库，要提前制订入库计划；在入库、保管等活动中，要采取措施降低各种费用。

从广义上看，仓储管理是指对所有与仓储相关的活动进行全面规划、组织、控制和优化的过程。也就是说，除了狭义的内容，还包括其他仓储管理活动，如仓库设施选址、仓库布局规划、库存管理策略制定等。以下将主要从广义上对仓储管理进行详细阐述。

企业性质不同，其仓储管理的目的也不尽相同。制造企业以制造实体产品为主营业务，企业的仓储部门主要是为生产部门提供仓储服务，即仓储管理只是企业主营业务的支持手段。因此，制造企业仓储管理的目的是围绕企业战略及目标，在仓储方面提供支持和相关的服务，使得企业生产经营能够顺利、有效地进行，同时，要尽量控制货物库存量和仓储成本，降低企业总成本，使企业收益最大化。例如，一家企业即将投产一种新产品，仓储部门就需要提前准备仓库，制订仓储计划，进而采购、储备生产所需的原材料，并为储存将来生产出来的产成品做准备。

与制造企业不同，物流企业将为其他企业提供仓储服务作为主营业务，即仓储管理是物流企业获取营业收入的手段。所以，物流企业仓储管理的目的是通过为客户提供仓储服务，获取营业收入。物流企业需要客户有更多的库存量，以扩大货物储存规模，同时，要考虑控制日常作业成本和管理成本，以降低成本，增加收益。

2．仓储管理的内容

一般来说，企业仓储管理主要包括以下 8 个方面的内容。

（1）制定仓储战略。仓储战略为企业仓储及物流的长远发展提供目标和方向，主要包括企业仓储发展的战略目标、战略步骤和战略措施等。仓储战略是企业总体战略的一部分。

🔍 **知识链接**

企业总体战略

企业总体战略是以未来为基点，在分析外部环境和内部环境的现状及其变化趋势的基础上，为寻求和维持长久竞争优势而做出的有关全局的重大筹划和谋略。企业总体战略能够为企业确定未来的发展方向和长远的目标。

企业总体战略虽然有多种，但基本属性是相同的，都是针对企业整体性、长期性、基本性问题的计谋。例如，企业经营战略是关于企业竞争的谋略，是针对企业竞争整体性、长期性、基本性问题的计谋。

（2）完善仓储规划。仓储规划是围绕企业仓储战略及目标，对仓储系统进行规划，主要是对仓储网络、仓库地址、仓库总平面布局、仓库内布局、设备、信息技术等方面进行规划与设计。其任务是为企业未来的仓储运营及管理提供必需的物质条件和信息技术条件。

（3）仓库作业管理。这是仓储管理日常所面对的基本业务管理内容。由于仓储作业过程环节较多，需要耗费一定的人力、物力，形成一定的仓储成本，并且仓储成本在物流成本当中占很大比重，因此，仓库作业管理就是对具体货物的作业过程进行分析，对各项作业活动进行组织、协调和控制，以尽可能减少作业环节，提高作业效率，降低作业成本。

（4）库存管理。根据企业经营和市场需求状况，合理确定每类货物的进货批量及进货时间；对库存的货物采用合理的管理策略，如安全库存、集中库存或分散库存策略等。

（5）仓储成本管理。主要内容包括选择适当的措施，对仓储过程每个环节的成本加以控制，降低仓储总成本。

（6）仓库现场管理。仓库现场管理水平是企业形象、管理水平和精神面貌的综合反映。仓库现场管理作为仓库管理中的重要部分，所涉及的内容相当繁杂。一般来说，仓库现场管理是指用科学的管理制度、标准和方法对仓库现场各生产要素，包括人（工人和管理人员）、机（设备、工具、工位器具）、料（原材料）、法（加工、检测方法）、环（环境）、信（信息）等进行合理有效的计划、组织、协调、控制和检测，使其处于良好的结合状态，达到优质、高效、低耗、均衡、安全、文明生产的目的。

（7）仓储服务营销管理。这是企业为了让仓储服务进入市场和开拓市场而采取的各种营销策略和控制措施。

（8）其他仓储管理。例如，仓库的安全管理、仓储管理绩效评价等，也都是仓储管理所涉及的内容。随着物流业及仓储业的发展以及仓储企业不断拓展服务领域，企业仓储管理增加了一些新的管理内容，如针对仓单质押、融通仓、保税仓等服务所进行的库存货物的管理。

应用案例

某公司仓储管理的创新项目

某公司为了摆脱以往物资仓储管理人工打单、流程繁杂、单据传递滞后、效率低下等问题，实施了仓储管理创新项目，进行仓库改造，引入 WMS 仓储管理系统，重点打造跨业务系统一体化平台，实现进货管理、库存管理、作业管理的信息化，提升物流链效能，提高库内作业控制水平和任务编排能力，推进各物流参与方的全流程协作和整合管理；同时采用以平台为中心的"一站式"物流信息管理新模式，打通仓储系统和供水其他信息系统，实现信息系统间的互联互通和数据资源整合，以及物流数据和供水业务信息的深度融合。

该项目正式交付使用后，物资管理从粗放式向精细化转变，实现了仓库管理标准化、业务流程规范化、信息即时流转、精细化管理水平提升、经济效益提高的目标。例如，公司流转金额由 3.6 亿元增加到 6.05 亿元，物资周转率由 19 次增加到 24 次，领料时间由 30 分钟缩短至 10 分钟，打单岗位人数由 4 人减少到 0 人。

一年后，该公司年节约的物资管理人力成本达 160 万元，物资流转速度提升约 30%，由此带来的间接经济效益达到 600 万余元。

3. 仓储管理的基本原理

在仓储管理活动中，企业应遵循一些经济学或管理学中的基本原理，如规模效益原理、效益悖反（背反）原理等。

（1）规模效益原理。规模效益是指企业将生产要素等比例增加时，产出增加价值大于投入增加价值的情况。仓储活动与生产活动一样，一般也遵循规模效益原理。例如，在一定的条件下，随着仓库内库存货物数量的不断增加，每单位货物的仓储成本会逐渐降低。在仓储管理中，可以利用规模效益原理，尽量扩大库存规模，以降低库存成本。

（2）效益悖反（背反）原理。效益悖反也称二律悖反，是指同一资源的两个方面处于相互矛盾的关系中，想要较多地达到其中一个方面的目的，必然使另一方面的目的受到部分损失。在物流领域中，效益悖反是很常见、很普遍的现象，它是指物流的若干功能要素（运输、保管、装卸搬运、包装、流通加工、配送、物流信息处理）之间存在着损益矛盾，即当某一个功能要素实现优化并带来利益时，往往会导致另一个或另几个功能要素的利益受损。仓储与其他物流功能要素之间的效益悖反现象也比较多。例如，要降低库存成本，就要设法减少库存量，但这样就必须频繁补充库存，必然增加运输次数与运输距离，无形中增加了运输成本；如果要节约包装费用，就要设法简化包装、降低包装强度，但这样就会使装卸搬运过程中的破损现象增多，增加装卸搬运的成本。

在仓储管理中，"悖反"现象可能无法完全消除，但可以减少其造成的损失。在对仓储问题进行分析或决策时，要综合考虑储存、包装、装卸搬运、流通加工、物流信息处理等所有相互影响的因素，寻找"平衡点"，以使整体效益最优。另外，在企业管理中，要考虑仓储活动与企业其他方面（如企业生产、市场营销等）乃至上下游企业之间的相互关系，尽可能消除或减少消极影响。

1.2 配送与配送管理

配送也是现代物流的一项基本活动，其主要任务是经过一系列作业，将客户所需要的物品送达客户手中，其目的是提升客户服务体验，并获得相应的收益。配送与配送管理是企业物流管理的重要组成部分。

1.2.1 配送的含义及作用

与其他物流功能不同，配送是一种独具特色的物流活动，对企业的经营活动及未来发展具有重要作用。

1. 配送的含义

根据国家标准《物流术语》（GB/T 18354—2021）中的定义，配送是指根据客户要求，对物品进行分类、拣选、集货、包装、组配等作业，并按时送达指定地点的物流活动。对配送概念的理解，应当掌握以下6点。

（1）配送是一种末端物流活动。配送的对象一般是零售商或最终消费者（包括各种组织和个人），因此配送处于物流活动的末端。

（2）配送是"配"和"送"的有机结合。配是指配用户、配时间、配货品、配车辆、配路线；送是指送货，是配送的主要功能。经济合理的送货以合理配货为前提。配送要求送货的数量达到一定的规模，能够有效地利用场站、车辆等资源，少量、偶尔的送货不是配送。

（3）配送以实现低成本、优质服务为宗旨。一般来说，专业配送能够实现多用户、多品种配送，与分派多辆汽车直送不同客户的送货相比，配送可以大大节约车辆、人力和费用，从而最大限度地降低成本。此外，专业配送不仅能实现按时、按量、按品种配套齐全地将货物送达客户，还能提供多样化服务，满足客户的个性化需求，从而显著提升服务水平。

（4）配送是综合性较强的物流活动。配送过程包含分类、拣选、集货、包装、组配等活动，还可能包含储存、流通加工、信息处理等活动，所以配送是一种综合性较强的物流活动。

（5）配送在企业内部也可被看作配送系统。该系统是一个由相互联系、相互制约的若干要素（人、物、财、设备、信息和任务目标等）组成的有机整体，能够完成为客户配送物品的任务。配送系统具有分拣、集货、储存、配货、包装、送货、信息处理等功能。在配送系统的主要组成部分中，输入是配送活动所需要的各种资源，如人、财、物、信息等；处理主要是各种配送管理活动及作业活动，如计划、技术、质量和成本控制以及分拣、配货、包装、送货等作业；输出主要是为客户提供的各种服务，如及时送达、咨询等。配送系统是构成企业整体系统的一个子系统，也是企业物流系统的子系统。

（6）配送与运输既有区别又有联系。从活动性质上看，配送与运输都是物流节点之间货物的移动，即利用运输工具将货物从一个地点运送到另一个地点，所以配送属于运输的范畴，可以理解为运输的一种形式。但是，它们又有所不同。一方面，运输一般是两点之间的运送，是少品种、大批量的运送，客户并不一定是最终消费者；而配送则是一点对多点的运送，是多品种、小批量、面向最终消费者的运送，所以配送可以称为末端运输。另一方面，配送与运输所进行的作业差别较大，除了两者都有包装、装卸搬运、运送、交付等环节，配送还有其他环节，如分拣、流通加工、配载等。

因为配送业务是仓储企业拓展的一项业务，或者是与仓储业务同时开展的业务，所以之后仍然用物流企业或配送企业来代表所有从事配送业务的企业，如物流企业、配送企业、仓储企业或制造企业、商业企业等。

2. 配送的作用

从企业整体来看，配送可以提升物流服务水平，提高物流效率，降低物流成本，更好地满足客户的需求，增强企业竞争力。配送的作用可以从以下3个方面来理解。

（1）配送对于制造企业的作用。企业仓储部门增加配送功能后，可以简化手续，实现送货上门，提高效率，提高服务水平。对于生产部门来说，配送能够提供物品供应保障，保证企业生产正常进行；对于销售部门来说，配送能够及时将产品送达客户，提高客户满意度，从而进一步扩大销售规模和市场范围。

（2）配送对于物流企业的作用。相对于其他物流企业来说，拥有配送业务的物流企业能够提供更多的物流服务，如能够按时、按量、品种配套齐全地送货上门，使客户获得更大收益，提高满意度，还能使企业在市场中获得更大的竞争优势，提升物流企业的信誉和形象，以吸引更多的客户，不断开拓市场。

（3）配送对于物流企业客户的作用。物流企业开展配送业务，可以使客户减少运输、提货、接货等环节，降低库存水平，甚至可以帮助客户实现零库存，从而减少仓储方面的投资及其他资源投入，减少库存占用资金，改善财务状况，降低客户经营成本。

1.2.2　配送主要作业

配送主要作业是企业在配送中为完成配送任务而进行的相关活动，如订单处理、集货、拣货、补货、配货、配装、送货等。

（1）订单处理。订单处理是接到客户订单后进行的有关客户联系、订单资料的确认、存货查询、单据处理以及出货准备等活动。

（2）集货。集货是按订单将分散的或小批量的商品集中起来，以便进行具有一定规模的送货。

（3）拣货。拣货是指按照客户的订单将不同种类、数量的商品由仓库取出并集中放在一起。拣货的目的在于正确且迅速地集齐客户所订购的商品。

（4）补货。补货是指理货员将标好价格的商品，依照商品各自既定的陈列位置，定时或不定时地将商品补充到货架上去的作业。

（5）配货。配货是指将拣选出来的商品配备齐全，送到指定的发货地点。

（6）配装。配装是指当单个客户的配送需求不能达到车辆的有效载运负荷时，需要进行搭配装载，以充分利用车辆载运能力。

（7）送货。送货是指利用配送车辆把客户订购的商品从制造厂、生产基地、分销商、经销商或配送中心送到用户手中的过程。

1.2.3　配送管理的含义及其内容

由于配送过程包含多个环节，涉及人员、设施设备、多种作业以及信息交流等因素，所以，为了提高配送效率、降低成本，达到配送的目的，需要对配送过程进行管理。

1. 配送管理的含义

配送管理是指运用一定的管理方法和技术，对配送活动进行计划、组织、协调与控制。配送管理的目的在于合理地利用各种资源，顺利完成配送任务，达到客户所满意的服务水平，同时提高企业的收益。

配送管理也可以被看作由计划、实施和评价 3 个阶段组成的管理过程。

（1）配送管理的计划阶段。该阶段要制订一份配送计划，即为了实现配送预想达到的目标所做的准备性工作。首先，配送计划要确定配送目标，以及为实现这个目标要做的各项工作的先后顺序。其次，要分析研究在配送目标实现的过程中各种可能的影响因素，尤其是不利因素，并确定相应的对策。最后，为实现配送目标，确定在人力、物力、财力等方面应采取的具体支持措施。

（2）配送管理的实施阶段。该阶段就是把配送计划付诸实施，要对正在进行的各项配送活动进行管理。具体任务包括以下3个方面。

① 对配送活动的组织和指挥。对配送活动的组织是指负责配送的组织在配送活动中把各个相互关联的环节合理地结合起来，形成一个有机的整体，以便充分发挥配送中每个部门、每个工作者的作用。对配送活动的指挥是指在配送过程中对各个配送环节、部门、机构进行统一的调度。

② 对配送活动的监督和检查，其目的是了解配送活动的结果，考核配送执行部门或执行人员工作的完成情况，检查各项配送活动是否偏离既定目标，找出存在的问题及原因，提出解决的方法。各级配送部门及企业其他相关部门可以相互进行监督和检查。

③ 对配送活动的调节，就是综合考虑各种影响因素，重新调配实现配送目标的各种资源，解决配送各部门、各环节出现的不平衡、不协调问题，以及内部和外部环境之间的矛盾。

（3）配送管理的评价阶段。该阶段是指在一定时期内，对配送实施后的结果与原计划的配送目标进行对照、分析。通过对配送活动的评价，可以衡量配送计划的科学性、合理性程度，明确配送实施阶段的成果与不足，从而为今后制订新的配送计划、组织新的配送活动提供宝贵的经验和资料。

2．配送管理的内容

（1）配送战略的制定。配送战略是企业最高管理层为适应不断变化的环境，实现企业的战略及目标而制定的长远的配送规划和目标，为未来企业配送业务的发展指出方向。

（2）配送系统的规划与设计。企业配送业务一般要依赖一套配送系统来运作，所以配送系统规划与设计可以为配送业务的开展及作业提供前提条件并奠定基础。配送系统规划与设计包括配送中心设计、配送模式设计，以及相关设施、设备选择等内容。如通过对配送中心业务流程的分析，确定配送中心的规模、运作方式；根据配送物品的性质、形态，选择与之匹配的配送模式；结合配送系统的流程设计，选择配送系统的设施设备。仓储系统规划与配送系统规划的做法及要求类似，可以相互借鉴。

（3）配送模式及配送方式管理。配送模式是企业对配送所采取的基本战略和方法。配送方式则是企业选择并使用的具体配送形式或方法。一般可供企业选择的配送模式主要有自营配送模式、共同配送模式、共用配送模式和第三方配送模式。

（4）配送业务管理。配送的各个环节都有确定的日常业务管理活动，如备货、储存、分拣、补货、配装、送货、交付等业务活动；同时，这些配送活动内容及配送货物品种、数量等较为复杂。为了有条不紊地做好日常业务的组织活动，管理者需要遵照一定的工作程序对配送业务进行安排与管理。

（5）配送作业管理。配送作业管理就是对整个配送作业流程中的各项活动进行计划和组织。

（6）对配送系统各要素的管理。从系统的角度看，对配送系统各要素的管理主要包含以下内容。

① 人的管理，主要包括：配送从业人员的选拔和录用；配送专业人才技能的培训与提

升；配送专业人才培养规划与措施的制定等。

② 物的管理，由于配送的"物"种类繁多，物理、化学性质差异大，所以对物的管理贯穿于配送活动的始终，渗入配送活动的流程之中。

③ 财的管理，主要是指配送管理中有关降低配送成本、提高经济效益等方面的内容，它是配送管理的出发点，也是配送管理的归宿。主要包括：配送成本的计算与控制；配送经济效益指标体系的建立；资金的筹措与运用；提高经济效益的方法等。

④ 设备管理，主要包括：各种配送设备的选型与优化配置；各种设备的合理使用和更新改造；各种设备的研发与引进等。

⑤ 方法管理，主要包括：各种配送技术的研究、推广普及；配送科学研究工作的组织与开展；新技术的推广普及；现代管理方法的应用等。

⑥ 信息管理，信息是配送系统的神经中枢，只有做到有效处理并及时传输配送信息，才能对系统内部的人、财、物、设备和方法 5 个要素进行有效的管理。

（7）对配送活动中具体职能的管理，主要包括以下 4 个方面。

① 配送计划管理，它是指在系统目标的约束下，对配送过程中的每个环节都要进行科学的计划管理。其具体体现在配送系统内各种计划的编制、执行、修正及监督的全过程。配送计划管理是配送管理工作最重要的职能。

② 配送质量管理，主要包括配送服务质量管理、配送工作质量管理、配送工程质量管理等。配送质量的提高意味着配送管理水平的提高，也意味着企业竞争能力的提升，因此，配送质量管理是配送管理工作的中心问题。

③ 配送技术管理，主要包括配送硬技术和配送软技术的管理。对配送硬技术的管理，是指对配送基础设施和配送设备的管理，如配送设施的规划、建设、维修、运用，配送设备的购置、安装、使用、维修和更新，以及设备利用效率的提高，对日常工具的管理等；对配送软技术的管理，主要是指各种专业配送技术的开发、推广和引进，配送作业流程的制定，技术情报和技术文件的管理，配送技术人员的培训等。配送技术管理是配送管理工作的依托。

④ 配送经济管理，主要包括配送费用的计算和控制，配送劳务价格的确定和管理，配送活动的经济核算、分析等。成本费用的管理是配送经济管理的核心。

（8）配送中心管理。配送中心是指具有完善的配送基础设施和信息网络，可便捷地连接对外交通运输网络，并向末端客户提供短距离、小批量、多批次配送服务的专业化配送场所。配送中心管理应从管理一个企业或者部门的角度出发，对其中涉及的各项工作进行管理。所以，配送中心管理几乎包括了企业管理的所有内容。

应用案例

物料配送精准管控显成效

某航空发动机维修中心针对物料存储空间和物料配送流程不合理、物料配送数量不精确、质量无保证、浪费多等问题，建立了基于生产计划管控的物料配送精准管控机制，采取了多种改进策略。

（1）强化生产计划对物料的管控。通过编制物料、成附件需求等计划，加强发动机修理过程中对物料的管控；通过年度甘特图的编制与监控，准确提供每一台发动机到厂、分解、修理、装配以及试车等各节点的物料需求，并下达到综合平衡计分卡中实施考核跟踪，确保过程受控。

（2）以精益思想为指导，推行周转存储器具的变革。一是推进周转箱防护模式创新，实现物料的定置化、定量化、形迹化管控。二是实行小零件的形迹化精准管控。

（3）推进库位定置管理模式，关注物料存储过程管控。按零件特征合理定置、细化零件存储，绘制配套零件存放区布局图及高架库零件存放示意图。将以往的集群式布局改为单台发动机存放布局；将单层平面布局改为高架库、箱体摆放三维布局；将分割的物流、信息流改为物流和信息流一体的显性信息物流管理，形成库位定置管理。

（4）推行物料配送管理模式，变被动型保障为主动型保障。一是设计制造定置化、定量化、痕迹化的辅助材料（辅材）配送箱。二是利用人体工程学设计理念，使用随操作面升降的专用辅助车。

（5）运用先进的物流管理技术，优化物料配送流程。理顺发动机修理的物流秩序，确认物料配送与发动机修理流程的关系，评估发动机修理物料配送流程的重点，形成详细的流程图，建立符合精益六西格玛所需的层级流程。

（6）以规章制度为依据，打造安全、准确、高效的物料配送标准化作业体系。一是制定物料配送标准化作业管理制度，建立配套工作标准。二是实施可视化教学，使标准化作业显性化传授。三是针对不同岗位和层级的员工开展适应性培训。

该中心经过改进，取得了显著成效。例如，物料配送的准确率可达99%，物料配送的及时率提高5倍以上，现场返修率由原来的10.5%下降至4.2%。

本章实训

（1）实训项目：了解某地区仓储业或配送业发展状况。

（2）实训目的：通过对一个地区的调查及分析，了解当前仓储业或配送业发展状况，对仓储业或配送业进行初步的了解。

（3）实训内容：①选择一个地区，收集仓储业或配送业发展的资料；②将资料进行整理，分析当地仓储业或配送业的发展历史、发展现状及存在的问题；③讨论、分析仓储业或配送业未来的发展趋势。

（4）实训要求：明确实训活动的目的及任务；学生按4～6人进行分组；每组制订实训活动计划方案；确定实训活动的进度安排。

（5）实训考核：要求每组写出实训活动报告；对各组实训情况进行评价。

复习思考题

1．单项选择题

（1）从现代物流的角度看，（　　　）是企业为客户提供物品存放、保管等服务的物流服务。

A. 物流　　　　　　　B. 仓储　　　　　　　C. 配送　　　　　　　D. 储存

（2）（　　　）是利用仓库及相关设施设备进行物品的入库、存储、出库的活动。

A. 储存　　　　　　　B. 物流　　　　　　　C. 仓储　　　　　　　D. 保管

（3）在仓储市场中，物流企业拥有仓库等设施，是仓储服务产品的（　　　）。

A. 需求方　　　　　　B. 供给方　　　　　　C. 消费者　　　　　　D. 都不对

（4）（　　　）是对货物的入库、保管和出库等业务活动所进行的计划、组织、指挥、监督和调节工作。

A. 物流管理　　　　　B. 配送管理　　　　　C. 库存管理　　　　　D. 仓储管理

（5）仓储是（　　　）。

A. 保管闲置货物的仓库　　　　　　　　　　B. 仓库中的库存

C. 仓库储存闲置物品的行为　　　　　　　　D. 处于闲置状态的货物

2．多项选择题

（1）仓储作业过程可以分为（　　　）等阶段。

A. 入库作业　　　　　B. 在库作业　　　　　C. 库存管理　　　　　D. 出库作业

（2）有的仓储企业为客户提供的服务包括（　　　）等服务。

A. 物流规划　　　　　B. 货物配送　　　　　C. 流通加工　　　　　D. 仓储服务

（3）企业仓储管理主要包括（　　　）等。

A. 仓储成本管理　　　B. 库存管理　　　　　C. 仓储规划　　　　　D. 仓储战略

（4）配送是指（　　　）。

A. 末端物流或运输活动　　　　　　　　　　B. "配"和"送"的有机结合

C. 企业的配送系统　　　　　　　　　　　　D. 综合性不强的物流活动

（5）配送管理通常包括（　　　）。

A. 配送业务管理　　　　　　　　　　　　　B. 配送计划管理

C. 配送战略制定　　　　　　　　　　　　　D. 配送作业管理

3．问答题

（1）仓储在企业物流管理中的作用是什么？
（2）仓储在企业经营中的作用是什么？
（3）简述仓储管理的内容。
（4）简述配送管理的内容。

第 *2* 章

仓储和配送作业管理

仓储和配送作业由于环节较多，易受多方面因素的影响，如仓库设施、内部布局、运送车辆、搬卸工具、货物特点、货物存放方式、供应商、操作及管理人员、信息技术、工作时间、气候及组织管理水平等，因此，仓储和配送作业管理应遵循一定的原则，如仓库合理布局、合理利用设施设备、集中场地完成作业、合理安排作业顺序、有效衔接作业环节、减少货物移动距离、利用先进信息技术、详细记录入库信息、加强人员培训等。本章将重点阐述货物入库作业管理、在库作业管理、出库作业管理及配送作业管理的主要内容。

本章学习目标

1. 了解入库、在库、出库及配送作业的流程；
2. 掌握货物编码方法、货位储存方法、货位指派方法、货物堆码方法及货物分区分类方法；
3. 了解库存货物养护的主要工作；
4. 掌握拣货的主要方法和策略；
5. 掌握盘点的流程及方法。

导入案例

A 公司的仓储作业流程

A 公司是一家专门从事生产制造的企业，其物流方面的需求比较大，供应商也比较多，有 100 余家，所有产品所需物料多达 700 种，每日有 10 余家供应商前来送货。因此，完善的仓储系统及作业流程在提高仓储作业效率方面发挥着重要作用。

公司仓储系统的整个流程很长，涉及很多部门。各部门之间的有效协作是完成仓储作业的前提。目前，该仓储系统的出入库作业还是以机械化和人工相结合的方式进行的，对整个出入库作业效率都有很大的影响。仓储作业涉及的部门主要有仓储部、信息部、质检部及运输部。仓储作业总体流程主要包括入库作业、在库作业、出库作业三个环节。

（1）入库作业。入库作业是指根据供应商提供的货物入库通知单或者交货单而进行的卸货、质量检查、入库上架等一系列活动，具体包括装卸、搬运、货位安排、质量检验、货物统计等作业，以及货物交接、退货处理等辅助作业。

（2）在库作业。在库作业是指通过对货物的管理，使仓储过程中存在的不合格货品和变质、积压的货品得到及时处理，同时有效控制在库货物的质量和数量。具体活动包括货位管理、仓储 6S 管理、货架及货物保管维护、盘点等。

（3）出库作业。A 公司仓储出库环节不仅包括一般企业仓库的作业，还包括与客户相关的配送作业。该公司出库作业主要包括：仓储部根据计划部提供的客户订单进行拣货准备，然后进行拣选、分类、打包、配货，最后进行装车、运送，最终将产品交付到客户手中。

？案例思考题

（1）你知道仓储作业总体流程和细分流程包括哪些部分吗？

（2）在仓储作业流程中有哪些管理要求？

2.1　入库作业管理

入库作业管理是仓储作业管理的第一阶段和基础，是仓储管理中的一个重要部分。入库作业管理直接影响入库作业水平的高低，也会影响后续的在库、出库等环节的作业水平，甚至影响企业仓储业务的效率和效益。企业应加强入库作业管理，根据入库作业任务，完善入库作业流程，选择合适的储存方法，将货物存入适当的地点。

2.1.1　入库作业流程

入库作业流程是由入库前准备、接运与卸载、验收、入库储存等环节组成的完整业务过程。一般的货物入库作业基本流程如图 2-1 所示。

因为不同货物在供应商、运送方式、储存方式、作业方法等方面不尽相同，所以入库作业流程也并不是一成不变的，企业应根据仓储业务实际情况，对入库作业流程做出合理的设计，并针对业务变化进行改进与完善。

图 2-1　一般的货物入库作业基本流程

1．入库前准备

入库前准备工作主要包括：①熟悉入库货物；②掌握仓库库场情况；③制订储存计划；④妥善安排货位；⑤合理安排人员及设备；⑥准备苫垫材料、作业用具；⑦准备验收方法及工具；⑧设定装卸搬运工艺；⑨准备文件单证，如票据凭证、单证、理货检验单、料卡等。

2．接运与卸载

一般来说，货物到达企业仓库的方式有两种：一种是少部分货物直接由供应商运送至仓库交货；另一种是大部分物品由铁路、公路、航运、空运或短途运输等转运至某物流节点，然后由企业将货物接运至仓库。

具体来说，货物的接运方式主要有：①车站、码头提货；②专线接车；③仓库自行派人到供货单位接货；④供货单位送货，库内接货。

另外，在接运过程中，要做好货物的卸载。从运输车辆上卸货时，要注意为货物验收

和入库保管提供便利条件。在卸载作业时不仅应注意保护货物，保证包装完好，还应根据货物的性质合理堆放，避免混淆。

3. 验收

验收是指仓库在货物正式入库前，按规定的程序和手续，对入库货物的外观、数量和质量进行检验的所有活动。有时货物检验工作与接运工作同时进行。

（1）验收工作的基本要求。验收工作必须做到及时、准确、严格、经济。在验收过程中应合理组织和协调人员与设备，以节省作业费用。

（2）验收程序主要包括：①验收准备，如人员准备、资料准备、器具准备、设备准备等；②核对凭证，凭证包括入库通知单、订货合同副本、协议书、质量保证书、装箱单、码单、说明书等；③实物检验，包括包装检验、数量检验、质量检验等。

4. 入库储存

货物验收后，需办理交接手续，将货物存入仓库中。具体包括以下作业。

（1）货物交接。通过接收货物、接收文件、签署单证，确认仓库已经接收相应货物，并划清送货人与仓库的责任。

（2）安排货位。即进行货物编码，确定货位。货物编码是指将货物按照其分类进行有序编排，并使用简明的文字、符号或数字来代替商品的"名称""类别"。确定货位就是确定仓库中储存区域中货物存放的位置。

（3）货物搬运。就是把货物装上搬运货物的工具（如手推车、叉车），然后运送到选定货位所处的货垛或货架附近。

（4）货物存放。应根据货物的特性、形状、包装方式、保管的需要、仓库的条件，合理选择存放方式，以确保货物质量、方便作业和充分利用仓容。仓库货物存放的方式有散堆方式、地面平放式、托盘平放式、直接码垛式、托盘堆码式、货架存放式等。

（5）货物入库登记，建立台账，包括对入库货物进行登账、立卡、建档等业务。

🔍 知识链接

关于仓库货物存放方式的解读

散堆方式既适用于露天存放的没有包装的大宗货物，如煤炭、矿石、黄沙等，也适用于库内少量存放的谷物、碎料等散装货物。

地面平放式、托盘平放式是直接将包装货物或托盘货物放在仓库地面上。

直接码垛式、托盘堆码式是使用堆码方法将包装货物或托盘货物以货垛形式存放。

货架存放式是通过上架作业将包装货物或托盘货物放置在货架上存放。货架存放式适用于小件、品种规格复杂且数量较少的货物，以及包装简易或脆弱、易受损害、不便堆码的货物，特别是价值较高且需要经常查数的货物。

📖 应用案例

存储方式的优化

某公司供应部仓库 21 号库原来存储物资 68 种，存储方式分为次重型货架存储、托盘存储、地面存储、金属周转筐存储、次重型货架配以斜口式塑料周转筐（静态载重30kg）存储。

　　为了提高物资搬运活性，便于装卸和堆码，实现物资的定容定量管理，并便于日清月结，公司对原存储方式进行优化，取消托盘存储和地面存储，保留次重型货架存储、金属周转筐存储，以及次重型货架配以斜口式塑料周转筐存储。同时，为了区别拣货位和备货位物资，以斜口式塑料周转筐放置在拣货位上用于分拣出库，以平口式塑料周转箱放置在备货位上用于备货补充。当拣货位上的物资用完后，可以就近直接将备货位上的物资移至拣货位上，行走距离不超过1米，无须中途停下耗费较多的时间在补货上。

2.1.2　装卸搬运

装卸搬运是现代物流的基本职能，也是仓储活动和配送活动中基本的作业。

1. 装卸搬运的含义及特点

（1）装卸搬运的含义。装卸搬运是在同一区域范围内，以改变货物的存放状态和空间位置为主要内容和目的的活动。装卸是指在运输工具间或运输工具与存放场地（仓库）间，以人力或机械方式对货物进行载上载入或卸下卸出的作业过程，如使用叉车将货物装上汽车或卸下汽车的过程。搬运是指在同一场所内，以人力或机械方式对货物进行空间移动的作业过程，如仓库操作人员在库区内使用手推车，将货物从某仓库外卸货地点运送到仓库内货架旁。

（2）装卸搬运的特点。装卸搬运的特点主要体现在以下3个方面。①衔接性。装卸搬运分布在物流活动的许多环节之间，并起到衔接作用，如从运输到仓库储存之间，货物需要卸车、搬运；从出库到配送之间，货物需要装车、搬运、卸车。②附属性和伴生性。装卸搬运是伴随着其他物流活动而产生的，如有汽车运输活动就有装车、搬运、卸车，有货物入库活动就需要货物的搬运、装卸。③支持性和保障性。许多物流活动在装卸搬运的有效支持下才得以顺利进行，所以装卸搬运对物流活动具有支持、保障作用。

2. 装卸搬运方式的分类

按照不同的标准，装卸搬运方式可以划分为不同的类别。

（1）按作业对象分类，装卸搬运方式可以分为：①单件作业，是指对非集装、按件计的货物，按单件、逐个进行装卸操作的作业方法；②集装作业，是指对集装容器（托盘、集装箱、集装袋、集装网、仓储笼等）所装货物进行装卸搬运的作业方法；③散装作业，是指对大批量粉状、粒状货物进行无包装、散装的装卸方法。

（2）按作业场所分类，装卸搬运方式可以分为：①仓库装卸搬运；②铁路装卸搬运；③港口装卸搬运；④汽车装卸搬运。

（3）按装卸搬运的机械及机械作业方式分类，装卸搬运方式可以分为：①吊上吊下方式，是指使用起重机械将货物吊起或放下；②叉上叉下方式，是指使用叉车从货物底部托起、上下搬运货物；③滚上滚下方式，是指利用叉车或半挂车、汽车承载货物，一起开上船（滚装船），到目的地后再从船上开下；④移上移下方式，是指靠水平移动从一辆车上推移到另一辆车上；⑤散装散卸方式，是指利用人力或机械设备，对散状、无包装的货物从装点到卸点直接进行装卸搬运的作业方式。

3．装卸搬运应注意的问题

为了保证装卸搬运期间货物的质量，降低装卸搬运的成本，应注意以下问题：①优化货物移动，尽量减少货物的移动数量和距离，确保作业效率最高、能耗最低；②确保作业衔接流畅，在两处及以上的装卸作业中，各环节要紧密配合，避免出现脱节或重复劳动；③实现省力化操作，通过合理规划和使用设备，节省人力和动力，降低劳动强度；④提高货物的"活性"，通过合理包装和布局，使货物更容易搬运和装卸，减少操作难度。

🔍 知识链接

关于"活性"的解读

活性也称"搬运灵活性"，是指使货物移动的程度。一般将活性分为5个等级，散放在地面上为0级；成捆或装入箱内为1级；装在托盘或垫板上为2级；装在车台上为3级；装在输送带上（处于搬运状态）为4级，如图2-2所示。

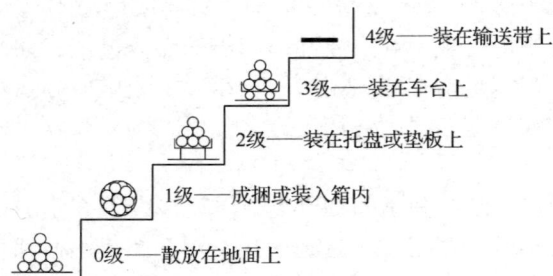

图2-2　装卸搬运活性等级及货物放置状态

2.1.3　货物编码

在入库接运时，货物一般都有商品编码或物流条码，但为了有效地进行物流及存货管理，配合企业自己的物流信息系统，企业需要对货物重新编一个货物代码及物流代码。这种代码一般在企业内部使用，主要为了方便仓储管理系统运作，掌握货物的动向。

🔍 知识链接

商品编码

商品编码有两方面的含义。一方面，商品编码是指用一组阿拉伯数字标识商品的过程，即在商品分类的基础上，赋予某种或某类商品以某种代表符号或代码的过程。另一方面，商品编码又称商品代码，是按国际物品编码协会规则编写的代表商品的阿拉伯数字号码，是包含厂商识别代码在内的对零售商品、非零售商品、物流单元、位置、资产及服务进行全球唯一标识的一组数字代码。商品编码通过编码算法变换形成商品条码。商品条码由一组规则排列的条、空及其对应代码组成，是表示商品特定信息的标识。

1．货物编码的基本原则

货物编码应遵循以下基本原则：①简易性原则，即货物代码的结构应尽量简单，以便于记忆，减少代码处理中的差错；②唯一性原则，即在一个分类编码标准体系中，每个代码仅代表一种货物；③一贯性原则，即每种货物都由一个代码来表示，而且必须统一，具有连贯性；④扩充性原则，即货物编码要保证为将来可能增加的货物留有扩充代码的余地；⑤安全性原则，即要求编码应具有安全特性，能够防止公司机密外泄；⑥适应性原则，即能适应事务性机器或计算机处理。

2．货物编码的方法

在货物编码中，常见的方法有以下 7 种。

（1）流水编码，又称顺序编码或延伸式编码。这种方法是将阿拉伯数字或英文字母按顺序编排，如表 2-1 所示。这种方法常用于账号或发票的编号。

表 2-1　流水编码

编　　号	商 品 名 称
1	牙膏
2	香皂
3	洗涤剂
4	护发素
5	洗发水
6	沐浴液

（2）数字分段。这种方法是流水编码的变形，即把数字分段，每一段代表一类货物的共同特性，如表 2-2 所示。此方法要编交叉索引，但比流水编码易查询。

表 2-2　数字分段

编　　号	商 品 名 称
1	佳洁士牙膏
2	高露洁牙膏
3	冷酸灵牙膏
4	蜂花护发素
5	拉芳护发素
6	欧莱雅专业护发素
7	海飞丝护发素
…	…

（3）分组编码。这种方法是按照货物的特性分成多个数组，如表 2-3 所示。

表 2-3　分组编码

	类　　型	形　　状	材质/成分	大　　小
编号	××	××	××/××	××

（4）实际意义编码。这种方法是指用部分或全部代码代表货物的名称、重量、尺寸、分区、货位、保存期限等实际情况来对商品进行编码，如表 2-4 所示。

表 2-4　实际意义编码

编号	TT	54012	G	3
含义	货物名称	规格大小	颜色	制造商
说明	表示管状（Tube Type）	540mm×12mm	表示产品颜色是灰色（Grey）	表示第三生产线

（5）后数位编码。这种方法是指运用编码末位的数字，对同类货物作进一步详细分类，即从数字的层级了解货物的归类，如表 2-5 所示。

表 2-5　后数位编码

编　号	商 品 名 称
110	服饰
120	男装
121	上衣
121.1	衬衣
121.11	白色
121.12	黑色

（6）暗示编码。这种方法是指通过数字与文字的组合进行编码，编码符号不能直接表示货物，但可暗示内容，方便记忆，不过不易理解，如表 2-6 所示。

表 2-6　暗示编码

商 品 名 称	尺　寸	颜　色	型　号	供 应 商
BY	03	R	B	101

注：BY 代表自行车；03 代表尺寸；R 代表红色；B 代表儿童型；101 代表供应商。

（7）混合编码。这种方法是指联合使用英文字母和阿拉伯数字对货物进行编码，多以英文字母代表货物的类别和名称，阿拉伯数字则用于进一步区分具体货物，可采用十进位或其他编码方式，如表 2-7 所示。

表 2-7　混合编码

编　号	商 品 名 称
A01	笔记本电脑——联想
A02	笔记本电脑——华硕
B01	台式电脑——联想
B02	台式电脑——神舟
B03	台式电脑——清华同方
C01	液晶电视——创维
C02	液晶电视——长虹
C03	液晶电视——TCL

2.1.4　货位储存方法及货位指派方法

在入库作业中，在完成货物编码和货位编码等工作之后，需要考虑使用何种货位储存方法储存货物，以及用什么方法把货物指派到合适的货位上。

1. 货位储存方法

良好的货位储存方法可以减少出入库移动距离，缩短作业时间，充分利用储存空间。一般常见的货位储存方法有以下 5 种。

（1）定位储存。定位储存是指每类货物都有固定货位的存储方法。在使用此存储方法时，必须注意每类货物的货位容量要大于其最大在库量。其适用条件包括：不同物理、化学性质的货物须控制不同的保管储存条件或防止不同性质的货物互相影响；重要货物须重点保管。定位储存适用于多品种、少批量货物的存储。例如，一般化学原料和药品必须分开存储。使用定位储存法的货物易于管理，搬运时间较少，但是需要较多的储存空间。

（2）随机储存。随机储存是根据库存货物及货位使用情况，随机安排和使用货位的存储方法。各类货物的货位是随机产生的。这种方法的优点在于共同使用货位，最大限度地提高了存储区的利用率。但是，这给货物的出入库管理及盘点工作带来了困难，特别是周转率高的货物可能被置于离出入口较远的货位，增加了出入库的搬运距离；有些可能发生物理、化学变化的货物相邻存放，可能造成货物的损坏或发生危险。随机储存适用于储存空间有限、货物品种少而体积较大的情况。

（3）分类储存。分类储存是将所有货物按一定特性加以分类，每类货物固定其储存位置，同类货物不同品种又按一定的法则来安排货位的存储方法。通常货物分类的依据是：①货物相关性大小，如货物的配套性、同一客户订购等；②货物周转率高低；③货物体积、重量大小；④货物特性，如货物的物理或化学性质、机械性能。分类储存便于按周转率高低来分区分类存储，各分区又能灵活选择储存方式，但需要按各类货物最大库存量设计货位，降低了存储区的利用率。分类储存主要适用于货物相关性大、进出货比较集中、货物周转率差别大和货物体积相差大的情况。

（4）分类随机储存。分类随机储存是指每类货物有固定的存储区，在各存储区中，每个货位的指定是随机的存储方法。其吸收了分类储存的部分优点，可节省货位数量，提高存储区利用率。分类随机储存适用于仓库面积相对不足、货物品种比较多的情况。

（5）共同储存。共同储存是指当确切知道各货物进出库的时间时，只要货物相容，不同货物就可以共用相同货位的存储方法。这虽然在管理上比较复杂，会带来一定的困难，但能减少货位空间的占用，缩短搬运时间，从而带来一定的经济效益。共同储存适用于货物的品种少、流转速度很快的情况。

2. 货位指派方法

货位指派方法有人工指派、计算机辅助指派和计算机全自动指派 3 种。

（1）人工指派。人工指派是指货物的存放货位由人工进行指定的方法，其优点是较计算机等设备投入费用少。缺点是受管理人员经验影响较大，指派效率低、出错率高。

（2）计算机辅助指派。计算机辅助指派是指利用可视化监控系统收集货位信息，并实时显示货位的使用情况，以此作为人工指派货位的依据进行货位指派作业的方法。该方法的优点是能够提高人工指派货位的效率和准确性，缺点是需要引入计算机、扫描仪等设备及货位管理软件，因此会增加成本。

（3）计算机全自动指派。计算机全自动指派是利用可视化货位监控管理系统和各种现代化信息技术手段，如条形码自动阅读机、无线电通信设备、网络技术和计算机系统等，收集货位有关信息，并通过计算机分析后直接完成货位指派工作的方法。

2.1.5 货物堆码

货物经过验收、交接后，需要存放在指定的位置。货物堆码是否合理，直接影响货物的保管质量、货物出库的效率和成本，同时也会影响仓库空间的利用效率。所以，货物堆码作业应依据一定的原则和要求，选择和使用合理的堆码方法。

1. 货物堆码的基本原则

（1）分类存放。分类存放是仓库储存规划的基本要求，也是保证货物质量的重要手段。其基本要求是：不同类别的货物分类存放，甚至需要分区、分库存放；不同规格、不同批次的货物也要分位、分堆存放；残损货物要与原货分开存放；需要分拣的货物，在分拣之后，应分位存放。此外，不同流向、不同经营方式的货物也应分类分存。

（2）确保适当的搬运活性，以减少作业时间、次数，提高仓库物流速度。

（3）面向通道，不围不堵。货垛以及存放货物的正面，尽可能面向通道，以便查看；所有货物的货垛、货位都应有一面与通道相连，以便能对货物进行直接作业。

2. 货物堆码作业的要求

货物堆码作业的要求是：①垛形合理，符合货物保管和养护技术的要求；②安全，主要包括人身、货物和设备的安全；③整齐，要求每行、每层货物数量成整数，每垛高度相等，货垛整齐；④节约，即货物堆码要充分利用空间，节约仓库容量。

3. 货物堆码的常用方法

（1）重叠式堆码，又叫直堆、垂直堆码。它是按单件货物往上一层层地重叠堆放，如图2-3所示。

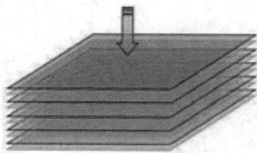

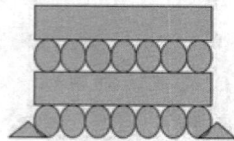

（2）纵横交错式堆码。该方法是将长度一致且宽度排列能够与长度相等的货物，一层横放，一层竖放，纵横交错堆码，形成方形垛，如图2-4所示。长度一致的锭材、管材、棒材及狭长的箱装材料均可用这种垛形。

图2-3 重叠式堆码　　　　　图2-4 纵横交错式堆码

（3）压缝式堆码。该方法是将上一层的货物跨压在下层两件货物之间的缝隙上，逐层如此堆高，如图2-5所示。该方法具有货垛稳固的特点，但是不能充分利用仓库空间。

（4）通风式堆码。该方法是指货物在堆码时，任意两件相邻的货物之间都留有空隙，以便通风，如图 2-6 所示。层与层之间采用压缝式或者纵横交错式。通风式堆码可以用于所有箱装、桶装以及裸装货物堆码，起到通风防潮、散湿散热的作用。

图 2-5　压缝式堆码

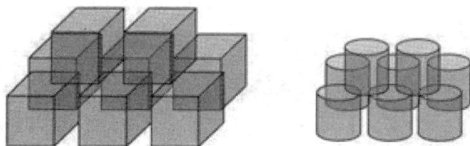

图 2-6　通风式堆码

（5）仰伏相间式堆码。该方法是指对于钢轨、槽钢、角钢等货物，可以一层仰放、一层伏放，仰伏相间而相扣，使货垛稳固；也可以伏放几层，再仰放几层，或者仰伏相间组成小组再码成垛，如图 2-7 所示。

图 2-7　仰伏相间式堆码

（6）栽柱式堆码。该方法是指码放货物前先在货垛两侧栽上木桩或者铁柱，然后将货物平码在桩柱之间。码放几层后用铁丝将相对两边的柱拴连，再继续往上摆放货物，如图 2-8 所示。此法适用于棒材、管材等长条状货物。

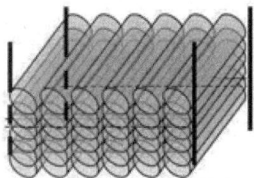

（7）"五五化"堆码。该方法以 5 为基本计算单位，将货物堆码成总数为 5 的倍数的货垛，如大的货物堆码成五五成方，小的货物堆码成五五成包，长的货物堆码成五五成行，短的货物堆码成五五成堆，带眼的货物堆码成五五成串，如图 2-9 所示。这种堆码方式过目成数，清点方便，数量准确，不易于出现差错，收发速度快，效率高，适用于按件计量的货物。

图 2-8　栽柱式堆码

图 2-9　"五五化"堆码

2.2　在库作业管理

当货物经过入库验收、存放到指定货位之后，仓库在库作业管理便开始了。在库作业管理主要是针对在库作业阶段货物保管、加工等作业活动进行计划、协调和控制。其中，货物保管是对库存货物进行养护、检查和盘点，以确保货物安全、商品质量完好和数量准确无误。在库作业管理的主要工作包括货物分区分类保管、库存货物养护、货物盘点、流通加工等。

2.2.1　货物分区分类保管

对于入库的货物，应根据各类货物的存储计划，结合仓库、设备的具体条件，合理制订货物的存储方案。对于种类少、单类货物数量多，或者属性特殊、不宜与其他货物混存的货物，可以采用专仓专储方式进行储存和保管。这些货物一般包括粮食、烟酒、香料、易燃易爆物品、有毒有害物质、贵重物品或需用特殊条件保存的物品。

对于种类多、单类货物数量少、相互具有相容性的货物，应采用分区分类方式进行储存和保管。分区分类保管使用通用型仓库，将仓库划分为若干保管区，各区内存放性质相近的货物，以便于集中保管。分区分类保管适用于纺织品、家电、饮料与食品、肥皂与洗发水等一般性货物。这也是大多数货物的保管方式。

1．货物分区分类的方法

（1）依据货物的种类和性质分区分类，如将单位体积大、质量大的货物存放在货架底层，将周转率高的货物存放在进出库装卸搬运最便捷的区域。

（2）依据货物的危险性质分区分类，目的是对易燃易爆、易氧化、腐蚀性、有毒性、放射性的货物分区存放，防止各类事故发生。

（3）依据货物所属的客户分区分类，即根据货物所属客户进行分区保管。

（4）依据货物的运输方式分区分类，如按公路运输货物、铁路运输货物、水路运输货物、航空运输货物进行分类。

（5）依据货物的作业特点分区分类，如将进出库频繁的货物置于靠近通道或出口处，将长期存储的货物置于仓库楼上、货架上以及库房深处。

2．货物分区分类保管的原则

（1）符合货物特性的原则。分区分类时，应考虑货物特性及要求，如通风、光照、温度、排水、防风、防雨等条件要求；货位空间要求；符合"四一致"原则，即货物的属性一致、养护方法一致、作业手段一致、消防方法一致。

（2）利于拣货和发运的原则。应遵循以下6个原则：①先进先出原则；②入库频率与存储周期原则；③小票集中与大不围小原则；④重近轻远原则；⑤操作便利原则；⑥分布均匀原则。

（3）节约仓容的原则，即以最小的仓容储存最大限量的货物。在货位负荷量和高度基本固定的情况下，需考虑储存货物所具有的体积重量与货位规格的匹配性。对于轻泡货物，置于负荷量小、空间高的货位；对于实重商品，置于负荷量大且空间低的货位。在条件允许的情况下，尽可能码高货物，或将货物放置货架高处，以充分利用仓容，同时采用稳固方法加固货物堆垛，避免倒垛、散垛发生。

（4）相关性与互补性原则。相关性原则是指将相关性大的货物放在相邻位置。互补性原则是指将互补性高的货物存放于相邻位置，互补性低的货物相互远离。

（5）合理摆放原则，即按照货物的搬运灵活性合理摆放货物。

知识链接

产品的相关性与互补性

产品相关性是指不同产品之间存在着相互关系，如产品替代关系和产品互补关系。产

品的替代关系是指两种产品在最终使用方面可以相互替代的关系，存在替代关系的产品互为替代品（如牛肉和羊肉）。替代品之间存在着相互竞争的销售关系，即一种产品销售量的增加会减少其替代品的销售量，反之亦然。

产品互补关系是指两种产品在功能、最终使用等方面互相补充并共同满足一种愿望或需求的关系。存在互补关系的产品互为互补品（如毛笔与墨汁，牛奶与面包）。互补品之间存在着某种消费依存关系，即一种产品的消费必须与另一种产品的消费相配套，一种产品销售量的增加会带来其互补品销售量的增加。

2.2.2 库存货物养护

库存货物养护就是在分区分类基础上对库存货物所进行的保养和维护工作，一般是针对货物的不同特性创造适宜的储存条件，采取适当的措施，以保证货物的品质和安全，减少货物的损耗，节约费用开支，维护货物的使用价值，保障企业经济效益的实现。库存货物养护应坚持"以防为主，以治为辅，防治结合"的工作方针，实现仓储工作"安全、优质、方便、多储、低耗"。库存货物养护工作任务是在研究和掌握货物储存过程质量变化规律的基础上，实施仓库温湿度控制与调节、霉腐变防治、锈蚀防治、虫害防治及安全管理等。

1. 仓库温湿度控制与调节

空气的温度和湿度直接影响着货物的外观和质量。一旦货物温度过高，就会导致融化、膨胀、软化、腐烂变质、挥发、老化、自燃，甚至发生物理爆炸。若温度太低，货物会变脆、冻裂，液体货物会因冻结膨胀而损坏。空气湿度的大小也会影响货物的保管。空气湿度大，含水量高，则货物容易发生霉变、锈蚀、溶解、发热等反应；反之，则货物会发生干裂、干涸、挥发、容易燃烧等危害。所以，做好仓库温湿度控制是保管好货物的关键。将密封、通风与吸潮相结合，是控制和调节库内温湿度基本的、有效的办法。

（1）仓库温度控制与调节。一般来说，降低温度的措施有：加强通风（如翻仓、倒垛等）；避免日光直射；对货物或货垛覆盖物进行洒水降温；在货垛内放置冰块或释放干冰；注意仓库热源的使用等。在严寒季节，可以采用保暖苫盖与加温设备对货物进行防冻处理。要保持仓库温度，可以采用封库、封垛等方法。

（2）仓库湿度控制与调节。空气湿度太小时，应减少仓库内空气流通，采取洒水、喷水雾等方式增加仓库内空气湿度；对货物采取加湿处理，直接在货物表面洒水。空气湿度太大时，封闭仓库或者密封货垛，避免空气流入仓库或货垛；在有条件的仓库采用干燥式通风设备或制冷除湿设备；在仓库或货垛内摆放吸湿材料，如生石灰、氯化钙、木炭、硅胶等；特殊货仓可采取升温措施。

随着经济发展和仓储管理的现代化，自动控制温湿度的低温、恒温仓库逐渐取代自然温湿度的普通库房。低温、恒温仓库可根据不同货物的要求，采取不同的温湿度控制措施，并通过计算机监控系统实现自动化管理。

2. 霉腐变防治

在仓库中由于保管不当，货物容易出现霉变、腐烂等现象。为了妥善保管好库存货物，仓库保管员需要做如下工作：加强库存货物管理，用药剂防范霉变，利用气体、低温防霉，对霉变、腐烂的货物进行救治。

3．锈蚀防治

金属制品在仓库保管过程中有可能发生锈蚀，所以应采取措施做好金属防锈。仓库保管员应做好如下工作：控制储存环境，严格把关入库检查，合理堆码及苫垫，控制好仓库的湿度，将货物与空气隔离，对锈蚀金属采用手工、机械、化学等方法除锈。

4．虫害防治

有些货物在温湿度适宜的情况下会发生虫蛀。仓库保管员需要掌握仓库内害虫的来源、特性、种类与危害方式，有效防治虫害。一般仓库防虫害采用低温杀虫、化学药剂杀虫、气调杀虫、电离辐射杀虫、远红外线杀虫及微波杀虫等方法。

5．安全管理

仓库安全管理工作主要内容是防火、防盗窃及防止其他灾害性事故的发生，维护仓库内部的治安秩序，保证仓库及仓库内货物的安全。

2.2.3　货物盘点

在货物储存过程中，对货物进行清点、核查的过程就是盘点作业。库存货物的盘点是在库作业管理中的一项重要任务，关系到库存货物的质量与安全，所以企业仓储管理人员应给予足够的重视。

1．货物盘点的目的及内容

（1）货物盘点目的。主要包括：①查清实际库存数量，及时发现问题并且查明原因，及时做出处理；②通过核算库存货物的总金额，帮助企业准确计算资产损益；③通过盘点查明企业亏损的原因，发现仓储管理中存在的问题，并为制定解决这些问题的对策提供依据。

（2）货物盘点内容。主要包括：①查数量，即通过点数计数查明在库货物的实际数量，核对库存账面资料与实际库存数量是否一致，并查清不一致的原因；②查质量，即检查在库货物的品质有无发生变化，有无超过有效期或者保质期，有无长期积压等现象，必要时还必须对其进行技术检验；③查保管条件，即检查保管条件是否与各种货物的保管要求相符合，如货物堆码是否合理稳固、库内温度及湿度是否符合要求等；④查安全，即检查各种安全措施和消防器材、设备是否符合安全要求。

2．货物盘点的流程

（1）编制盘点计划。一般盘点计划主要包括盘点的对象、时间、区间、产品类别、品号区间等重要信息。

（2）做好盘点前准备。盘点前准备工作主要包括：明确盘点的具体方法和作业程序；配合财务做好准备；准备盘点所用的表单及相关工具。

（3）确定盘点时间。根据库存货物的不同特点、价值大小、流动速度、重要程度分别确定不同的盘点时间。时间可以是每天、每周、每月到每年盘点一次不等。对于一般的生产型企业，由于其货物流动速度不快，半年至一年实施一次盘点即可。

（4）确定盘点方法。为了快速准确地完成盘点作业，必须根据实际需要确定盘点方法。

（5）开展盘点人员培训。培训的主要内容有盘点方法培训及认识货物的培训。

（6）清理盘点现场，即盘点作业开始之前必须对保管场所进行整理。

（7）盘点作业，即盘点工作人员按照预定方法，进入现场进行盘点作业。

（8）查清盘点作业存在误差的原因。因盘点作业导致误差的原因主要包括：盘点人员不熟悉货物，导致数目计算错误；盘点制度有缺陷，导致货账不符；盘点人员没有尽责，导致存在漏盘、重盘、错盘等情况。

（9）盘点结果的处理，即应针对盘点差异主要原因进行适当的调整与处理，至于报废品、不良品减价的部分则需要与盘亏一并处理。

3. 货物盘点的方法

（1）按照具体盘点方式，盘点分为账面盘点和现货盘点。账面盘点又称永续盘点。这种方法是将每种货物分别设账，然后将每种货物每天的入库和出库情况详细记录，通过不断累加计算出账面上的库存量和库存金额。通常量少且单价高的货物较适合采用这种方法。现货盘点又称实地盘点。此方法就是先查清货物库存数，再依据货物单价计算出库存实际金额。

（2）按照时间是否固定，盘点分为定期盘点和不定期盘点。定期盘点是选择固定时间（如月、季、半年、一年），将所有货物加以全面盘点。不定期盘点也称临时盘点，是指根据实际需要对库存货物进行没有固定日期的盘点，如当发生货物价格变动、仓库主管人员变动或遭受自然灾害等情况时进行的盘点。

另外，盘点还可以按照是否全面划分为全面盘点和局部盘点；按照计划时间特点划分为月份盘点、季度盘点、半年盘点、年度盘点和循环盘点。其中，循环盘点是按照固定时间（如每天、每周）做部分货物的盘点，每个循环周期（月、季、年）将所有货物至少完成一次盘点。

📖 应用案例

利用盘点数据深化仓储管理工作

2024 年 7 月初，某燃气公司物流部依据盘点结果对相关数据进行了分析，并采取了针对性的改进措施。一是加强备库计划管理。仓库部门通过盘点发现，6 月库存物资出入库情况有很大的变动，分析原因主要是当月受高温和台风的影响。根据天气预报，预计接下来一个月高温及恶劣天气仍将持续，所以公司决定调整库存水平，适当增加安全库存量。二是加强库存资金管理。通过对子公司仓库情况的分析，发现某子公司库存资金额连续三个月增长，经排查分析，问题源头在于提前进场审批环节。为此，公司敦促子公司采取措施，规范工作流程和审批程序。历经两个月的努力，仓库库存金额终于下降，并且再未出现反弹。

2.2.4 流通加工

流通加工是现代物流的一项基本功能，是企业利用仓库设施为客户提供的增值服务，也是在流通过程中对产品实施的简单加工作业活动的总称。在仓储或配送过程中，流通加工是按客户要求，改变或部分改变货物的形态和包装形式的一种生产性辅助加工活动。其作用包括：提高原材料综合利用率，方便客户使用，促使物流更加合理，提高加工效率与设备利用率，增加企业收益。

流通加工一般包括包装、分割、计量、分拣、刷标志、贴标签、组装、组配等作业。根据不同的目的，流通加工可以划分为不同的类型。

（1）为满足多样化需求的流通加工。例如，对钢材卷板进行舒展、剪切加工；对平板玻璃按需要规格进行开片加工；将木材改制成枕木、板材、方材等。

（2）为方便消费的流通加工。例如，根据客户需要，将通用性的钢材定尺、定型，按要求下料、裁剪；将木材通过进一步的下料、切裁，制成可直接投入使用的各种型材；将水泥制成混凝土拌合料，使用时只需稍加搅拌即可使用。

（3）为保护产品的流通加工。例如，水产品、肉类、蛋类的冷冻和防腐加工；丝、麻、棉织品的防虫和防霉加工；金属材料的防锈蚀加工；木材的防腐朽、防干裂加工；煤炭的防高温自燃加工；水泥的防潮、防湿加工等。

（4）为促进销售的流通加工。例如，将过大包装或散装物分装成适合销售的小包装的分装加工；将以保护商品为主的运输包装改换成以促进销售为主的销售包装；将蔬菜、肉类洗净切块以满足消费者要求等。

（5）为提高加工效率的流通加工。例如，经营钢材的公司对钢板进行初级加工，如清洗、切割、切边等，同时为多家汽车零部件制造公司提供其所需规格的钢板。经营钢材的公司以集中加工的形式消除了单个制造企业加工数量少、加工效率不高的弊端。

（6）为提高物流效率的流通加工。例如，将造纸用的木材磨成木屑的流通加工可以极大提高运输工具的装载效率；自行车在消费地区的装配加工可以提高运输效率，降低损耗；石油气的液化加工使很难输送的气态物转变为容易输送的液态物，也可以提高物流效率。

（7）为衔接不同运输方式的流通加工。例如，水泥中转仓库把散装水泥装袋，将大规模散装水泥转化为小规模散装水泥，这种流通加工将水泥厂大批量运输和工地小批量装运衔接起来。

2.3　出库作业管理

出库作业管理是企业对出库作业的各个环节进行组织、协调和控制的过程。企业应加强出库作业管理，以顺利完成货物出库任务，有效地满足客户需要，最终实现企业仓储管理的目标。

2.3.1　出库作业流程

无论采用何种出库方式，其作业流程主要包括出库准备、订单处理、分拣、包装、装车、发运等环节。企业在进行出库作业时，必须严格遵循出库作业流程的基本规定，使出库作业高效、有序地进行。

（1）做好出库前的准备工作。主要包括以下 3 方面：①做好出库计划；②检查需要出库货物的情况；③做好出库货物的包装和标志标记。

（2）审核出库凭证，如领料单、发料单、出库单、提货单等。

（3）出库信息处理。对存货量进行核验，同时将出库凭证的信息录入计算机，打印生成相应的拣货单和出库单等。

（4）备货，主要包括拣货、分货等作业。

（5）发货检查，即出库复核，以保证单据、货物相符，避免差错。

（6）包装，是指根据运输作业的要求进行合理包装。

（7）点交。内部领料须将货物和单据当面点交给提货人，对外送货则与送货人或运输部门当面将货物点交清楚，办理交接手续。

（8）装车发运，是指根据送货路线安排和时间安排，将货物装车并发送给客户。

（9）发货信息处理，是指将完成的出库信息输入系统中，并归档保存有关资料。

2.3.2　拣货作业管理

拣货作业管理又称分拣作业管理，是将货物按一定目的进行分类、拣选的相关作业，是出库作业中的一个重要环节，其目的在于迅速正确地集合客户所需的货物。拣货作业一般要经过信息处理、拣取、搬运、分类和集中等环节。仓储管理人员需要考虑如何使用设备和工具，采用合适的拣货策略，以提高拣货效率，减少拣货费用。

1．拣货方法

拣货方法可按不同的标准进行分类，常见的分类方法有以下两种。

（1）按照是否人工分拣，拣货分为人工拣货和自动拣货。

① 人工拣货，是指所有的作业过程都由人工根据拣货单据或其他拣货信息进行拣选。拣货作业完成后将各客户订购的货物放入已标示好的各区域容器中，等待出货。

② 自动拣货，是指利用自动分拣机进行拣货。自动分拣机是利用计算机和识别系统来完成对货物的分拣。这种方式不仅快速省力，而且准确，尤其适用于多品种且业务繁忙的流通型仓库或配送中心。

这两种方法因涉及仓库布局和不同拣货设备的选择、投资，差别较大，一般需要在企业设立初期的设施建设和仓储规划阶段进行研究和决策。

（2）按照拣货单位的类型，拣货分为单品分拣、整箱分拣、托盘分拣。

① 单品分拣，是指以单件货物为单位进行拣选。小件单品一般是在包装箱中、托盘上或货架上，可以人工拣选。大件单品一般是体积大、形状特殊、无法使用包装箱或托盘的货物，如大型机电设备、大型家具、桶装油料、钢材钢管、冷冻货品等。

② 整箱分拣，是指以包装箱为单位进行拣选。每个包装箱都装有一定数量的小件物品。

③ 托盘分拣，是指以托盘为单位进行拣选。每个托盘可能装有多件单品或整箱。托盘分拣需要利用叉车、堆高机或拖板车等机械设备。

企业在进行仓储设施、设备及作业规划时，需要就拣货的方法进行分析和决策。在日常出库作业管理中，需要分析订单来确定以何种拣货单位进行拣货。拣货单位确定之后，接着需要对拣货设备、时间、人员等方面进行计划，然后实施拣货作业。

2. 拣货策略

拣货是一项较为复杂的作业，特别是在货物品种多、数量大的物流中心或配送中心，其拣货业务更为繁重而复杂，所以在拣货前，要具体分析客户要求及库存货物情况，选择合理的拣货策略。下面介绍了企业常用的一些拣货策略。

（1）按照订单数量组合方法的不同，拣货策略分为摘果式拣选策略和播种式拣选策略。

① 摘果式拣选又称按单分拣，是指按照每张订单的品种和数量要求，依次将客户所需要的货物由存放位置挑选出来。这种策略的优点是作业方法简单，实施容易，前置时间短，拣货后不用再进行分货作业，并且作业人员责任明确。缺点是若拣货区域较大时，补货和搬运的系统设计困难；若货物品种多时，拣货行走路径加长，拣货效率降低。这种策略适用于订单数量较多、货物品种较少的情况。

② 播种式拣选又称批量分拣。这种策略是把多张订单汇集成一批，按货物类别及品种将数量相加后先进行初次拣货，然后按单一订单的要求将货物"播种"（分货）到每张订单区域。这种策略的优点是可以缩短拣货时行走搬运的距离，增加单位时间的拣货量。缺点是订单达到一定数量才开始拣货，增加了订单等待时间；要求订单间的数量及品种差异性不大，否则会影响拣货效率。这种策略适用于订单品种较少、货物重量较轻且体积较小的情况，特别是当人工拣货和自动拣货配合使用时或完全自动拣货时可采用此种策略。

摘果式和播种式两种拣货策略各有优点和缺点，在具体的拣货作业中，应综合考虑客户订单货物特点、客户要求、库内设备和工具、作业人员等方面的因素，选择合适的拣货策略。

（2）按照库内货物储存时间的不同，拣货策略分为先进先出策略和后进先出策略。

① 先进先出，即先入库的货物在拣货时优先出库、发货。这种策略能够增强仓库中货物的流动性，可以最大限度地保证货物的使用价值。通常的措施包括使用贯通式货架系统（货架的每层形成一个通道，一端进货，一端出货）、采用"双仓法"存储（给货物准备两个货位，轮换存取）、使用计算机存储系统（利用计算机排序存/取货时间）等。

② 后进先出，即从最新入库的货物中拣选相应货物出库、发货。一般对靠近门口的货物采用这种策略。该策略的优点是货物现有库存量计算简单，公式如下：

现有库存量=前日余额+（本日进货量−本日出货量）

该策略的缺点是一些货物储存时间较长，过期或变质的可能性增大。所以，采用此策略必须控制入库，或经常改变出库方式，或对库存最高额加以限制等。

应用案例

供应链系统支撑下的货物分拣作业

某公司物流中心一般每天要接受十几万个订单，而每个订单会包括多种商品，如一瓶洗面奶、几把牙刷、一副随身听的耳机、一双凉鞋等。该公司依靠自己建立的供应链系统，能够使下单的商品在两三小时之内被分拣包装好，并放置在待发货区。

供应链系统中的商品入库系统自动记录了每件商品的储存位置。在成千上万的订单中，系统自动把仓库中同样的商品、同一区域的商品分配在一张拣货单上，这张拣货单在系统中生成时，上面所有的商品已经按照路径排列了顺序，拣货员按照顺序拣货，不会走回头路，这样大大提高了拣货的效率。例如，在同一张拣货单上，按照顺序，A 顾客购买的洗面奶在 80 号货架上，B 顾客购买的洗发水在相邻的 81 号货架上，C 顾客购买的剃须刀在 82 号货架上；拣货员按拣货单完成拣货后，将货物汇集在一起；系统里记录了每个顾客的订单的所有商品，分货员用扫描器一一扫描货位，并按照 A、B、C 顾客的订单归类和包装；最后按照顾客要求分别形成各自的包裹。整个流程只需要短短的半小时左右。

2.3.3 包装

根据国家标准《物流术语》（GB/T 18354—2021），包装的定义是"为在流通过程中保护产品、方便储运、促进销售，按一定技术方法而采用的容器、材料及辅助物等的总体名称（注：也指为了达到上述目的而采用容器、材料和辅助物的过程中施加一定技术方法等的操作活动）。"从产品自生产领域、流通领域到销售领域，最后到最终消费者的过程中，包装贯穿于全部物流活动的始终，发挥了非常重要的作用。在仓储作业管理中，应针对不同货物的特点、客户需求以及物流不同作业环节使用合适的包装技术。

1．包装的作用
包装的作用有保护产品、方便物流作业、产品促销和创造新价值等。

（1）保护产品。有效的产品包装可以起到防潮、隔热、防冷、防挥发、防污染、保鲜、防易碎、防变形等一系列保护产品的作用。

（2）方便物流作业。例如，对运输环节来说，合理的包装尺寸、重量和形状能配合运输、搬运设备的尺寸、重量，便于搬运作业；对仓储环节来说，合适的包装使货物保管方便、移动简单、标志鲜明、容易识别。

（3）产品促销。产品包装外部的文字、图画及色彩效果，能够树立良好的公司和品牌形象，有助于消费者迅速识别公司及其品牌，同时也能够吸引客户注意力，增强客户购买欲望，从而促进企业产品的销售。

（4）创造新价值。例如，艺术化的包装以明亮鲜艳的色调为主，在强烈的传统文化内渗透着现代的艺术风韵和时代气息，使包装的商品具有了生命活力和美妙的诗意，从而使商品的自身价值倍增。绿色包装的兴起促使包装减量化，新材料得以发明和使用，可以减少社会资源浪费，有效地保护环境。

知识链接

绿色包装

绿色包装又称无公害包装，指对生态环境和人类健康无害，能重复使用和再生，符合可持续发展的包装。绿色包装的含义主要包括：①实行包装减量化，绿色包装在满足保护、方便、销售等功能的条件下，应是用量最少的适度包装，欧美等国将包装减量化列为发展无公害包装的首选措施；②包装应易于重复利用或易于回收再生，通过多次重复使用或通过回收废弃物生产再生制品、焚烧利用热能、堆肥化改善土壤等措施，达到再利用的目的；③包装废弃物可以降解腐化，为了不形成永久的垃圾，不可回收利用的包装废弃物要能分解腐化，进而达到改善土壤的目的；④包装材料对人体和生物应无毒无害，包装材料中不应含有有毒物质或有毒物质的含量应控制在有关标准以下；⑤在包装产品的整个生命周期中，均不应对环境产生污染或造成公害，即包装制品从原材料采集、材料加工、制造产品、产品使用、废弃物回收再生，直至最终处理的生命全过程均不应对人体及环境造成公害。

2．包装的保护技术

（1）防震包装技术。防震包装又称缓冲包装，是指为减缓内装物受到冲击和振动，保护其免受损坏所采取的具有一定防护措施的包装。

（2）防破损包装技术。缓冲包装有较强的防破损能力，是防破损包装技术中有效的一类。其他防破损包装技术有捆扎及裹紧技术和集装技术。

（3）防锈包装技术。该包装技术主要包括防锈油包装技术、气相防锈包装技术。防锈油包装技术就是将金属涂封防止锈蚀，使金属表面与引起大气锈蚀的各种因素隔绝。气相防锈包装技术就是用气相缓蚀剂（挥发性缓蚀剂），在密封包装容器中对金属制品进行防锈处理。

（4）防霉腐包装技术。该包装技术主要包括冷冻包装技术、真空包装技术等。

（5）防虫包装技术。防虫包装技术常用的是驱虫剂，即在包装中放入有一定毒性和臭味的药物，利用药物在包装中挥发气体杀灭和驱除各种害虫。

（6）危险品包装技术。该包装技术就是根据危险品的性质、特点，按照有关法律法规及标准专门设计和使用的包装技术。危险品有上千种，根据《危险货物分类和品名编号》（GB 6944—2012），危险品分为9类，即爆炸品，气体，易燃液体，易燃固体、易于自燃的物质、遇水放出易燃气体的物质，氧化性物质和有机过氧化物，毒性物质和感染性物质，放射性物质，腐蚀性物质，杂项危险物质和物品，包括危害环境物质。不同类型的危险品应使用相应的包装技术。

（7）特种包装技术。该包装技术主要包括充气包装技术、真空包装技术、收缩包装技术、拉伸包装技术、脱氧包装技术等。

2.4　配送作业管理

对于开展配送业务的物流企业或配送中心，配送作业管理是一项基本的管理内容。本节重点阐述物流企业一般配送作业流程和配送中心作业管理。

2.4.1　一般配送作业流程

一般配送作业流程主要是指从接受客户订单、处理订单开始，经过拣货、补货、配货、送货等环节，直到将货物送达客户的完整过程。虽然配送作业流程与前述的出库作业流程是分别阐述的，但二者部分环节的作业内容是相同的。如果企业开展配送业务，那么配送作业流程就包含了出库作业流程。企业一般配送作业流程如图 2-10 所示。

（1）订单处理。主要工作包括客户订单的数据确认、存货查询、订单整理与编号、订单出货数据处理等。

```
订单处理          ←  订单及存货
拣货、补货        ←  客户订单
配货              ←  订单及工具
划分基本配送区域   ←  客户分布地点
车辆配载          ←  货物特征
确定配送先后顺序   ←  客户的交付时间

交通状况 ┐
客户的具体位置 ┤→ 车辆安排 ←  货物：体积 重量 数量 其他
进货时间限制 ┘

选择配送线路

货物：性质 体积 重量 形状 → 确定最终的配送顺序 ← 车辆：体积 限定载重量

完成车辆积载  ←  费用

运送及交付
```

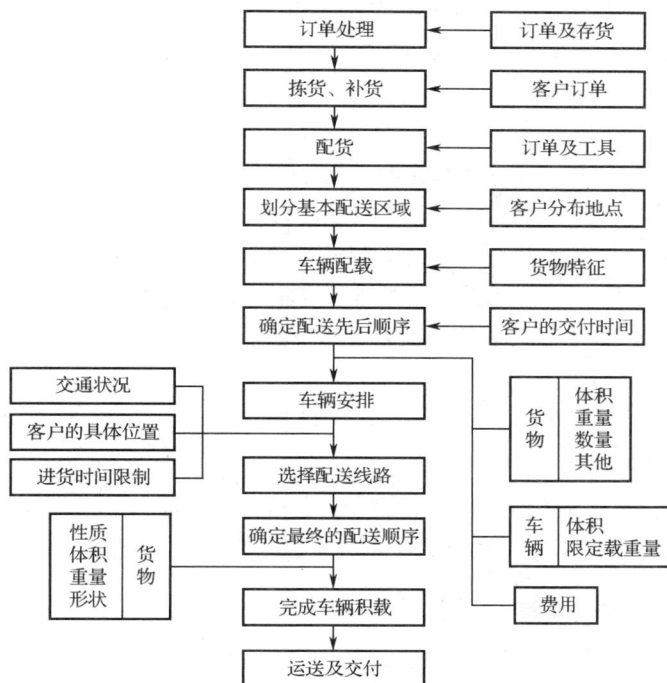

图 2-10　企业一般配送作业流程

（2）拣货、补货。拣货作业是根据客户订单把货物从仓库储存区拣选出来，集中放置在出货区。补货作业是当拣货区的货物数量低于预定的库存量时，从储存区把货物运到拣货区。补货形式主要有批次补货、定时补货、随机补货等。

（3）配货，即货物经过检查，捆包、包装或装入容器，再运到发货准备区。

（4）划分基本配送区域，即根据客户所在地的具体位置做区域上的整体划分，将每个客户囊括在不同的基本配送区域之中。

（5）车辆配载。车辆配载也称车辆配装，就是根据载运工具和待运物品的实际情况，确定应装运货物的品种、数量、体积。

（6）确定配送先后顺序。要根据客户订单要求的送货时间，确定配送的先后顺序。

（7）车辆安排，要解决的问题是安排什么类型、吨位的配送车辆去送货。

（8）选择配送线路，要综合考虑多种因素，如客户位置、交通情况、客户对送货时间和车辆的要求等，选择配送距离短、配送时间短、配送成本低的线路。

（9）确定最终的配送顺序。需根据客户的具体要求、路线及车辆状况，确定最终的配送顺序。

（10）完成车辆积载。车辆积载就是对货物在运输车辆上的配置与堆装方式做出合理安排，即在配载基础上根据装货清单确定货物在车辆上配装的品种、数量、货垛位置及堆码工艺。

（11）运送及交付。必须充分考虑各种因素的影响，科学规划，做好货物的追踪控制和意外状况的处理。

知识链接

积载

　　积载原指船舶积载，即根据货物特点和船舶承载能力，将已装船的货物进行谨慎而适当的堆放。这是《海牙规则》所规定的承运人货物管理的一项内容。积载时应从货物的安全出发，避免货物之间发生串味、污染及重货压轻货等情况；从船舶安全角度出发，积载时应避免船体局部受载过重、易燃易爆等危险货物靠近机舱，还要使积载后的船舶在首尾吃水及稳定性方面符合航行要求。对积载不当造成的货损，承运人负赔偿责任。

2.4.2　配送中心作业管理

　　在比较完善的配送体系中，配送中心作为核心，对整个配送体系的运作起到至关重要的作用。由于配送中心一般储存的货物品种较多、数量很大，而且配送作业环节多（几乎涵盖了仓储和配送的主要作业环节），因此，配送中心作业管理比较复杂，管理难度较大。

1. 配送中心作业基本流程

　　配送中心作业基本流程如图 2-11 所示。

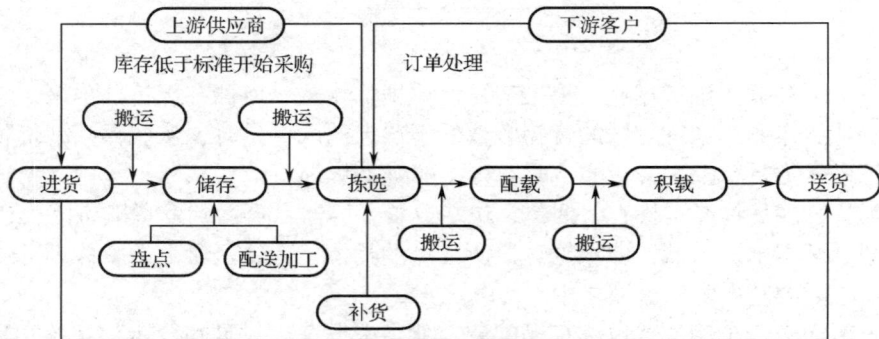

图 2-11　配送中心作业基本流程

　　在配送中心业务中，用户所需要的物品大多由销售企业或者供需企业某一方委托专业的配送企业进行配送服务。商品多种多样，配送服务形态也各式各样。随着商品日益丰富，消费需求呈现个性化、多样化的趋势，配送中心通常采用"多品种、少批量、多批次、多用户"的配送服务方式。配送中心依托其基本作业流程，高效地满足客户的多样化服务需求。

2. 配送中心作业管理的基本要求

　　配送中心作业管理活动应遵循一些基本要求。同样，这些要求也适用于一般企业的仓储作业管理活动。

　　（1）始终围绕企业管理目标。一般来说，配送作业要围绕以下企业管理目标来进行：①效益最大化或配送成本最低化目标；②服务最优目标；③资源有效利用目标；④物流量最大化目标；⑤提升竞争优势目标。

　　（2）要有全局观。在对配送各种活动做出具体安排时，要综合考虑各个方面的因素。

（3）牢固树立服务意识，配送每个环节都必须按照后续环节的要求，提供优质服务。

（4）增强质量意识。每个环节都要提高并保持较高的工作质量水平，做到及时、准确、规范。

（5）要对配送作业过程合理组织，使配送及仓储过程实现快进快出、保管好、效率高、费用省。

（6）坚持权变原则，根据实际情况，对作业计划、作业内容进行及时、灵活的调整。

（7）做好各个环节之间的衔接与协调。管理人员要采用科学有效的方法和配送流程，借助信息管理手段的辅助，实现各个环节的人员、设备等因素相互匹配、相互适应，从而保障配送作业过程有序顺畅开展。

（8）实现实物流和信息流的协同。库存货物经过接运、验收、入库、保管、分拣、搬运、发运等环节构成了实物流。与实物流相关的单据、凭证、台账、报表、技术资料等承载着各种库存货物信息，这些信息在各个环节的传递、保存及使用构成了信息流。要使信息流顺畅流动，进而保证实物流的合理、顺畅。

（9）应根据环境变化进行流程创新。当前，企业市场竞争环境不断变化，特别是电子商务快速发展，将给企业提出更多、更高的要求。企业应根据市场变化、客户需求变化，在企业配送管理以及作业管理上不断创新，不断提高服务水平，保持和提升企业竞争力。

本章实训

（1）实训项目：参观企业仓储或配送现场作业。

（2）实训目的：通过参观，了解企业仓储和配送作业的基本流程及工作内容。

（3）实训内容：①选择一家物流企业或制造企业，以小组为单位组织参观，获得企业仓储或配送方面的资料；②对资料进行汇总、整理，描述企业仓储或配送流程及工作内容；③讨论企业仓储或配送流程存在的问题及解决的方法。

（4）实训要求：明确实训活动的目的及任务；以小组形式，学生按 4～6 人进行分组；制订实训活动计划方案；确定实训活动的进度安排。

（5）实训考核：要求个人或每组写出实训活动报告，并组织对实训情况进行评价。

复习思考题

1. 单项选择题

（1）以下不是货位指派方法的是（　　）。

A. 人工指派　　　　　　　　　　B. 计算机辅助指派

C. 计算机全自动指派　　　　　　D. 随机指派

（2）按照具体盘点方式，盘点可以划分为（　　）。

A. 账面盘点和现货盘点　　　　　B. 全面盘点和局部盘点

C. 定期盘点和不定期盘点　　　　D. 月末盘点和半年盘点

（3）补货时效性最差、补货成本最小的补货形式是（　　）。

A. 批次补货　　　　B. 定时补货　　　　C. 随机补货　　　　D. 双仓补货

（4）适用于订单数量较多、货物品种较少情况的拣选策略是（　　　）。

A. 整箱分拣　　　　B. 自动拣货　　　　C. 摘果式拣选　　　　D. 播种式拣选

2. 多项选择题

（1）入库作业流程一般由（　　　）等环节组成。

A. 入库前准备　　　B. 接运　　　　　　C. 验收　　　　　　D. 入库储存

（2）盘点内容主要包括（　　　）。

A. 查数量　　　　　B. 查质量　　　　　C. 查保管条件　　　D. 查安全

（3）控制库内温湿度的基本办法有（　　　）。

A. 密封　　　　　　　　　　　　　　　B. 通风

C. 熏蒸、晾晒、烘烤　　　　　　　　　D. 吸潮

（4）以下说法错误的是（　　　）。

A. 先进先出策略能够增强仓库货物的流动性，可以最大限度地保证货物使用价值

B. 后进先出策略能够增强仓库货物的流动性，可以最大限度地保证货物使用价值

C. 一般对靠近门口的货物采用后进先出策略

D. 一般对靠近门口的货物采用先进先出策略

（5）配送中心作业管理的基本要求包括（　　　）。

A. 要有全局观　　　　　　　　　　　　B. 增强质量意识

C. 坚持权变原则　　　　　　　　　　　D. 牢固树立服务意识

3. 问答题

（1）简述货物编码的方法。

（2）简述货位储存方法及其各自的适用情况。

（3）简述流通加工的内容。

（4）简述摘果式拣选和播种式拣选各自的优缺点。

（5）补货有哪些形式？每种补货形式的适用情况是什么？

第 3 章

库存管理

一般来说，库存在企业资产总额中所占比重较大。企业的库存体现在多个方面，如为生产准备的原材料库存、为销售准备的商品库存，还有为企业办公活动准备的日常用品库存。库存管理水平的高低将对企业生产经营活动产生重大影响，有时甚至会直接影响企业的经济效益、生存与发展。所以，企业经营者特别是企业物流管理人员应对库存管理给予足够的重视。本章将重点阐述有关库存及库存管理的基本知识、主要方法与策略。

本章学习目标

1. 了解库存的含义及分类；
2. 掌握库存水平的影响因素及确定安全库存的方法；
3. 掌握降低安全库存的方法、定量订货法、定期订货法、ABC 分类管理法的相关知识；
4. 了解物料需求计划的相关知识；
5. 掌握库存管理常用策略。

M 公司库存管理策略

M 汽车钢材有限公司（以下简称 M 公司）成立于 2010 年，是一家为汽车生产热成型钢材、冷轧钢板、镀锌钢板等产品的合资企业。经过十几年的发展，M 公司在产品开发、本土化生产、国内外市场开发等方面取得了良好的业绩。但近年来随着市场竞争的加剧和客户需求的多样化，公司库存问题日益突出。M 公司经过分析研究，实施了动态库存管理策略，以解决库存管理中的问题。

1. 库存管理问题分析

M 公司组织相关职能部门的人员对库存管理的状况进行调查分析，发现公司库存管理方面存在许多不合理之处。

首先，在库存产品方面，存在关键产品库存偏低问题，常常因产品供应不稳定而无法迅速组织有效的生产，增加了不必要的等待时间，严重影响了整体的生产排期。更为严重的是，在生产波动较大时，公司不得不频繁地调整生产计划，重复或临时小批量组织生产以满足紧急的客户需求。另外，公司还存在呆滞库存偏高现象。由于库存管理的权责不够明确，呆滞库存无法得到及时有效处理，长期占压了企业的资金。M公司还存在产成品过多而原料及半成品相对紧张的问题，这导致了生产节奏的紧张，缺乏弹性，影响了生产效率甚至产品质量。

其次，库存信息传递方面严重影响了库存管理效率。企业各部门之间的库存信息未能实现有效共享，缺乏统一的沟通机制，各部门在库存数据上有时存在偏差，有时某个部门与相关部门收到的信息不一致，甚至相互矛盾。公司与供应链上下游之间的库存信息流通常不够顺畅，有时相互不太了解对方产品信息，甚至不了解产品、库存以及市场的动态变化。这不仅影响库存水平，也影响公司了解市场、响应客户需求的速度。

最后，在库存控制体系方面发现不少问题。一是库存控制制度缺失，导致库存管理中的权责划分不明确，问题处理时常出现推诿责任、效率低下等现象。二是库存控制涉及多个环节和多个部门，但许多时候各行其是，相关人员没有就相互关联的工作进行沟通，也没有专门人员过问。三是没有库存数据管理和分析的系统工具，难以掌握库存管理的精确信息，没有有效的库存分析和决策，很多问题难以从根本上解决。

2. 动态库存管理的做法

首先，完善组织结构和管理制度。一是成立跨部门的呆滞库存处理委员会，旨在通过明确的权责划分和高效的沟通机制，加速对呆滞库存的识别与处理。委员会的组成主要包括总经理、财务总监，以及审计部、物流与供应链部、市场部、财务部等部门负责人。二是制定了《呆滞库存处理流程》《动态库存管理制度》等一系列管理文件。例如，《呆滞库存处理流程》明确了呆滞库存的定义、分类以及处理流程，规范了各部门的职责和权力；《动态库存管理制度》则从供应链管理、客户需求管理、生产组织管理、下游加工管理、交付管理等多个维度出发，全面指导库存管理的各个环节。

其次，构建和使用数据预测模型。M公司从供应端和客户端两大维度出发，精心构建了数据预测模型。一是运用经济订货批量（EOQ）模型优化供应端库存管理，对核心产品采取备货策略。财务部与供应链部门紧密合作，通过运用EOQ模型，平衡采购订货成本和保管仓储成本，确定使总库存成本最低的最佳订货量。二是基于核心客户需求的动态预测分析，构建基于核心客户需求的动态预测分析模型。如根据关键主机厂销量数据，将其转化为具体的钢种需求量，然后结合订单量、库存量、生产计划等关键变量因素，动态地评估当前库存的周转期，实时监测库存异常情况，并有效评估生产计划的合理性。

最后，深化供应链协同合作。一是加强与上游热轧卷供应商的紧密合作，如通过精确预测和计划、建立联合攻关机制、进行重点产品的开发与跟踪等，提升供应链前端的协同效率。二是积极寻求与下游加工中心的深度合作，如成立联合攻关小组，聚焦小卷消耗与控制、处理中心呆滞库存、改善订单交付流程、建设大卷运输及信息化管理平台等，共同攻克难题，优化供应链后端运作。

3. 实施效果

M公司通过近一年的动态库存管理，成效显著。公司的存货周转率得到稳步提升，由10次升至11次，存货周转天数也由36天缩短至33天。呆滞库存量从年初

的 1.6 万吨显著减少至年底的 0.8 万吨，降幅高达 50%。M 公司动态库存管理策略成
为钢铁企业提升库存周转率、降低库存成本的有效之道。

案例思考题

（1）M 公司动态库存管理策略是什么？
（2）什么是经济订货批量（EOQ）模型？

3.1　库存与库存管理

无论是制造企业、商贸企业还是物流企业，普遍存在着如何管理库存的问题，管理人
员对此也进行了深入、广泛的研究。随着运筹学、数理统计、系统工程等理论与方法的广
泛应用，特别是云计算、大数据和人工智能的普及与应用，库存管理的理论也得到了发展
并趋向成熟，因此促进了企业库存管理水平的提高。

3.1.1　库存的含义及分类

在实际仓储活动中，库存有时也被称为存货、储备、库存货物、库存物品、库存商品、
库存物资、库存产品等。库存有很多不同的种类，它对企业生产经营活动具有重要的作用。

1. 库存的含义
库存具有狭义和广义两种含义。从狭义上讲，库存仅仅指的是在仓库中处于暂时停滞
状态的货物。按照国家标准《物流术语》（GB/T 18354—2021）中的定义，库存是指储存作
为今后按预定的目的使用而处于备用或非生产状态的物品。

从广义上讲，库存是用于将来目的而暂时处于闲置状态的资源，不仅包括仓库内部储
存的原材料、零部件、半成品、产成品等，还包括处于加工过程中的在制品和运输状态的
货物。货物所处的地点可以是仓库、生产线或车间，也可以是车站、码头和机场等物流节
点，甚至可以是运输的汽车、火车或轮船。

2. 库存的分类
（1）按经济用途，库存可以分为以下 3 类。

① 商品库存，是指企业购进后供转售的货物，一般包括用于销售的商品以及用于管理
的低值易耗品，其特征是在转售之前保持其原有实物状态。

② 制造业库存，是指企业购进后直接用于生产制造的货物，如原材料、零部件等，其
特征是在出售前需要经过生产加工。

③ 其他库存，是指除以上库存外，供企业一般使用的货物和为生产经营服务的辅助性
物品，如日常使用的低值易耗品等。其特征是满足企业的各种消耗性需要，而不是为了将
其直接转售或加工制成产品后再出售。

（2）按企业生产过程，库存可以分为以下 5 类。

① 原材料库存，是指企业通过采购或自制获得的、用于制造产品但尚未投入生产过程
的存货。其主要用于企业内部的生产制造或装配过程。

② 零部件库存，是指企业通过采购或自制获得的、以备制造或装配所需的零件和部件。

③ 在制品库存，又称半成品库存，是指已经过部分生产过程，但尚未全部完工的半成品存货。因为半成品需要在不同车间进行加工，所以会形成在制品库存。

④ 维修库存，是指用于维修与维护设备而储存的经常性消耗品或备件存货。维修库存不包括为维护产成品所储存的物品或备件。

⑤ 产成品库存，是指已完成制造，可以直接销售给消费者的制成品库存。

（3）按企业经营过程，库存可以分为以下 7 类。

① 经常库存，也称周转库存，是指企业在正常的经营环境下为满足日常需要而设置的库存，即为了满足两次进货期间的市场需求或生产经营的需要而设置的库存。这种库存随着每日的需要不断减少，当库存降低到某一水平时（如订货点），就需要按一定的规则反复进行订货以补充库存。

② 安全库存，又称安全库存量（水平）、保险库存（量）、保险储备（量）等，是指为了防止不确定因素（如交货期延迟、突发性大量订货）而准备的缓冲库存。安全库存对突发事件起着预防和缓冲作用，主要是以备不时之需。而且因为不确定性的存在，对安全库存的决策要难于经常库存。当然，如果与库存相关的各种因素都是确定的，就不需要安全库存。图 3-1 显示了安全库存、经常库存及与其相关的平均经常库存、平均库存、最大库存。

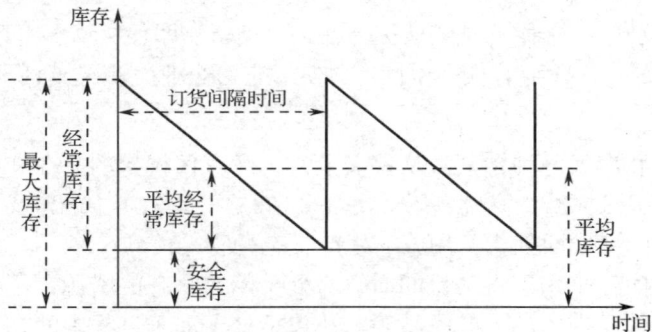

图 3-1 安全库存、经常库存及与其相关的库存形式

③ 季节性库存，是指为了满足特定季节中出现的特定需求而设置的库存，或指为季节性生产的原材料在生产季节大量收购而设置的库存。

④ 促销库存，是指为响应企业的促销活动所产生的预期销售量的增加而设置的库存。

⑤ 投机库存，又称时间效用库存，是指为了避免商品价格上涨造成损失或为了从商品价格上涨中获利而设置的库存。

⑥ 积压库存，又称沉淀库存，是指因变质不再具有价值或因没有市场销路而没有销售出去的商品。

⑦ 生产加工和运输过程中的库存。生产加工过程中的库存是指处于加工过程中或为了满足生产的需要暂时处于储存状态的零件、半成品或产成品。运输过程中的库存是指处于运输状态或为了运输的目的而暂时处于储存状态的货品。

（4）按库存货物的存放地点，库存可以分为以下 4 类。

① 在库库存，是指已经运到企业，并已验收入库的各种材料和货物，以及已验收入库

的半成品和制成品。

② 在途库存，又分为运入在途库存和运出在途库存。运入在途库存是指客户货款已经支付或虽未支付货款但已取得所有权、正在运输途中的各种外购货物。运出在途库存是指企业按照合同规定已经发出或送出，但尚未转换所有权，也未确认销售收入的货物。

③ 委托加工库存，是指企业已经委托外单位加工，但尚未加工完成或已加工完成但企业尚未领取的货物。

④ 委托代销库存，是指企业已经委托外单位代销，但按合同规定尚未办理代销货款结算的货物。

3.1.2　库存的作用

一般情况下，库存对于企业生产经营活动既有积极作用，也有消极作用。

1．库存的积极作用

对于企业来说，库存能够在供给与需求之间起到缓冲作用，避免出现供应"中断"或"短缺"的现象，并给企业带来利益。

（1）保持生产活动的连续性和稳定性。制造企业在将原材料或零部件投入生产之前，需要制订生产计划和采购计划，然后要进行采购、运输、检验、入库、出库等，每个环节都需要一定的时间，并且还有可能由于种种原因造成时间延长。也就是说，生产供给在数量和时间上存在一定变化和不可知性。如果备有库存，就能及时保证供应生产所需，使生产保持连续性和稳定性；如果没有库存，就可能因供应脱节而导致生产中断和波动。

（2）调节供销矛盾，消除生产与消费之间的供需差异。在很多种情况下，产品生产和消费是不平衡的。有些产品的生产相对集中，而消费是比较均衡的；有些产品的生产是均衡的，而消费是不均衡的。如粮食、水果等产品一般夏秋收获，全年消费；夏季时令产品、春节期间消费品需提前生产，集中销售。另外，客户一般都是批量订货，所以制造企业需要生产足够的产品并储存起来，以实现批量供货。为了消除或缓解生产与消费之间的矛盾、应对生产或消费的不确定性，就需要准备适当的库存。

（3）保持生产、储存、运输规模适当，获得规模效益。无论是产品生产活动还是物流活动，只有达到一定的规模，单位产品的成本才能降下来，获得规模效益。所以，为了获得订货、仓储、运输的规模效益，需要有足够的库存量。

（4）缩短订货提前期，提高供应链各环节供应效率和客户服务水平。供应链各环节如果有了充足的库存，就能够使下一个环节或客户的订货提前期缩短，及时响应客户的要求，缩短供货的时间，提高客户的满意度。

2．库存的消极作用

库存也有一些消极作用，拖累企业经营管理，具体表现为以下 3 个方面。

（1）库存占用大量的资金，影响企业资金的周转。若企业对库存管理不当，会形成过多积压库存，造成资金的大量沉淀。

（2）增加企业经营成本。库存原材料成本的增加直接增加了产品成本，相关库存设备和管理人员的增加也增加了企业的管理成本。库存占用资金的利息、储存保管费、保险费、库存物品价值损失费用等又会增加企业库存成本。

（3）带来其他管理问题。库存的存在可能会掩盖企业的一些管理问题，如计划不周、采购不力、生产不均衡、产品质量不稳定、交货不及时、市场销售不力、员工素质低、纪律松弛等。

3.1.3　库存水平的影响因素

由于人们认识或研究的角度不同，库存水平所涉及的内容也不同。如果研究企业库存总规模，库存水平是指企业某一时间库存货物总量；如果研究企业每种货物库存状况，库存水平是指每种货物某一时间库存数量或库存规模。货物库存水平的高低受许多因素的影响，在利用这些因素分析库存问题、做决策时，应考虑这些因素的相关性，进行综合分析。下面以制造企业的某一种货物为例阐述库存水平的影响因素。

1．供应（采购）方面

供应商是指向企业供应原材料、零部件等各种所需资源的企业或个人。供应方面影响库存水平的因素主要有以下5个。

（1）自制与外购。如果企业所需要的原材料、零部件由自己制造，那么就需要建立仓库，增加制造所需的前端原材料、零部件库存。如果是外购，就不需要这些仓库和库存。

（2）供应商的供应能力。如果供应商的供应能力比较强，如设备、技术比较先进，组织管理水平较高，生产的稳定性、连续性较强，能够及时响应客户的需求，订货前置期（生产提前期、交货期）比较短，制造企业可以在较短时间内获得所需产品，就不需要过多的库存；否则，就需要较多的库存。

（3）采购产品的价格及费用。采购产品的价格直接影响库存货物金额的多少。产品价格高，相对来说这些产品所占用的库存总金额就比较高。

采购产品的费用是指向供应商发出订单并办理相关采购业务的费用。这些费用包括因材料申购、询价比价、签订合同、监督交货、来料验收、核对货款等工作而发生的一切费用。通常，订购费用与订购次数有关，而与订购数量无关。如果每次订购费用较高，企业就会倾向于减少订购次数而增加每次的订购数量，这样企业就会增加库存；否则，企业就会减少库存。

（4）订货批量。订货批量就是一次订货的数量。它直接影响库存水平的高低，同时也直接影响客户服务水平。

（5）安全库存。为了应对供应商因设备、生产、库存、运输或配送等环节出现突发问题，有可能延迟、中断供应的情况，企业需要为原材料、零部件准备安全库存。安全库存是库存的一部分，它的存在减少了缺货的可能性，在一定程度上会降低因缺货带来的损失。但是，安全库存会直接造成企业库存增加，并增加库存管理方面的成本。

2．企业生产方面

在企业生产方面，生产计划、生产能力、组织管理水平以及退货等因素都会影响企业的库存水平。如果企业每日、每周或每月生产计划周密、合理，生产部门具有较强的生产能力和组织能力，能够实现生产过程的均衡与连续，那么原材料将按计划使用，产成品将按计划存储，不会产生过多的库存，也不会造成库存断货、缺货。同时，企业也可以减少或避免因产品质量问题导致的客户退货，以及因计划不周、采购量过多产生的退货，从而有效避免产生过多的库存。

3．企业销售方面

在企业销售方面，客户需求量及其变化、企业需求预测能力及水平、销售策略、客户服务水平、安全库存等因素对企业库存水平都有一定影响。

（1）客户需求量及其变化。如果客户的需求量比较大，那么企业需要生产的产品和库存都会相应增加。除此之外，客户需求变化也会促使企业增加库存。客户需求变化主要表现为客户需求的波动性和不确定性，如需求量不断变化、客户订货提前期不断变化等。需求波动会带来牛鞭效应。牛鞭效应会对企业经营带来很多消极影响，其中比较大的影响是库存增加、运营成本上升和现金流紧张。市场需求的不确定性使企业更加难以准确掌握客户需求状况，这样就会促使企业准备更多的库存，提高库存水平。

知识链接

牛鞭效应

"牛鞭效应"也称需求放大效应，是供应链上的一种需求变异放大现象。当供应链上的信息流从最终客户端向原始供应商端传递时，信息共享无法有效实现，使得信息失真和扭曲逐级放大，导致了需求信息出现越来越大的波动。此种信息失真和扭曲的放大现象在图形上很像一个甩起的牛鞭，因此被形象地称为牛鞭效应。在供应链中，牛鞭效应将导致制造商、分销商、零售商的订单远远高于实际客户需求，企业的库存水平升高，但是服务水平下降，供应链效率变低，供应链总成本变高等一系列问题。

（2）企业需求预测能力及水平。企业如果能够及时准确掌握市场信息，比较准确地预测需求数量或需求变化规律，就可以有针对性地储备合理的库存，减少不必要的库存。反之，企业如果没有能力对市场需求做出准确预测，为了避免库存缺货或断货，就必须增加更多的库存。

（3）销售策略。如果企业能够制定并实施合理的渠道策略、促销策略、价格策略等，就可以使企业产品顺利销售，加快库存周转，降低库存水平；反之，产品不能及时销售出去，会造成产品积压，提高库存水平。

（4）客户服务水平。如果企业承诺向客户提供较高的服务水平，如较高的订单处理率、及时送达率，那么企业可能需要准备更多的库存。

（5）安全库存。客户需求往往会发生变化，为了应对这些变化，需要准备安全库存以避免出现断货或缺货现象。

4．企业物流方面

在企业物流方面，企业库存水平会受到仓库管理水平、库存保管费用、缺货费用及运输能力等因素的影响。

（1）仓库管理水平。仓库管理水平直接影响库内货物的保管。如果库存管理数据不准确，货物存放混乱，就有可能造成缺货或库存积压。

（2）库存保管费用。库存保管费用也称库存维持费用、库存持有成本、库存持有费用，是指与库存保管业务有关的各项费用，如库存占用资金的利息、保险费、仓库设备的折旧费和维修费、仓储作业费、材料保养费、管理费、库存材料损耗等。库存保管费用与库存量呈正相关关系。如果库存保管费用较高，企业倾向于减少库存量，以减少库存管理成本。

（3）缺货费用。缺货费用是指库内无货而无法及时向客户供应时所发生的费用。缺货可能造成销售推迟或客户取消订单，进而带来赔偿或销售额损失。缺货也可能造成客户流失。客户流失带来的损失可能是巨大的，包括客户因改用竞争者的产品而损失的销售额和销售利润，还包括为开发新客户所需的费用。

（4）运输能力。客户的订货需要通过运输（或配送）将货物及时送达。如果运输能力较强，企业可以及时将货物从仓库装车并送达，从而减少货物在仓库的停留时间和总库存量。

3.1.4 库存管理的含义及内容

由于库存对企业管理有积极和消极的作用，并且库存水平受到多方面因素的影响，所以如何加强对企业库存的有效管理，是企业管理人员必须认真对待的问题。

1. 库存管理的含义

库存管理是企业在满足客户服务需求的前提下，综合分析各种因素，运用科学的方法和策略，对各种库存活动进行控制的过程。从企业管理实践来看，库存管理一方面要考虑资金、成本、计划、保管、运输及安全等多种因素，另一方面还要努力实现库存活动的衔接、客户满意度和利润提高等目标。

制造企业与物流企业性质不同，库存管理的目标也不尽相同。制造企业库存管理的目标是在满足企业供应和需求的前提下尽量控制库存水平和库存成本。物流企业库存管理的目标主要是在满足客户服务需求的前提下，尽量控制库存作业及管理成本，增加仓储营业收入。

库存管理最基本的要求是库存合理化。一是库存量合理，即库存量既能保证满足市场需求，又能保持较低库存水平和库存成本。二是库存结构合理，即不同品种、规格的货物的库存量的比例关系合理，能满足市场多样化的需求。三是库存时间合理，即库存周期（货物自入库至出库的时间）能够适应需求的变化。四是库存网络合理，即仓库网点布局合理，能够符合企业战略目标，适应企业仓储、运输、配送等物流活动的需要。

2. 库存管理的内容

在库存管理中，管理者需要考虑 3 个最基本的问题。一是库存应该包括哪些产品？这就需要考虑仓库应储存哪些产品，储存多少，哪些产品的储存是不必要的。二是何时向供应商发布订单开始订货？应考虑是否以固定的时间进行订货。三是应该订购多少？因为订货数量影响订货费用、保管费用等，所以需要考虑合适的订货批量。

围绕上述 3 个基本问题，可以分析和确定库存管理的内容。

（1）需求分析。需求分析的重点是研究需求规律，其方法一般是统计分析和预测。分析内容主要包括需求的产品种类和数量、需求的特点及规律、需求的类型、需求变化状况等。按照不同的标准，产品需求可以划分为不同的类别。

① 按照所需产品之间的关系，产品需求分为独立性需求和相关性需求。独立性需求是指订购、储存的各种产品相互之间没有联系。相关性需求是指订购、储存的各种产品在数量和种类方面存在比例关系。例如，要制造一张桌子，需要订购或储存一张桌面和四个桌腿。

② 按照需求与订货是否连续，产品需求可分为连续性需求和离散性需求。连续性需求

表现为客户连续、重复地订货；离散性需求表现为客户仅有一次订货，或者虽然有重复订货，但要么间隔时间过长，要么两次订货之间没有相关关系。

③ 按照未来需求的确定性，产品需求可以分为确定性需求、随机性需求和不确定性需求。确定性需求就是需求数量和时间基本明确的需求。随机性需求就是需求数量和时间不明确，但能够确定需求数量和时间变化的规律，以及各种需求出现的可能性的需求。如客户对某种产品的需求量达 50 吨的概率为 30%；需求量达 40 吨的概率为 40%。不确定性需求就是需求数量和时间等都不确定，并且也无法确定需求数量和时间变化的规律及各种需求出现的可能性的需求。

（2）费用分析。主要分析库存产生的各种费用，如订货费用、库存维持费用、短缺费用等。

（3）库存决策。综合分析各种影响库存的因素，并以总费用最小为原则，进行库存决策。有许多库存问题需要进行决策，如确定库存的种类、选择采购的方式、选择不同库存的管理策略等。

（4）制定和实施库存管理策略。企业仓储管理部门应按照既定策略，采取一些库存控制的方法，如安全库存控制、定量订货、定期订货等。库存控制的目的是用尽量少的人力、物力、财力等企业资源，将库存量控制在足以保障供应的、合理的数量范围内，避免库存积压或库存缺货、断货。

3.1.5　库存管理方法

根据前述产品需求的分类，企业应结合实际，选择相应的库存管理方法。按照单品种与多品种的差别，可以将库存管理方法分为两类：单品种产品库存管理方法和多品种产品库存管理方法。

1．单品种产品库存管理方法

这种方法不考虑库存货物相互之间的关系，单独针对每种产品采取相应的管理方法。这也是针对独立性需求的库存管理方法。根据产品需求确定性的三种状况，可以通过确定型决策、风险型决策和不确定型决策来选择和使用具体的库存管理方法。

（1）确定型决策。如果确切知道未来的需求量、订货提前期，那么就可以通过确定型决策，选择经济订货批量（最佳批量）进行库存管理。具体方法是：按照确定的提前期、确定的经济订货量发放订单。例如，生产线所需零部件、提前期都是固定的，所需零部件的确切数量就可以根据固定的生产率、时间节奏来确定。

（2）风险型决策。如果未来需求是随机的，提前期的变化也是随机的，但知道需求量或提前期的概率分布，那么就可以通过风险型决策选择库存管理方法。此时可供选择的方法有安全库存控制法、定量订货法、定期订货法等。例如，对于许多在零售网点销售的产品，由于可以获得有关需求量的历史资料，了解需求量及提前期的随机性变化信息，所以可以使用风险型决策，并采用相应的方法确定订货量。

（3）不确定型决策。如果未来需求和提前期都是不确定的，就可以选择不确定型决策方法、定量订货方法以管理库存。如初次进入市场的新产品，其库存问题的相关决策一般属于不确定型决策。在需求量和提前期都不确定的情况下，库存管理的基本要求：一是确定和保持充足库存，二是设置足够的安全库存，以应对需求量和提前期不确定的变化。

2. 多品种产品库存管理方法

这种方法就是将许多库存产品作为一个整体进行分析，从而进行综合管理的方法。在仓库储存的各种产品中，有些产品对企业生产经营影响较大，有些则不然；有些产品，如日用百货、家用电器等，相互之间没有密切的关系，有些产品却有较密切的关系。对此，企业可以采用以下两类控制方法。

（1）按照产品类别进行管理。此方法重点关注的是各种产品的重要性或影响程度，而不是相互之间的关联关系。例如，按照某种标准将产品分为 A、B、C 三类，分别采取相应的管理方法。

（2）按照关联需求进行管理。这种方法主要针对存在相互关系的库存产品，采取相应的管理方法。如要为客户制造一台机器，由于其所需要的各种零部件存在着一定的数量比例关系，可以就零部件数量和作业时间，在下单、入库、储存等方面做出安排。

📖 应用案例

某连锁便利店的高效物流

某连锁便利店近几年结合自身的特点不断加强物流管理，优化仓储和配送管理，但其在物流方面的一些问题仍然很难彻底解决，如库存周转率、分拣差错率、分拣速度、库存损耗率等。

该连锁便利店建设并启用了新物流中心，采用了一系列的新设施、新技术和新管理方法。例如，引入了新的仓库管理系统，支持单据和无线手持终端两种作业方式。该系统能够实现仓库货品货位布局优化、自动分拣复核、自动装车管理、动态存储管理、自动收货管理、先进先出管理等功能。引入了计算机辅助拣货系统，以一连串装于货架格子上的电子显示装置取代拣货单，指示应拣取的物品及数量，辅助拣货人员的作业，减少作业人员目视寻找的时间。该连锁便利店还采用了多种先进的物流管理方法，如 ABC 仓库管理方法、JIT 管理方法等。

新物流中心的运行为该连锁便利店带来了巨大的转变。整体的仓库库存周转时间缩短为 5.8 天，即周转率为 63 转/年。根据对一家门店进行的测算，其分拣速度由原来的 90 秒缩短到现在的 40 秒；配货时间由 24 小时减少至 12 小时；而拣货人员由原先的 40 人降为 20 人，大大降低了人力成本；同时，分拣差错率降到了万分之二；根据电子地图计算出每次出车的最佳线路，配送路程缩短 20%；自动计算装车容量和体积也使得车辆装载利用率提高 15%；原来一天一配是最基本的配货模式，现在调整为根据当天实际销售情况每天多次在门店配货发送。

⏱ 3.2 安全库存控制

由于安全库存对企业经营以及库存管理有重要的作用，因此企业应确定合理的安全库存，并且要针对市场需求变化采取措施，不断降低安全库存。

3.2.1　安全库存的确定

要确定安全库存，首先需要分析和评估各种相关因素对安全库存的影响程度。安全库存影响因素主要包括需求和供给的不确定性、客户服务水平以及缺货成本等。在企业实际工作中，管理人员有时会采用一些经验做法，如按照日需求量的 1.5～1.8 倍原则确定安全库存。下面主要介绍两种确定安全库存的方法。

1．边际成本分析法

如果以企业利润最大化为目标，可按照持有每单位的安全库存所花的储存费用不高于其缺货费用的原则，用边际成本分析法来确定安全库存。使用此方法的前提是必须能够获得安全库存、保管费用、缺货次数等历史资料。

知识链接

边际成本的相关知识

在经济学中，边际成本指的是厂商每生产一单位产品所带来的总成本的增加量，即边际成本等于总成本的变化量除以对应的产量的变化量。这个概念表明，每一单位产品的成本与总产量密切相关。比如，仅生产一辆汽车时，其成本可能极高，而当产量增加到 100 辆时，单位产品的成本就会显著降低。边际成本理论对企业管理人员进行相关分析和决策具有重要的指导意义。

以某企业为例，假设该企业向分销商按 10 的倍数订购商品，每增加 10 件额外的安全库存，就增加储存费用 1200 元（假设每件商品的价值 480 元，商品年储存费用率为该商品价值的 25%）。但由于全年保持了这额外的 10 件安全库存，可防止全年发生缺货 20 次，即边际库存防止年缺货次数为 20 次。已知缺货一次平均费用为 324.05 元，则防止 20 次缺货可节约缺货费用 6481.00 元，即边际库存节约的缺货费用为 6481.00 元。节省的缺货费用远远超过增加的储存费用 1200 元。如果企业保持 20 件安全库存，使储存费用再增加 1200 元，则边际库存防止年缺货次数为 16 次，边际库存节约的缺货费用为 5184.80 元，如表 3-1 所示。

表 3-1　确定安全库存水平的边际分析法实例

安全库存/件	总值/元	年储存费用/元	边际储存费用/元	边际库存防止年缺货次数	边际库存节约的缺货费用/元
10	4800	1200	1200	20	6481.00
20	9600	2400	1200	16	5184.80
30	14400	3600	1200	12	3888.60
40	19200	4800	1200	8	2592.40
50	24000	6000	1200	6	1944.30
60	28800	7200	1200	4	1296.20
70	33600	8400	1200	3	972.15

从表 3-1 中可看出，最优的安全库存量为 60 件，此时，增加 10 件安全库存的储存费

用为 1200 元，边际库存防止年缺货次数为 4 次，边际库存节约的缺货费用为 1296.20 元。如果安全库存从 60 件增加到 70 件，增加 10 件安全库存的储存费用仍为 1200 元，而边际库存节约的缺货费用仅为 972.15 元。因此，企业愿意承受每年 4 次的缺货风险，使增加的储存费用同可以节约的缺货费用相互抵销，使得大于失或得失相当。

2. 统计分析法

根据前面对安全库存影响因素的分析，一方面，安全库存可以减少缺货，这意味着客户服务水平的提高，同时可以降低库存缺货成本，但也会造成库存持有成本的增加；另一方面，客户订货提前期及其变化也影响安全库存水平的高低。所以在不考虑其他因素的情况下，可以综合考虑客户服务水平、订货提前期变化以及客户需求量变化来确定安全库存。

客户服务水平是指对客户需求情况的满足程度，通常用百分比表示，其计算公式为：

客户服务水平=（年完成订货次数÷年订货次数）×100%

=（1-年缺货次数÷年订货次数）×100%

其中，客户服务水平就是订单满足率，年缺货次数除以年订货次数等于缺货率。

如果假定需求量或提前期是变化的，并且其变化服从正态分布，那么就可以在一定的服务水平之下，借助于统计学的理论计算并确定安全库存。

根据统计学理论，若缺货率为 α（显著水平），则客户服务水平为（1-α）。针对需求量和提前期可能的变化情况，安全库存有 3 种计算方法。

（1）需求量变化、订货提前期为固定常数。在这种情况下，安全库存的计算公式为：

$$SS = Z_\alpha \sigma_D \sqrt{T}$$

式中，SS 为安全库存；Z_α 为一定客户服务水平下需求变化的安全系数；σ_D 为订货提前期内需求的标准差；T 为订货提前期。

公式中一定客户服务水平下需求变化的安全系数或服务水平系数，可以通过查正态分布得出。表 3-2 列出了一些常用的客户服务水平所对应的需求变化的安全系数。

表 3-2　常用的客户服务水平所对应的需求变化的安全系数

客户服务水平	安全系数（Z_α）	客户服务水平	安全系数（Z_α）
0.9987	3.00	0.92	1.41
0.9980	2.88	0.91	1.34
0.992	2.40	0.90	1.28
0.99	2.33	0.85	1.04
0.98	2.05	0.80	0.84
0.97	1.88	0.75	0.67
0.96	1.75	0.70	0.53
0.95	1.65	0.60	0.26
0.94	1.55	≤0.50	0
0.93	1.48		

【例 3-1】某公司发现，对某种产品的需求呈正态分布，需求的平均值为每年 2000 个产品单位，标准差为 400 个产品单位。产品的单位成本为 100 元，订货至交货周期为 3 周。

请计算在客户服务水平为 95%的情况下的安全库存。

解：已知条件为 σ_D=400 个产品单位，T=3 周

经查表得：对应 95%的客户服务水平，Z_α=1.65，故可以得出：

$$\text{SS} = Z_\alpha \sigma_D \sqrt{T} = 1.65 \times 400 \times \sqrt{(3/52)} \approx 159 \text{（个）}$$

即在客户服务水平为 95%的情况下的安全库存为 159 个产品单位。

（2）订货提前期变化、需求量为固定常数。在这种情况下，安全库存的计算公式为：

$$\text{SS} = Z_\alpha D \sigma_T$$

式中，Z_α 为一定客户服务水平下需求变化的安全系数；D 为订货提前期内的日需求量；σ_T 为订货提前期的标准差。

【例 3-2】某饭店啤酒的日需求量为固定的常数 10 加仑，提前期是随机变化的，而且服从均值 6 天、标准差为 1.5 天的正态分布。试计算在客户服务水平为 95%的情况下的安全库存。

解：已知条件为 σ_T=1.5 天，$\bar{D}$=10 加仑/天

经查表得：对应 95%的客户服务水平，Z_α=1.65，故可以得出：

$$\text{SS} = Z_\alpha \bar{D} \sigma_T = 1.65 \times 10 \times 1.5 = 24.75 \text{（加仑）}$$

即在客户服务水平为 95%的情况下，安全库存是 24.75 加仑。

（3）需求和订货提前期都随机变化。在这种情况下，安全库存的计算公式为：

$$\text{SS} = Z_\alpha \sqrt{\sigma_D^2 \bar{T} + \bar{D}^2 \sigma_T^2}$$

式中，SS 为安全库存；Z_α 为一定客户服务水平下需求变化的安全系数；σ_D 为订货提前期内需求的标准差；σ_T 为订货提前期的标准差；$\bar{D}$ 为订货提前期内的平均单位时间需求量；$\bar{T}$ 为平均提前期水平（订货提前期的平均数）。

【例 3-3】某商店的可乐日平均需求量为 10 箱，客户的需求服从标准差为 2 箱/天的正态分布，提前期满足均值为 6 天、标准差为 1.5 天的正态分布，并且日需求量与提前期是相互独立的，请计算在客户服务水平为 90%的情况下的安全库存。

解：已知条件为 σ_D=2箱/天，σ_T=1.5天，$\bar{D}$=10箱/天，$\bar{T}$=6天

经查表得：对应 90%的客户服务水平，Z_α=1.28，故可得出：

$$\text{SS} = 1.28 \times \sqrt{2^2 \times 6 + 1.5^2 \times 10^2} \approx 20 \text{（箱）}$$

即在客户服务水平为 90%的情况下，安全库存为 20 箱。

3.2.2　降低安全库存的方法

既然设置安全库存是为了消除各种不确定因素的影响，那么，要降低安全库存就需要采取措施控制或消除各种因素的不确定性。

1．控制需求的不确定性

针对需求不确定性的问题，可以采取以下措施进行有效控制。

（1）优化需求预测。首先，需要做到及时预测，对可能发生的需求变化和其他意外情况保持高度敏感性，迅速捕捉相关信息并对未来趋势进行预测。例如，通过分析市场数据，如果预测到近期客户的需求可能会增长，企业便可以相应增加安全库存。其次，提高预测

的精确度。预测工作应重点关注未来客户需求的变化和订货的提前期。预测越精确，意外需求发生的可能性就越小，这有助于使客户的订货时间更接近实际需求时间，订货量更接近实际需求量。这不仅有助于更精确地确定库存水平，还能有效降低安全库存量。为此，企业应采用科学理论和预测技术，如统计预测模型、滚动预测法和滚动计划法等，以提高预测的准确性。针对供应链中企业间信息不对称导致的不确定性，企业应建立信息系统，加强沟通和信息共享。

（2）尽量保持订单的平衡。订单平衡是指订单在一定时间内分布相对平均，避免出现月初、月中订单稀少，而月末订单多到加班加点都忙不过来的情况。企业销售部门应该与客户密切沟通，协商订货时间。

（3）尽量稳定客户的订货时间。主动与客户沟通，深入分析其需求时间变化的原因，并共同探讨解决方案。例如，如果客户的需求时间不稳定是由于其计划不周或经营活动组织不力造成的，企业可以针对这些问题提供具体的帮助和支持，协助客户优化计划和组织流程，从而减少需求时间的波动。

2．控制供应的不确定性

供应的不确定性大多与供应商相关。控制供应的不确定性，需要提高供应商的按时交货率、确保供应商送货的质量合格率、缩短订货提前期。具体应考虑以下几个方面。

（1）让供应商知道本企业的生产计划，以便其及早做出安排。

（2）供应商应加强生产的计划性，实现均衡生产，提高生产效率和客户需求响应速度，缩短生产周期。

（3）供应商应加强现场管理，减少废品或返修品的数量，从而减少由这种原因造成的不能按时按量供应的情况。

（4）供应商要加强对设备的预防维修，提高产品质量的合格率，避免由于设备故障而引发供应中断或延迟。

（5）供应商应加强物流管理，对产品的储存、出库、送货及交付等环节进行控制，提高物流效率，确保客户订货提前期的稳定性。

3．确定合理的客户服务水平

确定合理的客户服务水平关键在于合理设定有货率。有货率不是越高越好，因为有货率高势必会要求高安全库存。如何满足客户服务要求，确定合理的有货率，需要企业与客户沟通、协商，最后确定一个双方都能接受的有货率水平。另外，客户服务水平需要根据不同的行业、不同的产品、不同的客户而确定，不应该对全部产品、全部客户采用相同的客户服务水平。

📖 应用案例

某煤炭集团公司降低安全库存的措施

某煤炭集团公司针对安全库存过高的状况，采取了多项降低安全库存的措施。

（1）依据对历史数据的记录、分析，使用 ERP 系统的 SAP 软件，建立大数据库平台，提高计划准确性，为进一步控制安全库存提供了数据支持。

（2）常用物资采取寄售采购管理模式，实现零库存管理。集团公司（卖方）与煤炭需求方（买方）签订一份长期协议，协议有效期一般是 1～3 年，卖方将物资放在买方的库房里，库存由买方管理，在出库领用前所有权归卖方，出库使用后所有权归买方，出库后买方付款给卖方。集团公司所有物资中有 6 万多种实行了此模式，这些物资的安全库存降为零，同时也彻底解决了安全库存消耗企业现金流的问题。

（3）国产化开发，国内采购，缩短采购周期。集团公司原来所需的采煤设备及零配件主要从国外进口，存在采购周期过长、安全库存高的问题。后来，集团公司加大国产替代品的开发力度，并与国内多家制造加工企业、科研院所合作，共同开发制造采煤设备和零配件。这一措施使安全库存得以逐渐降低。

3.3　定量订货法与定期订货法

定量订货与定期订货都是面向单品种产品的库存控制方法，也是库存管理的基本方法。定量订货法从数量上控制库存，是一种基于库存数量的订货法。定期订货法则是一种基于时间的订货法。两种方法各有优点和缺点，企业应根据实际，综合考虑各方面的因素，做出合理选择。

3.3.1　定量订货法

定量订货法由戴维斯（Davis）首创，后被美国材料与试验协会（American Society for Testing and Materials，ASTM）推荐，所以它又被称为戴维斯法或 ASTM 法。所谓定量订货法，是指当库存下降到预定的最低库存数量（订货点）时，按规定批量（一般以经济订货批量为标准）进行订货以补充库存的一种库存控制方法。定量订货法运用得当，既能较好地满足客户需求，又能使库存总费用最低。

1. 定量订货法的基本原理

定量订货法的基本原理：预先确定一个订货点 Q_k，在货物销售或消耗过程中随时检查库存，当库存下降到 Q_k 时，就发出一个订货批量。订货批量为经济订货量 Q^*。这种情况下，库存量的变化如图 3-2 所示。

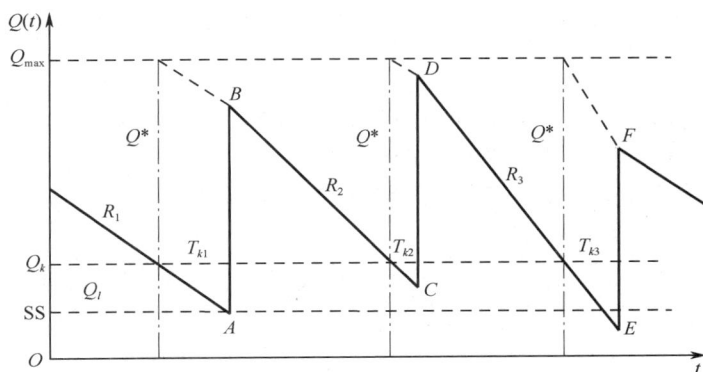

图 3-2　定量订货库存量的变化

53

图 3-2 是一般情况的例子，即每一阶段的消耗速率（库存下降率一般等于需求率，即单位时间需求量）均不相等，即 $R_1 \neq R_2 \neq R_3$，订货提前期也不同，即 $T_{K1} \neq T_{K2} \neq T_{K3}$，其中 R 和 T_k 都是随机变量。在第一阶段，库存以 R_1 的速率下降，当库存下降到 Q_k 时，就发出一个订货批量 Q^*，名义库存从而升高了 Q^*，达到 Q_{max}（$Q_{max}=Q_k+Q^*$）。进入第一个订货提前期 T_{K1}，在 T_{K1} 内，库存继续以 R_1 的速率下降到图中的 A 点时，此时新订货物到达，T_{K1} 结束，实际库存由 SS 上升到 SS+Q^*，增加了 Q^*，到达 B 点，进入第二阶段。设第二阶段库存以 R_2 的速率下降，因为 R_2 小于 R_1，所以库存消耗周期长些。当库存下降到 Q_k 时，又发出一个订货批量 Q^*。名义库存又升到 Q_{max}（$Q_{max}= Q_k+ Q^*$），进入 T_{K2}，库存下降到 C 点，此时新订第二批货物到货，T_{k2} 结束，实际库存又升高了 Q^*，到达 D 点。因为 R_2 小于 R_1，T_{k2} 又短于 T_{k1}，所以第二个订货提前期 T_{k2} 内库存消耗较少，C 点库存较高，因而 D 点库存也较高。之后又进入第三阶段，由于 R_3 比 R_1 和 R_2 都大，T_{k3} 比 T_{k1} 和 T_{K2} 都长，所以在 T_{k3} 内的库存消耗最大，E 点最低，还动用了安全库存，几乎把安全库存都用完了。新订第三批货物到达后，库存升高了 Q^*，到达 F 点，所以 F 点也是新订货物到达后库存最低的点。库存就是以这样的周期变化不止。从图 3-2 可以看出以下几点。

第一，订货点 Q_k 的大小包括两部分：第一部分为 SS；第二部分为 D_1（$D_1= Q_k$-SS），图中 T_{K1} 期间的需求量（或销售量、消耗量）正好等于 D_1，T_{k2} 期间的需求量小于 D_1，T_{k3} 期间的需求量大于 D_1。

第二，在整个库存变化中，所有需求都得到满足，没有出现缺货情况，前两个期间都是由订货点库存满足的。但 T_{k3} 期间动用了安全库存，如果安全库存太小的话，则库存曲线就会降到横坐标线以下，即出现缺货情况。所以，设立安全库存可以降低缺货率，提高库存满足率。

第三，由于控制了订货点 Q_k 和订货批量 Q^*，所以整个过程的库存水平就得到了控制，最高库存量 Q_{max} 不超过（$Q_k+ Q^*$）。

结论：①需求量和订货提前期可以是确定的，也可以是不确定的；②订货点 Q_k 包括安全库存（SS）和订货提前期的平均需求量（D_1）两部分。在需求量和订货提前期都确定的情况下，不需要设置安全库存；在需求量和订货提前期都不确定的情况下，设置安全库存是非常必要的。③由于控制了订货点 Q_k 和订货批量 Q^*，整个过程的库存水平得到了控制，从而使库存费用得到控制。

要实施定量订货法，必须考虑两个方面：何时订货及订多少货，即确定订货点和订货批量。

2．订货点的确定

在定量订货法中，发出订货时仓库里该品种保有的实际库存量叫作订货点，它是控制库存水平的关键。根据需求量和订货提前期变化的不同情况，并假定需求量和订货提前期的变化服从正态分布，订货点的计算有以下 4 种方法。

（1）需求量和订货提前期均无变化。在需求量和订货提前期都确定的情况下，不需要设置安全库存，可直接求出订货点。此时的订货点就是每个订货提前期的需求量，计算公式为：

$$订货点=单位时间需求量×订货提前期$$
$$即 Q_k = DT$$

（2）需求量变化、订货提前期不变。此时订货点的计算公式为：

订货点=订货提前期的平均需求量+安全库存

=单位时间平均需求量×订货提前期+安全库存

$$即\ Q_k = \bar{D}T + \text{SS}$$

SS 是需求量变化、订货提前期不变时的安全库存。

【例 3-4】某商店 A 商品实际需求量为：1 月 126 箱，2 月 110 箱，3 月 127 箱。最大订货提前期为 2 个月，缺货率约为 5%，试求 A 商品的订货点。

解：

$$\bar{D} = \frac{126+110+127}{3} = 121（箱）$$

缺货率约为 5%，对应客户服务水平 95%，经查表，Z_α=1.65，故可以得出：

$$\sigma_D = \sqrt{\frac{(126-121)^2+(110-121)^2+(127-121)^2}{3}} = \sqrt{\frac{182}{3}} = 7.79$$

$$\text{SS} = 1.65 \times \sqrt{2} \times 7.79 \approx 19（箱）$$

$$Q_k = 121 \times 2 + 19 = 261（箱）$$

所以 A 商品的订货点为 261 箱。

（3）需求量不变、订货提前期变化。此时订货点计算公式为：

订货点=订货提前期的平均需求量+安全库存

=单位时间需求量×平均订货提前期+安全库存

$$Q_k = D\bar{T} + \text{SS}$$

SS 是需求量不变、订货提前期变化时的安全库存。

（4）需求量和订货提前期都变化。此时订货点计算公式为：

订货点=订货提前期的平均需求量+安全库存

=单位时间的平均需求量×平均订货提前期+安全库存

$$Q_k = \bar{D}\bar{T} + \text{SS}$$

SS 是需求量和订货提前期都变化时的安全库存。

【例 3-5】根据【例 3-3】，计算该商店可乐的订货点。

解：已知条件为 $\sigma_D = 2$箱/天，$\sigma_T = 1.5$天，$\bar{D} = 10$箱/天，$\bar{T} = 6$天，$\text{SS} = 20$（箱）

$$Q_k = 10 \times 6 + 20 = 80（箱）$$

该商店可乐的订货点为 80 箱。

3．订货批量的确定

在定量订货中，对每个具体的品种而言，每次的订货批量都是相同的，所以对每个品种都要确定一个合适的订货批量。确定订货批量可以采用以下几种方法。

（1）将经济订货批量（Economic Order Quantity，EOQ）作为订货批量。这种方法通过建立经济订货批量模型来计算理想状态下的最优订货批量，并将其作为实际订货批量。在定量订货中常使用该方法。

① 经济订货批量模型一般有如下假设条件：只涉及一种产品；年需求量可知；需求率为常数；存货价格不变，不存在相关的折扣问题；相关费用只考虑保管费用（持有成本、

持有费用）和采购费用；订货提前期不变；各批量单独运送和接收。

② 模型中的保管费用计算公式为：

$$TC_c = \frac{Q}{2}H$$

式中，Q 为每次订货批量，H 为计划期内单位货物的保管费用。如果保管费用依据购买价格确定，那么计划期内单位货物的保管费用的计算公式为：

$$H=FP$$

式中，F 表示单位保管费用与单位购买价格的比率；P 为单位购买价格。

③ 模型中的采购费用通常按订货次数计算，其公式为：

$$TC_a = \frac{D}{Q}S$$

式中，D 为某货物的总需求量，通常是年总需求量；Q 为每次订货批量；S 为订货成本。从式中可以看出，当 D 和 S 一定时，采购费用与每次订货批量成反比。

④ 当每次订货批量为 Q 时，则总库存费用为：

$$TC = \frac{D}{Q}S + \frac{Q}{2}H$$

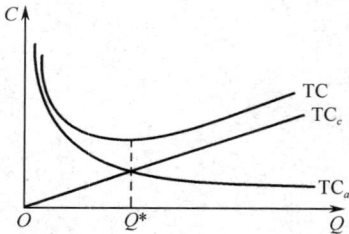

图 3-3　总库存费用与订货批量的关系

图 3-3 描述了总库存费用与订货批量的关系。图中 TC_c 表示保管费用曲线，TC_a 表示采购费用曲线，TC 表示总库存费用曲线。

⑤ 计算经济订货批量的基本思路是：综合考虑保管费用、采购费用，当二者相等时，由二者之和形成的总库存费用最小，此时对应的订货批量就是经济订货批量，所以经济订货批量就是各种费用形成的总成本最小时的订货批量，如图 3-3 所示。

Q^*就是经济订货批量。根据保管费用和采购费用的计算公式，当二者相等时，可以得到经济订货批量的计算公式：

$$Q^* = \sqrt{\frac{2DS}{H}}$$

$$TC = TC_a + TC_c = \frac{D}{Q}S + \frac{Q}{2}H$$

$$= \frac{D}{Q}S + \frac{Q}{2}FP$$

$$TC_{min}^* = TC_a + TC_c = 2TC_a = 2TC_c$$

$$= \frac{2D}{Q}S = QH = \sqrt{2DSH} = \sqrt{2DSFP}$$

同样，也可以计算最小总成本、最佳订货周期和订货次数。最小总成本应等于购买成本与最小总库存费用之和，其公式为：

$$最小总成本 = DP + \sqrt{2DSH} = DP + \sqrt{2DSFP}$$

$$最佳订货周期 = \frac{Q^*}{D} = \sqrt{\frac{2S}{DH}} \qquad 订货次数 = \frac{D}{Q^*}$$

【例 3-6】某公司为了降低库存成本，采用订货点法控制某种商品的库存。该商品的年平均需求量为 1000 单位，订购成本为每次 10 元，每年每单位商品的持有成本为 0.5 元，试计算该公司每次订购的最佳数量为多少？如果安全库存天数为 3 天，订购备运时间为 4 天，则该公司的订货点为多少？（一年按 365 天计算）

解：已知 D=1000 单位，S=10 元，H=0.5 元，安全库存天数=3 天，订货提前期=4 天

根据已知计算：

$$Q^* = \sqrt{\frac{2DS}{H}} = \sqrt{\frac{2 \times 1000 \times 10}{0.5}} = 200 \quad （单位）$$

$$SS = 3 \times 1000 / 365 = 8.2 \quad （单位）$$

$$Q_k = 4 \times 1000 / 365 + 8.2 = 19.2 \quad （单位）$$

该公司每次订购的最佳数量为 200 单位，订货点为 19.2 单位。

（2）基于计划期需求量确定订货批量。将订货批量设置为计划期（T_0）内的需求量，此时订货批量 Q_0 的计算公式为：

$$Q_0 = RT_0$$

式中，R 为单位时间内的需求率。

例如，可以订一个月、一个季度、一年等整个订货周期的需求量。这样在实际操作中就比较方便和简单。

这里要注意，以上订货批量都是只根据总费用最少这个原则制定的。除总费用最省外，还有一些因素可能影响订货批量的确定，如订货的难易程度。有些商品订货很难，主要原因有：路途很远；手续很麻烦（如跨国采购）；是珍稀物品；是幸运物品，一次购买，以后可能就再也没有了；要花很大的代价才能够再买到。在这些情况下，订货批量就不能用上述公式计算，而要根据具体情况确定。

除此以外，订货批量还可以取与某种包装单元、运输单元的额定容量相等或整数倍的数量。有些商品在生产时是以一定的包装单元包装的。例如，袜子通常以"打"为销售单位，香烟通常以"箱"为销售单位，对这些商品的采购也应当以"打"或"箱"来确定订货批量。运输部门装运货物有运输单元，如火车车皮、集装箱等，订货批量应当尽可能与这些运输单元相匹配。

在这些情况下，既要考虑包装单元、运输单元，又要考虑需求量，应以需求量为主，兼顾包装单元、运输单元来确定合适的订货批量。

有些商品，生产厂家采用轮番批量生产或季节性生产的方式，这些商品都有一个固定的供应周期。在一批商品生产完成后，要过一段时间才能再生产和供应。在这种情况下，采购订货批量应等于整个供应周期的需求量。

4．定量订货法的优缺点及适用范围

（1）定量订货法的优缺点。

① 定量订货法的优点：订货点、订货批量一经确定，则定量订货法的操作就很简单。当订货量一定时，收货、验收、保管和批发可以利用现成的规格化器具和标准化的结算方式，从而减少搬运、包装等方面的工作量。定量订货法充分发挥了经济订货批量的作用，

可以有效降低平均库存和库存费用，实现库存管理的优化。

② 定量订货法的缺点：需要随时盘存，这会耗费较多的人力和物力资源；订货模式较为机械化；订货时间不能预先确定，所以难以进行严格的管理，也不利于提前做出较精确的人员、资金、工作安排。此外，在实际工作中应用定量订货法时，还要注意其适用的环境条件。

（2）定量订货法的适用范围。从需求角度看，定量订货法既适用于随机型需求，也适用于确定型需求。实际上，确定型需求是随机型需求的一种特殊情况。

从市场上物资资源供应角度看，定量订货法只适用于订货不受限制的情况，即订货时间和订货地点都不受任何限制。因此，定量订货法主要用于重要物资的库存控制。在下列情况下可以考虑采用定量订货法进行库存控制。

① 所储物资（存货）具备进行连续检查的条件，即库存物资能够方便地随时进行检查。

② 价值虽低但需求量大的物资和价格昂贵的物资。前者是因为物资价低、量大，采用连续检查控制方式可以简化控制程序；后者是因为采用连续检查控制方式可以及时收集库存信息，以便灵活地优化库存控制与管理。

③ 易于采购的物资。采用连续检查控制方式，订货时间无法确定，因此适用于市场上随时可以采购到的物资。

3.3.2　定期订货法

定期订货法是按预先确定的订货时间间隔按期进行订货，以补充库存的一种库存控制方法。定期订货法主要靠设定订货周期和最高库存量来控制库存水平。如果运用得当，可以避免缺货，节省库存费用。

1. 定期订货法的基本原理

预先确定一个订货周期（T）和一个最高库存量（目标库存量，Q_{max}），然后根据订货周期进行周期性的库存检查，根据检查结果与预定的目标库存量的差额确定每次订货批量，如图 3-4 所示。假设在时间轴的 O 点开始运行定期订货法，此点之后，库存量随着时间变化而逐渐减少，进入第一个库存量变化周期。假设在库存直线的 A 点第一次检查库存量，实际库存量假设为 Q_{k1}，此时发出订货单，订货量取 Q_{k1} 与 Q_{max} 的差值，即第一次的订货量 $Q_1 = Q_{max} - Q_{k1}$。随后进入第一个订货提前期 T_{k1}，库存水平因货物出库而逐渐减少，至提前期结束（此期间需求量为 D_{k1}），所订 Q_1 的货物到达，实际库存量升高了 Q_1，接着进入第二个库存量变化周期。

自第一次订货开始，经过一个订货周期 T，到了第二次订货的时间，即库存变化直线的 B 点。此时检查库存量，实际库存量假设为 Q_{k2}，此时又发出订货单，订货量的大小等于 Q_{K2} 与 Q_{max} 的差值，即第二次的订货量 $Q_2 = Q_{max} - Q_{k2}$。随后进入第二个订货提前期 T_{k2}，至 T_{k2} 结束（此期间需求量为 D_{k2}），所订货物 Q_2 到达，将实际库存量提高了 Q_2，随后又进入第三个库存量变化周期。按照订货周期不断地循环下去。

在整个运行过程中，最高库存量不会超过 Q_{max}。实际上，每次订货时，订货量是按照最高库存量 Q_{max} 确定的，但经过一个订货提前期后，所订货物实际到达，实际最高库存量比 Q_{max} 少一个提前期需求量，即 D_{ki}。所以 Q_{max} 实际上就是最高库存量的控制线，它是定期订货法用以控制库存量的一个关键的参数。

根据定期订货法的基本原理，实施该方法的关键是确定订货周期和最高库存量。

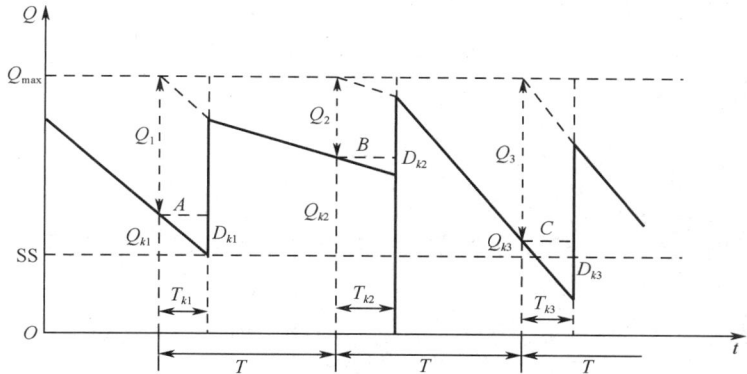

图 3-4 定期订货法基本原理

2．订货周期的确定

在定期订货法中，订货周期决定着订货的时机，其作用类似于定量订货法中的订货点。但是，与定量订货法不同，定期订货法的订货周期是固定的。订货周期的长短直接决定了最高库存量的大小，进而决定了库存费用的多少。订货周期过长，库存水平就会过高，库存持有成本增加；订货周期过短，则订货批次太多，订货费用增加。因此，订货周期长短应该合理设定。

定期订货法的订货周期的确定通常以订货过程中发生的总费用最小为原则。实际上，定期订货法的订货周期有多种确定方法。

（1）订货周期取习惯的日历时间单元，如周、旬、月、季、年等。企业通常按这些时间单元安排生产计划、工作计划。取这样的时间单元来确定订货周期，可以跟生产计划、工作计划相吻合，比较方便。

（2）订货周期取供应商的生产周期或供应周期。有些供应商采用多种产品轮番批量生产或季节性生产方式，产品都有一个生产周期或供应周期。为了确保能够及时订到货物，订货周期需与生产周期或供应周期一致。

（3）按照经济订货模型确定订货周期。具体而言，建立理想化的经济订货模型，计算经济订货批量和订货周期。在实际应用中，订货周期可以根据具体情况进行适当调整。例如，可以根据企业的生产周期来调整订货周期。

3．最高库存量的确定

确定了订货周期后，接下来需要确定最高库存量。最高库存量由两部分组成：一部分是满足 $T+T_K$ 期间的平均需求量；另一部分是根据服务水平，为保证供货概率而设置的安全库存量（SS）。如果用 $\overline{D}_{T+T_k}$ 描述 $T+T_k$ 期间的平均需求量，则

$$Q_{\max} = \overline{D}_{T+T_k} + \text{SS}$$

式中，$\overline{D}_{T+T_k} = (T+\overline{T}_k) \times \overline{R}$ 。

定期订货法没有固定不变的订货量。每个周期的订货量均根据当时的实际库存量确定，等于最高库存量与当时的实际库存量的差值。实际库存量是指检查库存时仓库实际拥有的

能够用于销售的全部货物的数量。它不光包括当时存于仓库中的货物数量 Q_K，还包括已订未到货物数量 I 和已经售出而尚未发货的货物数量 B。Q_K、I、B 是检查库存时实际所得的数据，因为每次检查的值可能不一样，所以每次的订货量也不一样。第 i 次检查库存发出订货的数量 Q_i 可以表示为：

$$Q_i = Q_{max} - Q_{K_i} - I_i + B_i$$

【例 3-7】某仓库 A 商品订货周期为 15 天，平均订货提前期为 2 天，平均库存需求量为每天 120 箱，安全库存 450 箱，另某次订货时在途到货量 600 箱，实际库存 1200 箱，待出库货物数量 500 箱，试计算该仓库 A 商品最高库存量和该次订货时的订货量。

解：根据已知条件 T=15 天，$\overline{T}_k$=2 天，$\overline{R}$=120（箱），SS=450（箱），故可以得出：

$$Q_{max} = (T + \overline{T}_k) \times \overline{R} + SS = 120 \times (15 + 2) + 450 = 2490（箱）$$

又根据 Q_{max}=2490 箱，Q_{k_i}=1200 箱，I_i=600 箱，B_i=500 箱，故可以得出：

$$Q_i = Q_{max} - Q_{k_i} - I_i + B_i$$
$$=2490-1200-600+500=1190（箱）$$

因此，该仓库 A 商品最高库存量为 2490 箱，该次订货时的订货量为 1190 箱。

4．定期订货法的优缺点及适用范围

（1）定期订货法的优缺点。

① 定期订货法的优点：管理人员不必每天检查库存，只需在每个订货周期规定的订货时间进行库存检查，发出订单。这样就大大减轻了管理人员的工作量，而又不影响工作效果和经济效益。定期订货法可以合并订单或进货批次以减少费用，此外，周期性盘存也比较彻底、精确。由于是定期订货，所以能预先制订订货计划和工作计划。定期订货法还便于实现多个品种联合订购，进一步优化采购流程和成本。

② 定期订货法的缺点：遇到突发性大量需求时，易造成缺货。因为定期订货法要求的保险时间（$T+T_k$）较长，此期间的需求量可能较高。同时，其保险时差也比较大，因此需设置较高的安全库存。与定量订货法不同，定期订货法每次订货的批量不固定，无法直接应用经济订货批量模型来确定订货量，因而运营成本较高，经济性较差，自然也就不能发挥经济订货批量的优越性。

（2）定期订货法的适用范围。具有下列特点的物品可以考虑采用定期订货法实行库存控制。

① 需要定期盘点和定期采购或生产的物资。这些物资主要指成批需要的各种原材料、配件、毛坯和零配件等。在编制上述物资的采购计划时通常要考虑现有库存的情况。由于采购计划是定期制订并执行的，因此，这些物资需要定期盘点和定期采购。

② 具有相同供应源的物资。此类物资由同一供应商生产或产地相同。由于来源相似，采用统一采购策略，不仅能够节约订货和运输费用，而且可以获得一定的价格折扣，降低购货成本。另外，统一采购还可以保证采购过程顺利进行。

③ 供货渠道较少或供货来自物流企业的物资，其库存管理可采用定期订货系统进行控制，以提高库存管理的效率和准确性。

④ 定期订货法适用于品种数量多、占用资金少的 B 类和 C 类库存物资。

应用案例

A 医药公司的库存管理改进方法

A 是一家专注于医药流通的大型医药公司，其经营的药品种类超过两万种。为了尽可能适应市场药品需求的不断变化，该公司每月依据各类药品过去三个月销量的平均值，按照 1.2 至 2.5 倍的比例进行备货。虽然这一做法使得缺货率有所降低，但部分药品库存量过大，给公司运营带来了压力。因此，A 医药公司对现有的药品库存管理方法进行了优化。A 医药公司依据药品的价值、替代难度和缺货风险三个指标来评估药品的重要性，并据此构建了层次分析模型。根据综合权重的评估结果，公司对药品进行了 ABC 分类。结果显示，A 类和 B 类药品的得分显著高于 C 类，这表明这两类药品的重要性较高，需要优先保障。因此，对于 A 类和 B 类药品，公司采用了需要频繁监控库存的定量库存控制模型。由于 A 类药品的得分高于 B 类，为了确保更高的供应水平，A 类药品的安全库存量被设置得比 B 类更高。而对于得分最低的 C 类药品，则采用了定期库存控制模型，并设置了较低的安全库存量。

3.4　多品种库存控制

在多品种库存控制方法中，库存分类管理法是基于库存物资类别进行分类管理的方法，常见的有 ABC 分类管理法、CVA 法、供应细分法等。针对关联需求的库存管理方法，具体有物料需求计划（MRP、MRPⅡ）、企业资源计划（ERP）等。多品种库存控制方法在分析库存物资的基础上，针对不同种类的库存物资分别选择不同的管理方法，并且也利用了一些管理理论和信息技术。所以，多品种库存控制方法也是库存管理的策略和技术。

3.4.1　库存分类管理法

在库存分类管理法中，ABC 分类管理法主要基于库存物资价值进行分类，但库存物资价值高低并不能完全反映其在生产经营中的作用。CVA 法则根据库存物资在生产经营中所起作用的大小，把它们划分为不同级别进行管理。ABC 分类管理法和 CVA 法都是基于单一因素对库存物资进行分类的，但有时只用一个因素并不能完全客观地反映出库存物资在生产或价值方面的作用，这时可以考虑使用供应细分法，基于两个因素对库存物资进行分类，并在此基础上进行管理。

1．ABC 分类管理法

ABC 分类管理法是 1951 年由美国电气公司的 H. F. 迪克首先倡导的，它是帕累托原理（Pareto Principle）在库存管理中的应用。

知识链接

帕累托原理

帕累托原理也称帕累托法则、二八法则、关键少数法则。帕累托通过研究意大利社会财富分配得出结论：20% 的人口掌握了 80% 的社会财富。管理学家约瑟夫·朱兰在管理学中采纳了该思想，认为在任何情况下，事物的主要结果往往取决于少数关键因素。经过大量试验检验，这一法则被证明在大部分情况下都是正确的。该法则后来被用于解决许多领域的问题，如时间管理问题、客户管理问题、财富分配问题、资源分配问题、核心产品问题、关键人才问题、核心利润问题、个人幸福问题等。

（1）ABC 分类管理法的含义与划分标准。ABC 分类管理法又称帕累托分析法、主次因素分析法、ABC 分类法、ABC 分析法、ABC 法则、重点管理法等。它是基于事物在技术或经济方面的主要特征进行分类，从而有区别地确定管理方式的一种分析方法。

在库存管理中，ABC 分类管理法具体划分标准及各类比例并没有统一标准，要根据具体情况而定。一般将库存品种在单位时间内的使用金额作为标准进行分类，金额高的列为A 类，次高的列为 B 类，低的列为 C 类。一般情况下，A 类库存的品种数占全部品种数的10%～20%，其年使用金额占总金额的 60%～80%；B 类库存的品种数占全部品种数的20%～30%，其年使用金额占总金额的 15%～40%；C 类库存的品种数占全部品种数的50%～70%，其年使用金额占总金额的 5%～15%。

将库存进行 ABC 分类，目的是根据分类结果对每类库存采取合适的控制措施。所以，完成分类后，应把库存管理重点放在 A 类库存的规划和控制上，管好了这部分库存就控制了库存的绝大部分成本，对企业节约资金、降低管理成本起着十分重要的作用。对于 B 类库存，企业应给予次要管理，而对于 C 类库存，企业应给予一般管理。

（2）ABC 分类管理法的一般步骤。

① 收集数据。针对分析对象和分析内容，收集有关数据，如每种库存物资的平均库存量、每种库存物资的单价等。

② 处理数据。对收集来的数据进行整理，按要求进行计算和汇总，如计算品种数、累计品种数、累计品种百分比、使用金额占总金额的百分比和占总金额的累积百分比等。

③ 制作 ABC 分析表，将上述数据及计算结果填入表中。

④ 确定 ABC 分类。依据 ABC 三类划分标准进行分类，如按照使用金额占总金额的累计百分比进行分类。

⑤ 绘制 ABC 分析图。以品种累计百分比为横坐标、金额累计百分比为纵坐标，按 ABC 分析表的数据在坐标图上取点，连接各点成曲线，即 ABC 分析图。

【例 3-8】根据某公司 6 月库存物资数据，通过分析，对其进行 ABC 分类，如表 3-3 所示。

表 3-3　某公司 6 月库存物资 ABC 分类表

物资名称	品种数量/个	占总品种百分比/%	品种累计百分比/%	库存金额/元	占库存金额百分比/%	金额累计百分比/%	分类
中纤板加工板	136	2.34	2.34	13289778.8	25.53	25.53	A
通用五金	55	0.95	3.29	6890674.21	13.24	38.77	A
油漆及香蕉水	95	1.63	4.92	6691005.98	12.86	51.63	A
刨花板加工板	187	3.22	8.14	4571994.95	8.78	60.41	A
实木	113	1.94	10.08	3203353.24	6.15	66.57	A
封边条	118	2.03	12.11	2984680.78	5.73	72.30	B

续表

物资名称	品种数量/个	占总品种百分比/%	品种累计百分比/%	库存金额/元	占库存金额百分比/%	金额累计百分比/%	分类
杂木外购件	156	2.68	14.79	2798270.08	5.38	77.68	B
五金杂件	614	10.56	25.35	2521401.33	4.84	82.52	B
布料皮革	298	5.13	30.48	2385858.44	4.58	87.10	B
工具耗材	925	15.91	46.39	1359080.13	2.61	89.72	C
纸箱	1413	24.30	70.69	1208781.68	2.32	92.04	C
木皮	145	2.49	73.19	665519.37	1.28	93.32	C
玻璃	242	4.16	77.35	655855.33	1.26	94.58	C
保丽龙	497	8.55	85.90	643744.38	1.24	95.81	C
胶黏剂	497	8.55	94.44	619777.78	1.19	97.00	C
珍珠棉	17	0.29	94.74	578688.44	1.11	98.12	C
贴面纸	46	0.79	95.53	447187.44	0.86	98.98	C
蜂窝纸芯	7	0.12	95.65	330890.31	0.64	99.61	C
其他	253	4.35	100.00	202556.72	0.39	100.00	C

从表 3-3 中可以看出，在该公司库存物资中，占品种总量 10.08% 的 A 类物资占库存总金额的 66.57%；占品种总量 20.40% 的 B 类物资占库存总金额的 20.53%；占品种总量 69.52% 的 C 类物资占库存总金额的 12.90%。

根据 ABC 分类表中的相关数据，绘制 ABC 分析图，如图 3-5 所示。

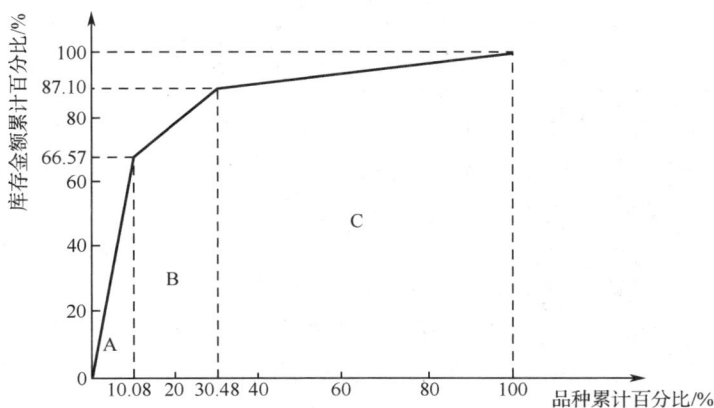

图 3-5　某公司库存物资 ABC 分析图

从图 3-5 可以看出，关键的 A 类物资仅占货物总量的很小一部分，远远小于 B 类和 C 类物资的总量，但其库存金额却超过 B 类和 C 类物资的总和。

（3）ABC 分类管理法的管理策略。在对库存物资进行分类之后，应根据企业的经营策略对 A、B、C 三类物资采取不同的管理策略。

① A 类物资品种少而占用资金多，是企业日常控制的重点。针对 A 类物资的主要控制措施包括：首先，精确计算每次订货量，严格按预定的数量和时间组织订货，适当减少

每次订货数量和保险储备量，相应地增加订货次数，尽量使实际库存保持在较低水平，以节约仓储费用。其次，采用定期订货控制法，对库存物资进行定期检查和实地盘点，及时、准确地掌握实际库存量、未来需要量、订货点等情况，以保证日常控制工作的正常进行。最后，密切注意市场变动，认真进行市场预测和经济分析，尽可能使每次订货量符合实际需要，避免多储和少储。同时，还应加强库存监督，随时了解库存状况，防止出现缺货现象。

② B 类物资的品种数和占用资金处于"中间"状态，对其控制不必像 A 类物资那么严格，可以适当加大安全库存量以防紧急情况发生。但也不宜过于宽松，一般按大类确定订货数量和储备定额，并注意生产经营中的轻重缓急和采购难易程度。

③ C 类物资数量较多而占用资金较少，如果像 A 类物资那样认真管理，费力不小，所获得的经济效益却不明显，故对其控制可粗略一些。一般采用定量订货法控制，集中采购，并适当增加储备定额、保险储备量和每次订货数量，相应地减少订货次数。

2．CVA 法

CVA（Critical Value Analysis）法即关键因素分析法，是将库存按照库存物资在生产经营中所起的作用大小分成 3～5 类，如分为最高优先级、较高优先级、中等优先级和较低优先级。表 3-4 列举了按照 CVA 法所划分的库存类型、特点及管理策略。

表 3-4 CVA 法库存类型、特点及管理策略

库存类型	特 点	管理策略
最高优先级	经营管理中的关键物资或 A 类客户的存货	不允许缺货
较高优先级	生产经营中的基础性物资或 B 类客户的存货	允许偶尔缺货
中等优先级	生产经营中比较重要的物资或 C 类客户的存货	在合理范围内允许缺货
较低优先级	生产经营中有需要，但可以替代的物资	允许缺货

在使用 CVA 法时需要注意，人们往往倾向于制定高的优先级，结果高优先级的物资种类很多，这违背了 CVA 法对物资分类的基本原则，最后导致哪种物资也得不到应有的重视。因此，需要把 CVA 法和 ABC 分类管理法结合使用，这可以达到分清主次、抓住关键环节的目的。企业存货较多时，首先需要用 ABC 分类管理法进行归类，再用 CVA 法进行优先级分类。

CVA 法在制造企业中得到了广泛的应用，原因在于它能够依据物资在生产和经营过程中的重要性来进行分类管理。然而，对于商业企业来说，由于它们的业务特性和库存管理的具体需求存在差异，直接采用 CVA 法可能需要进行一定的调整。商业企业在库存管理上更加关注商品的销售动态以及市场需求的变化趋势。

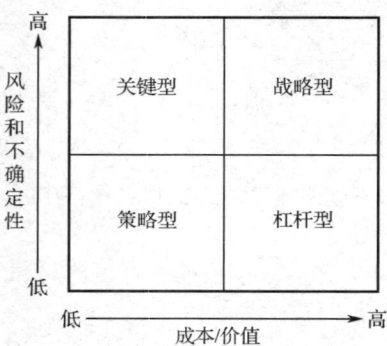

图 3-6 供应细分法划分标准

3．供应细分法

供应细分法使用两个因素对库存物资进行分类：成本/价值因素作为横坐标；风险和不确定性（在市场上获得这种物资的难易程度）因素作为纵坐标。这样，可以把库存物资划分为四类，如图 3-6 所示。

（1）成本/价值比较低、在市场上很容易购买且风险比较小的物资属于策略型物资。其管理重点主要放在管理成本控制上，需关注对交易过程的管理，以降低采购过程的成本。

（2）成本/价值比较高、在市场上较容易购买且风险比较小的物资属于杠杆型物资。其管理重点应放在库存成本的控制上，通过和供应商签订短期合约，不断寻求和转向成本更低的资源，以有效地降低直接采购成本。

（3）成本/价值比较低、在市场上较难购买且风险比较大的物资属于关键型物资。此类物资因合格供应商少或供应距离遥远等，所以管理上应首先考虑如何减少使用它们或采用替代品。在采购与库存策略上，此类物资需设置较高的安全库存，与垄断性的生产商或供应商建立稳定的供应关系。

（4）成本/价值比较高、在市场上较难购买且风险比较大的物资属于战略型物资。战略型物资能保障企业产品在市场上的竞争力和竞争优势，同时，这种物资可能会给企业带来风险，而且成本较高，是库存管理的重点。此类物资的供应管理策略是与信誉好、综合能力强的供应商建立一种长期的战略合作伙伴关系，并签订长期协议，在保障供应的基础上降低缺货风险和成本。另外，企业要根据生产进度计划，合理制订物品需求计划，设置一定量的安全库存，并进行严格的库存控制，以降低库存成本和风险。

供应细分法弥补了 ABC 分类管理法和 CVA 法的缺陷，能够对库存物资进行更有效的管理。这种管理方法便于企业在不同的供应市场和环境中灵活运用所需的战略和战术，提升企业的整体运营效率和竞争力。

3.4.2　物料需求计划

物料需求计划（Material Requirement Planning，MRP）是指根据产品结构各层次原材料或零部件的从属和数量关系，结合成品的需求，自动计算出构成这些成品的零部件（或原材料）的相关需求量，然后根据成品的交货期计算出各零部件生产进度日程与外购件的采购日程的一种实体技术。MRP 的思想很早就产生了，但直到计算机及信息技术的出现和发展，MRP 才逐步完善，最终发展成为一种企业管理信息系统，并在实践中得到广泛应用。

1．MRP 的基本原理

先由主生产计划（Master Production Schedule，MPS）、产品结构信息（物料清单，Bill of Materials，BOM）和产品库存信息（Product Inventory File，PIF）计算出主产品所需零部件的时间和数量。如果零部件由企业内部生产，则须根据各自生产时间长短来提前安排投产时间，形成生产作业计划；如果零部件须外购，则要根据订货提前期确定提前发出的订货时间、订货数量，形成采购计划。只要按照生产作业计划进行生产和按照采购计划进行采购，就可以实现所有零部件的生产计划。MRP 不仅能够保证产品的交货期，还能够降低零部件库存，减少流动资金的占用。MRP 系统流程如图 3-7 所示。

2．MRP 的输入信息

MRP 系统有多种输入信息，其中最主要的信息是主生产计划、产品结构信息（物料清单）、产品库存信息。

（1）主生产计划。制订主生产计划的依据是客户订单、需求预测或生产规划等。主生产计划驱动整个 MRP 系统。主生产计划描述了最终产品需要何时生产、何时装配、何时交货。

```
                          ┌──────────────┐
                          │   生产规划    │
                          └──────┬───────┘
          生产什么                │
┌──────────────┐          ┌──────▼───────┐          ┌──────────────┐
│   需求预测    │─────────▶│              │          │   客户订单    │
└──────────────┘          │  主生产计划   │◀─────────│   订货合同    │
┌──────────────┐          │   （MPS）     │          └──────────────┘
│   其他需求    │─────────▶└──────┬───────┘
└──────────────┘                 │        （何时需要、何种产品）需要什么
  已有什么                        │
┌──────────────┐          ┌──────▼───────┐          ┌──────────────────────┐
│ 产品库存信息   │─────────▶│  物料需求计划  │◀─────────│ 产品结构信息（物料清单）│
│ • 当前库存量   │          │  计算总需求量  │          │ • 产品结构图           │
│ • 订货批量     │          └──────┬───────┘          │ • 材料明细表           │
│ • 安全库存     │                 │                  └──────────────────────┘
└──────────────┘                 │
     采购计划        ┌────────────┴────────────┐       生产作业计划
            ┌────────▼────────┐       ┌────────▼─────────┐
            │  采购件建议计划   │       │ 制造或装配件建议计划 │
            │ • 订货日期和到货日期│       │ • 开始生产日期和完工日期│
            │ • 订货数量        │       │ • 生产数量         │
            └─────────────────┘       └──────────────────┘
```

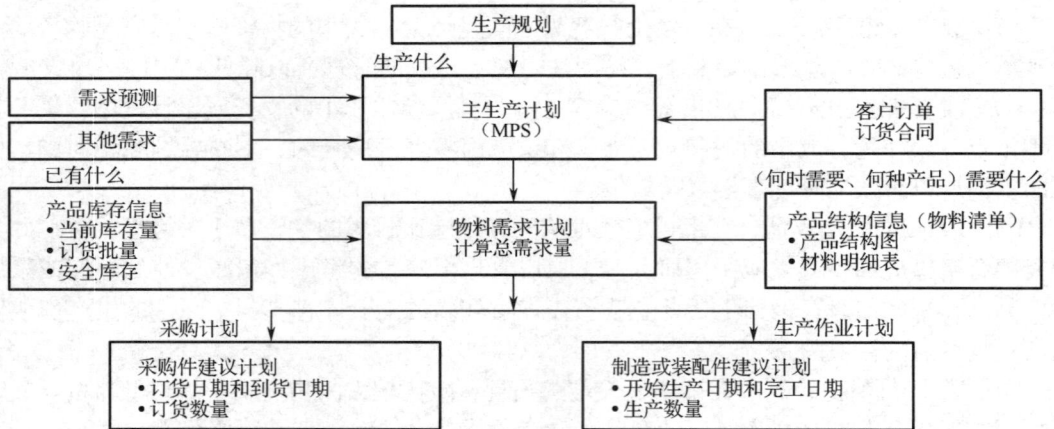

图 3-7　MRP 系统流程

（2）产品结构信息。产品结构信息说明了生产或装配一件最终产品所需要的零部件的数量。结合最终产品的需求量可以计算出各零部件的毛需求量，同时还能够指出这些零部件的确切使用时间。产品结构信息还表明了各种零部件之间的数量关系及它们各自的重要程度。

（3）产品库存信息。产品库存信息是所有产品、零部件、在制品、原材料的库存状态信息，主要包括以下内容。

① 当前库存量，即工厂仓库中实际存放的可用库存量。

② 计划入库量（在途量），根据正在执行的采购订单或生产订单，在未来某个周期物料的入库量。在这些物料入库的那个周期内，把它们视为库存可用量。

③ 提前期，即生产某类产品由开始到完成所消耗的时间。对采购件来说，是从向供应商提出对某种产品的订货，到该产品到货入库所消耗的时间；对制造或装配件来说，是从下达工作单到制造或装配完毕所消耗的时间。

④ 订货（生产）批量，即在某个周期向供应商订购（或要求生产部门生产）某产品的数量。

⑤ 安全库存，指为了预防需求或供应方面不可预测的波动，在仓库中应经常保持的最低库存数量。

此外，还应保存组装废品系数、零部件废品系数、材料利用率等信息。

3．MRP 的输出信息

MRP 可以为管理者输出的信息主要包括：订货数量和日期；是否需要改变所需产品的数量；是否需要取消产品的需求；MRP 系统自身的状态等。

（1）主报告。主报告通常向管理者提供有关生产、存货的计划与控制信息，主要包括计划订单的时间进度安排、未来订单的订货数量和时间、授权执行计划订单的订单发布信息、计划订单的时间和数量变化信息或取消订单的信息等。

（2）二级报告。二级报告主要是指向管理者提供的评价 MRP 系统运作状况的业绩控制报告、对未来存货需求进行预测的计划工作报告、唤起人们对重大差异注意的例外报告等。

4．MRP 的拓展

在全面继承 MRP 和闭环 MRP 的基础上，把企业宏观决策的经营规划、销售与分销、

采购、制造、财务、成本、模拟功能和适应国际化业务需要的多语言、多币制、多税务及计算机辅助设计技术接口等功能纳入其中，形成一个全面生产管理集成化系统，这就是制造资源计划（Manufacturing Resource Planning，MRP Ⅱ）。MRP Ⅱ 可在周密的计划下有效地利用各种制造资源，控制资金占用，缩短生产周期，降低成本，实现企业整体优化。

随着供应链管理思想逐渐普及，越来越多的企业能够通过协作、信息共享及协调企业之间的活动来提高整体效益，于是出现了协调供应链当中不同企业的生产操作的企业资源计划（Enterprise Resource Planning，ERP）。ERP 系统是指建立在信息技术基础上，以系统化的管理思想为指导，为企业决策层及员工提供决策运行手段的管理平台。ERP 运用了MRP 的一些典型方法，但是侧重于对整个供应链的管理。它将 MRP 扩展到企业之外，包括供应商和客户。

📖 应用案例

某煤矿公司的 MRP

某煤矿公司把 MRP 技术运用于仓储管理中，取得了明显的效果。两年之内平均库存比同期降低了 13 个百分点，周转天数缩减了 8 天，没有因物料供应不及时而影响生产。其具体做法包括以下几个。

（1）汇集、整理各种数据资料，包括：①生产经营计划，即公司计划科根据全年生产经营指标、当前生产任务完成情况、本月利润目标、市场对煤炭的需求情况制定的全矿各单位当月生产任务，包括原煤产量、掘进进尺、生产准备、维简工程等；②生产排单计划，即在生产经营计划的基础上，按周制订的分时段生产计划，涵盖物料的进出、追踪等具体安排；③现库存量，就是目前仓库中的实存物料数量；④毛需求，即 BOM 表中某物料的计划需求数量；⑤BOM 表，即物料清单，是指生产任务或最终产品的材料单耗和用料结构；⑥在途备料，即已下达调拨指令但还未做交货登记的物料中没有被具体生产者使用的物料；⑦其他资料，如损耗率、安全库存、净需求、调拨数量、提前期、调拨周期、交货日期等。

（2）按生产排单做需求计划。主要包括月度生产经营计划、周生产排单计划、物料毛需求量、BOM 表、在途备料的计算、物料净需求量的计算、调拨数量计算、交货日期的计算。

（3）按安全库存做需求计划。对于不能按生产单编制物料需求计划的 C 类物料，可根据半年或三个月的生产情况，统计这类物料的平均提前期及调拨周期，以此为基础编制物料清单；再根据半年或三个月的使用量，计算出各物料在调拨周期内的用量，以周期用量作为安全库存，并以此来判断订购点。非生产用品、维修用品也可设置半个月或一个月的用量作为安全库存。

⏱ 3.5 库存管理策略

库存管理策略是指企业针对库存管理的重要问题所采取的谋略或对策。在企业内部，库存管理问题涉及仓储部门与物资供应、销售等部门的衔接和协调；在企业外部，库存管理问题涉及与供应链上游企业（供应商）、下游企业（客户）之间的衔接与协调。同时，企业库存管理有时还会出现各种问题，如库存成本过高、供应中断、管理效率低等，所以，企业为了能够在保证满足客户（或企业内部部门）需求的情况下控制成本、提高效率，就需要针对实际库存管理状况，制定并实施合理的库存管理策略。

3.5.1　供应商管理库存策略

供应商管理库存（Vendor Managed Inventory，VMI），是指供应商等上游企业基于其下游客户的生产经营状况和库存信息，对下游客户的库存进行管理与控制。VMI能够打破企业之间各自为政的库存管理模式的局限，以系统化、集成化的管理思想进行库存管理，从而使供应链系统能够实现同步化运作。VMI的核心思想是供应商在客户允许的前提下设立库存，确定库存水平、补给策略，并拥有库存控制权。VMI是一种供应链库存管理策略和系统。

1．实施VMI的目标及原则

（1）实施VMI的目标：提高商品库存的可得性；提高客户服务水平；降低供应链的库存水平和成本；提高销售额；提高供应商的生产稳定性；增加企业利润。

（2）实施VMI的原则。

① 合作性原则。供应商与客户要有良好的合作精神，相互信任，愿意一起改进库存管理策略。

② 互惠原则。VMI不是解决成本如何分配或由谁来承担的问题，而是解决如何降低成本的问题，实施VMI能使供应商和客户双方成本都得到降低。

③ 目标一致原则。双方明确各自的责任，达成一致的目标，并将其具体体现在框架协议中。

④ 持续改进原则。供需双方能共享利益、杜绝浪费，并持续不断地进行业务流程优化重组。

2．VMI的运行模式

在VMI系统中，核心企业（供应链中至关重要的企业）既可以在供应链的上游，也可以在供应链的下游；当其在下游时，既可以在供应链的中间环节，也可以在供应链的末端。显然，情况不同，VMI的运行模式也不尽相同。VMI主要有以下三种模式。

（1）供应商—制造商（核心企业）运作模式。在这种模式中，制造商作为核心企业，一般具有以下特点。

① 制造商生产规模比较大，且生产过程比较稳定，对零配件或原材料的日需求量变化较小。

② 要求供应商每次供货数量较少，一般只需满足1天甚至几小时的零配件需求。

③ 供货频率要求较高，有时甚至要求一天供货两到三次。

④ 为确保连续生产，一般不允许发生缺货现象，即服务水平要求达到99%以上。

（2）供应商—零售商（核心企业）运作模式。在这种模式中，零售商通过EDI把销售等相关信息传输给供应商（通常是一个补货周期的数据，如3天，甚至1天）。供应商根据接收到的信息对需求进行预测，然后将预测的结果输入MRP系统。结合企业现有库存和零售商仓库库存，供应商生产补货订单，安排生产计划并组织生产。生产出的成品经过仓储、分拣、包装后，运送到零售商处。

知识链接

EDI

EDI（Electronic Data Interchange，电子数据交换）是一种按照统一规定的通用标准格式，将标准化的经济信息（如订单、发货单、发票等）通过通信网络传输，并在企业及其他组织之间实现数据自动交换和处理的系统。EDI 最早是通过在贸易伙伴之间建立专用网来实现的，广泛应用于多个部门和行业，包括银行、保险、商检、海关和交通运输等。由于使用 EDI 能有效地减少直至最终消除贸易过程中的纸面单证，因而 EDI 也被称为"无纸交易"。作为一种利用计算机进行商务处理的方法，EDI 依靠不同组织的计算机系统进行信息传递和处理，整个过程完全自动化，无须人工干预，减少了差错，提高了效率。

（3）供应商—分销商（核心）模式。在这种模式中，核心企业扮演 VMI 中的供应商角色，其运作模式与前两种大致相同。核心企业负责收集各个分销商的销售信息并进行预测，然后按照预测结果对分销商的库存进行统一管理与配送。由于这种模式下的供应商只有一个，所以无须在分销商附近额外建立仓库。核心企业可以根据与各个分销商之间的具体合作情况，灵活安排配送计划。

3．VMI 的实施步骤

（1）建立客户情报信息系统，使供应商能够实时掌握需求变化的有关情况，把由客户进行的需求预测与分析功能集成到供应商的系统中。

（2）建立销售网络管理系统，确保产品需求信息的流通和物流的畅通。供应商要保证产品条码的可读性和唯一性；解决产品分类和编码的标准化问题；解决商品存储运输过程中的识别问题。

（3）供应商与客户共同制定合作框架协议，明确订单处理的业务流程，库存控制的有关参数，如再订货点、最低库存水平等，以及库存信息的传递方式，如 EDI 等。

（4）组织机构的变革。供应商与客户需要进行组织机构变革。例如，供应商负责客户订货的部门需新增职能，即负责协助客户进行库存控制、库存补给和提供相关服务。

3.5.2　联合库存管理策略

在一般的企业库存管理中，企业库存业务及决策都是独立的。如果供应链上下游企业采取独立的库存管理策略，就不可避免地会产生需求扭曲的现象，出现供应链中的"牛鞭效应"，使企业库存增加，经营风险增大。联合库存管理能够规避供应链中的"牛鞭效应"，是一种有效地控制供应链库存风险的库存管理策略。

1．联合库存管理的含义

联合库存管理是在 VMI 的基础上发展而来的一种库存管理模式或系统。它强调上游企业和下游企业在权力和责任上的平衡以及风险共担。VMI 是一种集成化运作的决策代理模式，而联合库存管理则是一种风险分担的库存控制模式。联合库存管理模式如图 3-8 所示。

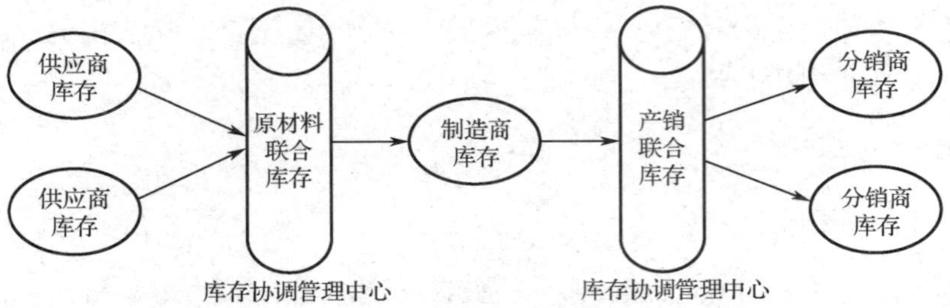

图 3-8　联合库存管理模式

联合库存管理把供应链管理进一步集成为上游和下游两个协调管理中心，由中心连接的供需双方从供应链整体的观念出发，使各方库存管理者对需求的预期保持一致，同时参与并共同制订库存计划，实现供应链的同步化运作。这种模式可减少由供应链环节之间的不确定性和需求信息扭曲现象所造成的库存波动，从而降低供应链整体库存水平。

2．联合库存管理的实施策略

（1）建立供应链协调管理机制。

① 设立供应链共同目标。要理解供需双方在市场目标中的共同点和冲突点，通过协商形成共赢的共同目标。

② 建立联合库存的协调控制方法。联合库存协调管理中心扮演着协调供应链各方利益的角色，确保供应链的整体运作。联合库存协调管理中心需要确定库存优化方法，包括库存如何在多个需求方之间调节与分配、最高库存水平和最低库存水平的确定、安全库存的确定、需求的预测等。

③ 建立利益分配激励机制。必须建立一种公平的利益分配制度，并对参与的各个企业、各级供应部门进行有效的激励，防止出现机会主义行为，提升协作性和协调性。

（2）建立信息沟通渠道，以保证需求信息在供应链中的畅通和准确，提高供应链各方的协作效率。可以将条码技术、扫描技术、POS 系统和 EDI 集成起来，充分利用互联网的优势，在供应链中搭建信息沟通桥梁和联系纽带。

（3）借助第三方物流（Third Party Logistics，TPL）。产品的供方或需方企业把库存管理的部分或全部功能委托给第三方物流公司，供方或需方企业更加集中精力于自己的核心业务。这种模式不仅提升了供应链的敏捷性和协调性，还提高了服务水平和运作效率。第三方物流起到了供应商和客户之间的桥梁作用，可以为企业提供多种物流服务。

（4）选择合适的联合库存管理模式。联合库存管理有以下两种模式。

① 集中库存模式，即各供应商的零部件直接存入核心企业的仓库中，由供应商的分散库存改为核心企业的集中库存。集中库存要求供应商按核心企业的订单或订货看板组织生产，供应商在产品生产完成后，立即通过小批量、多频次的配送方式直接送到核心企业的仓库中补充库存。在这种模式下，库存管理的重点在于核心企业要根据生产的需要，保持合理的库存水平，既要满足需要，又要使库存总成本最低。

② 无库存模式，即供应商和核心企业都不设立库存，核心企业采用无库存的生产方式。供应商直接向核心企业的生产线连续、小批量、多频次地补充货物，并与之实现同步生产和同步供货。这种模式对供应商和核心企业的运作标准化、配合程度、协作精神要求高，

对操作过程要求也更严格，而且两者的空间距离不能太远，以确保及时供应。

（5）注意解决相关问题。

① 联合库存管理模式并非适合所有生产企业，企业应根据实际生产经营状况进行选择。

② 关注合作企业合作意愿、自身利益及困难问题，找出解决办法。

③ 及时、合理调整企业工作流程。

④ 对企业员工进行相应的培训，改变员工以前的管理观念和工作方法，提高员工的素质。

⑤ 供应链上的供应商、分销商、零售商等企业需要转变角色，适应新的模式。

应用案例

某钢铁集团公司的联合库存管理策略

某钢铁集团公司针对库存与物流管理存在的问题，提出并实施了联合库存管理策略。根据联合库存管理理念，该钢铁集团公司将下属的型材厂视为供应链的上游协调管理中心，将使用型材厂产品的客户企业视为供应链的下游协调管理中心。这两者同时参与，共同制订企业库存计划、合理分配利益、分担风险，建立互利合作的关系。

（1）与部分战略客户从以下几方面建立了协调管理机制：供需双方本着互利互惠的原则，树立共同的合作目标；建立供需双方的联合库存管理协调控制方法；供需双方建立良好的信息沟通渠道，如收货通知、在库及使用情况信息及时传递与共享；供需双方建立利益分配机制和激励监督机制。

（2）建立联合库存管理信息系统，主要用于对库存情况进行计算机实时控制和分析，以实现库存的有效管理，为双方的决策提供依据。集团公司联合库存管理信息系统功能架构如图 3-9 所示。

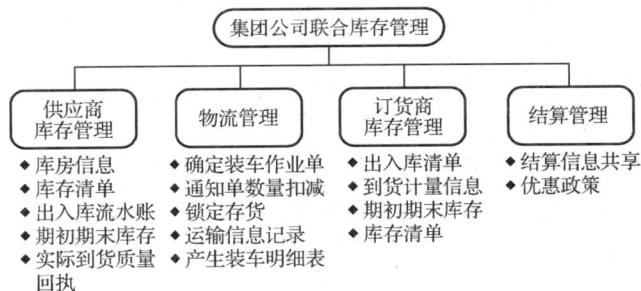

图 3-9　集团公司联合库存管理信息系统功能架构

3.5.3　零库存管理策略

零库存管理（Zero Inventory）的思想起源于 20 世纪 60 年代。当时的日本丰田汽车公司实施准时制（Just In Time，JIT）生产，在管理手段上采用看板管理、单元化生产等技术，实行拉式生产，以实现生产过程中原材料和半成品的低库存甚至零库存。现在，零库存管理不仅应用在生产过程中，而且延伸到原材料供应、物流配送、产成品销售等各个环节。零库存管理已从最初的降低库存水平的方法，发展成为企业普遍采用的管理策略，进而成为内涵丰富，包括特定知识、技术、方法的管理科学。

1. 零库存的含义

从企业生产的角度看，零库存是借助 JIT 生产方式削减库存，直至实现无库存或库存最小，同时又能保证生产顺利进行的库存控制方法。从现代物流的角度看，零库存包含两层含义：一是库存的数量趋于零或等于零（近乎无库存物资）；二是库存设施、设备的数量及库存劳动耗费同时趋于零或等于零（不存在库存活动）。

对某个具体企业而言，零库存管理必须建立在社会库存系统或供应链库存系统具备充足保障的基础上。从全社会或供应链整体来看，零库存难以完全实现，一定量的库存始终是必要的。在企业管理实践中，一方面，市场需求总是存在一定的变化，另一方面，因存在"二律背反"现象，管理者在削减库存时必须权衡其对企业其他业务的潜在影响。所以，零库存管理并不是把企业库存绝对降低为零，而是一种管理理念和管理制度。其核心在于通过零库存管理尽可能地削减库存，同时不断地暴露并解决问题，从而提升企业管理水平。

随着经济及现代物流的发展，特别是计算机技术、网络信息技术的广泛应用，零库存管理在理论和实践上都出现了一些创新的形式和内容，还出现了一些与之类似的理念，如"信息代替库存""动态代替静态"等。

2. 零库存的方式

（1）委托保管方式。委托方企业委托受托方代存代管所有权属于自己的物资，从而使企业不再保有库存，甚至可不再保有保险储备库存；受托方收取一定数量的代管费用。这种零库存方式的优势在于受托方利用其专业的优势，可以实现较高水平和较低费用的库存管理。委托方企业无须建立仓库，同时省去了库存管理的大量事务，可集中力量于生产经营。但是，这种方式主要是通过库存转移实现的，并不能真正使社会库存总量降低。

（2）协作分包方式。例如，美国的"SUB-CON"方式和日本的"下请"方式是制造企业的一种产业结构形式。这种结构形式可以通过若干企业的柔性生产准时供应，使主企业的供应库存为零；同时，主企业的集中销售库存使若干分包劳务及销售企业的销售库存为零。主企业主要负责装配和产品市场开拓的指导，分包企业各自完成分包劳务、分包零部件制造、分包供应和分包销售。

（3）轮动方式。轮动方式也称同步方式，是在对系统进行周密设计的前提下，使每个环节速率完全协调，从而消除工位之间暂时停滞的一种零库存、零储备形式。这种方式是在传送带式生产基础上的更大规模延伸，通过传送系统实现生产与材料供应同步化，从而达到零库存管理的效果。

（4）准时供应方式。这是比轮动方式更有灵活性、更易实现的方式。准时供应方式不是采用类似传送带的轮动系统，而是依靠有效的衔接和计划，实现工序之间、供应与生产之间的协调，从而实现零库存。如果说轮动方式主要依靠"硬件"，那么准时供应方式则在很大程度上依靠"软件"。

（5）看板方式。看板方式是一种简单有效的方式，也称"传票卡制度"或"卡片"制度，最早在日本得到了完善和发展。看板方式是实施拉动式准时化的一种非常有效的手段。它以"彻底消除无效劳动和浪费"为指导思想，以市场需求作为整个企业经营的初始拉动点，以市场需求的品种、数量、时间和地点来准时组织各环节生产。前工序仅生产后工序所要取走的品种及数量，不进行多余的生产，不设置多余的库存，使企业形成一个逆向的、环环相扣的物流链。

（6）水龙头方式。这是一种像拧开水龙头就可以取水而无须自己保有库存的零库存方式，是日本索尼公司首先采用的，已逐步发展成即时供应制度。客户可以随时提出采购需求，采取"需多少、购多少"的方式，供应商以自己的库存和高效的供应系统承担即时供应的责任，从而帮助客户实现零库存。

（7）配送方式。这是一种综合运用上述若干方式，采取配送制度保证供应，从而实现零库存的一种方式。在该方式中，企业被划分成若干个小单元，依据每个单元的特征，分别实施不同的管理方法。同时，从宏观的角度考虑统一的调配和整体的管理，最终使企业无论是在局部还是在全局都实现高效而流畅的供、产、销一体化运作。

3．零库存的实施途径

（1）充分利用第三方物流服务。一是受托方（第三方）可以充分发挥其专业化、高水平的优势，开展规模经营活动，从而以较低费用提供较高水平的物流服务；二是可以大量减少委托方的物流活动，使其能够集中精力从事生产经营活动。

（2）推行配套生产和分包销售的经营制度。制造企业多采用此类制度以实现零库存，原因主要有两方面。

① 在配套生产制度下，一些企业之间（如在生产零配件的企业和组装产品的主导企业之间）能够自然地构筑起稳定的供货（或购货）渠道，这可以免除生产企业在后勤保障工作上存在的后顾之忧，进而可促使其减少物资库存总量，甚至取消产品库存。

② 在分包销售制度下，实行统一组织产品销售、集中设库储存产品，并通过配额供货的形式将产品分包给经销商。在分包销售制度下，分包者的"销售品库存"是零。

（3）实施库存集中管理。库存集中管理就是由企业的一个部门对企业库存物资进行统一协调、统一指挥、统一调度和进行总量控制，达到既保证企业的物资供应，又能使库存最小化和降低库存成本的目的。在实践中，企业应针对不同的库存特点，把集中采购、集中管理与分散采购、分散管理结合起来，减少集中库存的负面影响。

（4）采用供应链管理模式，就是在从生产到消费的过程中，供应链企业之间通过信息交流与共享来增加库存决策信息的适时性、准确性、透明性，并减少不确定因素对库存的影响，实现供应链各成员单位的无缝连接，确保库存水平最大限度的降低。具体做法包括以下几项。

① 整合供应链业务流程，减少订货、储存环节。

② 采用 JIT 管理技术、供应商管理库存和联合管理库存策略。

③ 强化库存定额管理，即供应链上下游企业根据需求物资的重要性、使用频率、价值高低、采购难易程度、制造周期长短、可替代程度等对物资进行分类，并对不同类别的物资进行综合分析，确定库存定额和订货周期。

④ 加强信息化基础建设，即通过计算机和信息网络，及时掌握并反馈库存信息，实现供应链内外信息系统集成和信息共享，从而有效地控制库存。

应用案例

某公司实施备件零库存及包线管理策略

某公司经过调查研究，决定针对公司备品备件库存积压、消耗较多、影响生产的问题，实施零库存及包线管理策略。

（1）零库存管理策略。主要采取以下方法。

① 水龙头式零库存。供应商在本地的物资供应大多采用了此方法，即采用招标、议标的形式，货比三家，选用信誉高、质量好的供应商，签订商务合同。供应商保证以自己的库存按供货计划随时供货，每月结算当月货款。

② 委托保管式零库存。这种方法主要适用于标准化程度高、金额较大、路途较远的物资，如由专业厂家生产的泵及泵件、齿轴等。

③ 导向型零库存，即尽可能提高库存周转率，保持较低库存水平。这种方法主要适用于能够精确预测最低库存量的备件。

（2）包线管理策略，包括以下两种模式。

① 包线管理模式，即功能性承包。供应商依照合同和相关技术协议要求，对公司二级生产单位的某一生产系统、设备或生产线所需的固定连续性消耗备件，实施单吨产品消耗或期间系统消耗费用定额承包，根据月度实际产品产量或约定系统承包费用予以结算。

② 整包式管理模式。它是由供需双方约定包线范围、期限及金额，由供应商全面负责一个相对独立的机组或系统的备件供应和人员管理。例如，某供应商设专人对公司的液压润滑系统进行整包式管理，包括从油站、管路到终端的全过程的控制与维护。

3.5.4 降低库存水平的策略

在企业库存管理中，库存过多或库存积压是比较常见的问题。库存过多会给企业带来许多负面影响，如占用大量资金，增加保管费用。如果企业通过借贷来支持库存资金需求，还会加重企业的利息负担。同时，长期存放会使物品因损坏、变质、陈旧过时或意外事故而损毁，失去原有的价值和使用价值，给企业带来损失。因此，企业应结合实际情况，制定相应的策略，以降低过多的库存，使其回落到合理水平。

1．分析库存管理现状

首先，分析当前是否存在库存过多的问题。一般可以根据库存检查或仓库盘点的资料，判断库存货物的数量是否异常，是否超出正常库存需求。其次，分析库存过多的原因。在某些情况下，过多的库存可能是合理的，如为了应对春节假期的市场集中需求而提前准备较多的库存，或者为了应对夏季时装销售而提前准备较多的库存。但是，有些过多的库存是不合理的。例如，为了防止原材料价格上涨而增加财务支出，企业提前购买并储存大量的原材料，但由于过多库存增加的保管费用远大于提前低价购买带来的收益，最终给企业带来了较大的损失。

2．确定降低库存水平的具体策略

在分析企业库存过多问题及其原因后，应有针对性地制定解决问题的策略。从企业经营过程的角度看，降低库存水平的策略除降低安全库存外，还可以考虑从其他方面入手。

（1）降低周转库存策略。基本做法是减少订货批量，同时采取具体措施降低订货成本或作业交换成本。日本企业的"快速换模法"在这方面取得了成功经验，利用一人多机、成组技术和柔性制造技术来增大生产批量、减少作业交换。此外，还可以尽量采用通用零件来减少库存。

（2）降低在途库存策略。在途库存应考虑两个方面：一是原材料和零部件在供应过程中因运输产生的库存；二是企业产成品在销售过程中因运输形成的库存。它们是因供应（生产供应或销售供应）和需求（生产需求或客户需求）而产生的在途库存。要降低在途库存，一方面可以通过提高预测的准确性，尽可能精准地确定需求量和运输量，避免不必要的货物运输；另一方面，尽量缩短生产—运输（配送）周期。具体措施包括生产或使用标准品以缩短生产时间，选择可靠的运输商以缩短运输和存储时间。另外，还可以通过计算机管理信息系统来减少信息传递上的延误，以及通过减少订货批量来降低在途库存。

（3）降低调节库存策略。调节库存是用于调节需求与供应不均衡、生产速度与供应速度不均衡、各个生产阶段产出不均衡而设置的库存。降低调节库存的基本策略是尽量使生产速度与需求变化相吻合。一种思路是通过开发新产品，尽力把需求的波动"拉平"，使不同产品之间的需求"峰""谷"错开；另一种思路是在需求淡季通过价格折扣等促销活动转移需求。

除了上述几种策略，对于季节性库存、促销库存、投机库存、积压库存、生产加工库存，降低库存水平的关键在于做好科学预测，确定合理的库存量。对于沉淀库存，应及时采取措施，尽快处理，避免库存长时间积压。

本章实训

（1）实训项目：调查企业库存管理的策略及方法。

（2）实训目的：通过调查，了解企业库存管理的具体策略及方法，扩展库存管理有关知识。

（3）实训内容：①选择一家物流企业或制造企业，调查企业库存管理方面的资料；②根据调查资料，进行汇总、整理，分析企业库存管理现状；③总结企业实际使用的库存管理方法及经验，分析存在的问题；④针对企业库存管理问题，讨论解决问题的方法。

（4）实训要求：明确实训活动的目的及任务；统一组织前往企业参观学习，或分组联系企业进行参观学习；制订实训活动计划方案；确定实训活动的进度安排。

（5）实训考核：要求每组或每人编写实训活动报告，然后对实训情况进行评价。

复习思考题

1. 单项选择题

（1）狭义的观点认为，库存是指（　　　　）。

A. 企业内部不同地点存放的货物

B. 在仓库中处于暂时停滞状态的货物

C. 用于将来目的、暂时处于闲置状态的资源

D. 车间尚未投入生产的原材料

（2）从广义上来看，库存是指（　　　）。

A. 企业所有地点储存的货物

B. 仓库中储存的所有货物

C. 用于将来目的、暂时处于闲置状态的资源

D. 企业所有资源

（3）（　　　）是指为了防止不确定因素（如交货期延迟、突发性大量订货）而准备的缓冲库存。

A. 经常库存　　　　B. 投机库存　　　　C. 原材料库存　　　　D. 安全库存

（4）（　　　）是企业在满足客户服务需求的前提下，综合分析各种因素，运用科学的方法和策略，对各种库存活动进行控制的过程。

A. 库存管理　　　　B. 仓储管理　　　　C. 物流管理　　　　D. 仓储作业

（5）制造企业仓储管理最主要的目的是（　　　）。

A. 增加仓储营业收入　　　　　　　　B. 控制库存作业成本

C. 控制库存水平　　　　　　　　　　D. 满足企业供应需求

（6）（　　　）是一种基于货物数量的订货方法，是当库存量下降到预定的最低库存数量（订货点）时，按规定批量（一般以经济订货批量为标准）进行订货以补充库存的一种库存控制方法。

A. 定期订货法　　　　　　　　　　　B. 定量订货法

C. 确定型决策　　　　　　　　　　　D. 不确定型决策

（7）（　　　）是指供应商等上游企业基于其下游客户的生产经营状况和库存信息，对下游客户的库存进行管理与控制。

A. CVA　　　　　　B. JMI　　　　　　C. JIT　　　　　　D. VMI

2. 多项选择题

（1）从广义上来看，库存包括（　　　）。

A. 运往企业的运输车辆上的货物　　　B. 库内货物

C. 企业在车站货站的货物　　　　　　D. 生产线上的货物

（2）库存水平的影响因素包括（　　　）。

A. 订货批量　　　　　　　　　　　　B. 安全库存

C. 销售策略　　　　　　　　　　　　D. 客户服务水平

（3）一般来说，企业库存管理的内容包括（　　　）。

A. 费用分析　　　　　　　　　　　　B. 库存决策

C. 需求分析　　　　　　　　　　　　D. 制定和实施库存管理策略

（4）根据定期订货法的基本原理，实施该方法的关键是确定（　　　）。

A. 最高库存量　　　B. 确定订货点　　　C. 订货批量　　　D. 订货周期

（5）定量订货法适用于（　　　）。

A. 随机型需求

B. 品种数量多、占用资金少的 B 类库存和 C 类库存

C.　确定型需求

D.　订货时间和订货地点都不受任何限制的状况

（6）定期订货法的优点是（　　　）。

A.　充分发挥经济订货批量作用，使平均库存量和库存费用最低

B.　管理人员不必每天都检查库存

C.　能预先制订订货计划和工作计划

D.　可以合并订购或进货以减少费用

3．问答题

（1）库存水平的影响因素包括哪些方面？

（2）简述降低安全库存水平的方法。

（3）什么是 CVA 法？

（4）简述供应细分法。

（5）简述物料需求计划。

（6）简述 VMI 的运行模式及实施步骤。

（7）联合库存管理的实施策略是什么？

（8）零库存的运作方式和实施途径是什么？

（9）试述降低库存水平的策略。

（10）为什么现在以及将来企业库存仍然是必需的？很多企业为什么还要追求降低库存甚至零库存？

4．计算题

（1）如果市场对某一种商品的需求是呈正态分布的，平均需求量为每周 100 件，标准差为 10 件。某零售商声称对于所经营的该商品保证95%的服务水平。该零售商的存货是由供应商供给的，订货至交货周期为 4 周。那么这个零售商应该如何设定安全库存水平？如果服务水平上调至98%，安全库存水平会如何变化？

（2）某商场某产品以前几个月的销售量是随机变化的，基本服从正态分布，平均值为100 台/月，标准差为 10 台/月。该产品向供应商订货的提前期服从正态分布，平均值为 4 周，标准差为 1 周。商场希望库存满足率达到90%，若按定量订货法，订货点取多少合适？

（3）某公司对某个商品销售量进行了分析研究，发现客户需求服从正态分布。过去 9 个月的销售量（单位吨/月）分别是：11，13，12，15，14，16，18，17，19。他们的订货提前期为 1 个月，一次订货费为 30 元，1 吨物资 1 个月保管费为 1 元。如果实施定期订货法，要求库存满足率达到90%，那么应当如何制定订货策略？在实施定期订货法策略后，第一次订货检查时，发现现有库存量为 21 吨，已订未到物资 5 吨，已售未提货的物资 3 吨，问第一次订货时应该订多少？

（4）某公司 2024 年某物资价格为 100 元/吨，其库内年持有成本为其价格的 25%，单次订货费用为 100 元/次。通过预测，预计 2025 年该物资的总需求量为 1800 吨。若 2025 年单位物资价格、持有成本和单次订货费保持不变，请计算 2025 年该物资的经济订购批量、经济订货周期和年总成本。

（5）某企业仓库有 10 种产品，有关资料如表 3-5 所示。为了对这些库存产品进行有效管理，请根据所给资料进行 ABC 分类。

表 3-5　企业库存产品资料表

产 品 编 号	单价/元	库存量/件
a	4.00	300
b	8.00	1200
c	1.00	290
d	2.00	140
e	1.00	270
f	2.00	150
g	6.00	40
h	2.00	700
i	5.00	50
j	3.00	2000

第 4 章

配送系统和配送方式

配送系统和配送方式是物流企业配送管理的基础条件。只有通过对配送系统和配送方式的合理规划与设计，物流企业才能开发出合理、适用的配送系统，并选择合适的配送方式，从而高效完成配送业务。在配送系统的规划与设计中，配送模式和配送方式的选择是其重要的内容，同时也是企业配送管理的重要内容。本章将重点阐述物流企业配送系统的设计与优化，以及配送方式的选择与使用。

本章学习目标

1. 了解配送系统分析、设计和评价的基本过程；
2. 掌握配送系统合理化的途径；
3. 了解按配送组织主体分类的配送方式；
4. 掌握按配送时间和商品数量分类的配送方式；
5. 掌握按配送货物数量和种类分类的配送方式；
6. 了解制造业配送、冷链配送、快递配送、电子商务配送、外卖配送的相关知识。

导入案例

"下单不到一小时就送来了！"

随着即时配送服务模式在中国兴起，越来越多的消费者发现：从新鲜蔬菜到面包饮料，从外卖餐食到医药产品，能够快速送到家门口的商品种类越来越多。

"现在想吃点海鲜、新鲜蔬菜，我都通过手机 App 购买，下单不到一小时就送来了！"在上海市一家公司工作的陈丽，每天下班后都要为家人准备一顿丰盛可口的晚饭。以前下班晚，等她赶到家附近的超市，新鲜蔬菜已经所剩无几，结账、停车还得排队，太耽误时间。现在，很多超市推出即时配送服务，下班前陈丽通过手机下单，人到家后蔬菜也送到了。

即时配送通常指消费者通过线上平台下单、线下实体零售商接单后快速配送的一种零售服务方式，以畅通、高效为主要特征。一般情况下，即时配送服务范围为 3～7 公里，从用户下单到拣货打包再到商品送到消费者手中，通常只需要 30～60 分钟。

根据咨询机构埃森哲发布的《聚焦中国"95 后"消费群体》报告，"95 后"人群更加注重配送速度，超过 50%的"95 后"消费者希望在购物当天甚至半天内就能收到货，7%的"95 后"消费者希望能在下单后 2 小时收到货。

即时配送为何会快速发展？业内人士认为，主要原因在于伴随着消费升级，中国消费市场呈现快节奏的特点。"随着市场规模持续扩大，即时配送正在走向全客群、全品类、全场景、全天候。"物流商业智库罗戈研究院院长潘永刚认为，数字时代消费者对于生活的追求注重"随时随地，所想即所得"，推动了即时配送市场快速增长。即时配送供应链基础设施不断完善，也促进了零售业改革发展。

"技术变革给零售业生产端和消费端都带来了巨大变化。"中国社会科学评价研究院院长荆林波说，社交电商、垂直电商等新业态不断涌现，即时配送到家等模式蓬勃发展，推动零售行业线上线下加速融合。线下零售主动拥抱线上，在方便消费者的同时，也把线上流量转化为新的订单来源。

即时配送模式有力激发了消费潜力。京东小时购业务已接入 10 万家全品类实体零售门店。根据艾瑞咨询研究预测，到 2028 年，中国即时配送行业规模将超 8100 亿元。

？ 案例思考题

（1）什么是即时配送？它具有哪些特点？
（2）为什么即时配送服务的市场需求增长迅速？

4.1 配送系统的分析、设计和评价

一般来说，企业配送系统的基本目标是在满足一定客户服务水平的前提下，尽可能降低配送过程中的费用。具体来说，就是要求企业配送系统能够为客户提供快速、及时、可靠和经济的服务。企业要设计一套科学合理的配送系统，一般要经过配送系统分析、配送系统设计和配送系统评价三个阶段。

4.1.1 配送系统分析

配送系统分析是运用系统分析方法，对配送系统的一个或多个部分进行有次序、有计划的调查了解，以优化各个部分以及整个系统的设计或运行。配送系统分析的目的是对新系统进行优化设计或对现有系统进行优化运营。配送系统分析的对象既可以是一项简单的作业活动，如对分拣作业的效率和准确度进行分析；也可以是对整个配送系统的全面分析和重新设计，包括配送中心的规划、配送区域的划分、作业流程的设计等。

知识链接

系统分析方法

系统分析方法也称系统分析或系统方法，是一种根据客观事物所具有的系统特征，从事物的整体出发，着眼于整体与部分、整体与结构及层次、结构与功能、系统与环境等方面的相互联系和相互作用，以实现优化的整体目标的现代科学方法和政策分析方法。我国学者汪应洛认为，系统分析是一种程序化方法。它围绕系统的目的、功能、费用、效益等问题，运用科学的分析工具和方法，进行充分的调查研究，在收集、分析处理所获得的信息基础上提出各种备选方案，通过模型进行仿真试验和优化分析，并对各种方案进行研究，从而为系统设计、系统决策、系统实施提供可靠的依据。

1．配送系统分析的步骤

配送系统分析的第一步是通过调查获取系统分析所需要的数据。第二步是把这些数据进行组合，建立配送系统规划模型。该模型通常用于模拟在某一特定环境条件下，现在或预期的配送系统对各种可能发生的情况的反应。第三步是在模拟及解析分析的基础上，对整个配送系统进行重新设计。

2．配送系统分析的原则

（1）以实现整体目标为前提。配送中心选址、分拣系统建立、配送中心管理、配送作业流程规划等环节都有各自不同的目标，这些目标也可能与配送系统的整体目标相悖。在进行配送系统的分析和设计时，要以配送系统整体目标的实现为前提，而不能孤立地分析某个具体环节。各环节的价值是依它们对整个系统的绩效作用而定的。

（2）局部服从整体。配送系统包含多个要素，各要素的设计并不要求都达到最佳或最优，重点在于组成系统的各要素之间的综合运行状态达到最优。例如，在配送中心规划中，如果配送货物的数量没有达到一定规模，而片面地追求分拣作业的高效和准确，并采用自动化分拣设备，这就是一种偏重局部而忽略整体效益的做法，反而会增加投资成本，降低配送系统的整体效益。

3．配送系统分析的内容

（1）配送系统整体分析的内容。配送系统整体分析是指对配送系统的各个环节进行综合分析，涵盖客户需求分析、配送系统服务目标分析、配送中心和仓库的选址分析、配送作业流程分析、配送质量分析、配送成本分析。一般而言，在配送系统最初建立时，需要进行整体分析。

（2）配送系统局部分析的内容。在改进已有配送系统或优化其运营时，配送系统分析不需要审查系统的所有方面的业务活动，而是基于一定要求，仅进行局部分析。这种局部分析有时针对某一环节，有时仅仅针对一项作业。

例如，有一种置于托盘上、四周可以向下折叠的大型金属筐，具有单元化货物搬运的特点，而且容许使用各种大小和形状的纸箱（或较小的包装用品）。经过实际试用及分析，无论是在配送中心仓库装货，还是在零售商店卸货，该设备都被证明是合理的，并且其带来的节省足以抵偿对该种设备的投资。采用这种设备的前提是，节省的资金能够在仓库和零售商店之间平均分配，或者说，享有较大节约份额的一方需给另一方一定的补偿，以便另一方同意采用新设备。这样的决策正是基于局部系统分析做出的。

常见的配送系统局部分析包括：客户服务标准分析、配送中心内部布局分析、进货流程分析、储存作业分析、分拣作业分析、送货流程分析、配送线路分析、车辆配载分析、收货站台（码头）作业过程分析、订单处理流程分析、系统改进需要的时间分析等。

配送系统局部分析的内容通常需要根据具体配送系统的现状和委托人的要求而定。但是，进行局部分析有时难免具有局限性。因为对于依据局部分析所制定的决策，往往没有测试其对整个系统的影响，不仅可能无助于整个配送系统运行效率的改善，反而可能对整个系统造成损害。

4.1.2 配送系统设计

配送系统设计是一项综合性任务，其基本的设计步骤如图 4-1 所示。

确定配送系统的目标 → 详细调查 → 制约因素分析 → 数据收集 → 数据分析 → 配送系统设计的完善

图 4-1   配送系统基本的设计步骤

1．确定配送系统的目标

在开始设计或重新设计一个配送系统之前，首先应确定配送系统的目标。在配送系统设计中，需要将配送系统的目标进一步明确、量化。例如，配送系统的目标是降低配送费用吗？对利润和投资收益率有无具体要求？客户服务的标准需要改进吗？一般来说，配送系统的目标应包括以下内容。

（1）客户订单的处理时间，包括订单输入、审核、确认和输出时间等。

（2）订单分拣集合时间，通常以 12 小时或 24 小时内的完成率作为具体指标。

（3）客户订单的配送时间，包括从接收客户订单到货物送达的全部时间。通常配送部门的做法是设定 24 小时、48 小时、72 小时等几个时间标准。

（4）对缺货的处理方式，包括通知客户的缺货时间、方式及补救措施等。

（5）对送达货物的质量要求。客户对货物配送的可靠性要求较高，一般不允许出现质量问题。

（6）配送费用要求。一般配送系统要求以尽可能低的费用达到既定的服务水平。

在某种程度上，作为企业运营的一个子系统，配送系统具有比上述目标更为宽泛的目标，如提高市场占有率、降低配送费用和实现企业利润最大化等。在进行配送系统的设计和再设计时，应确保目标和可度量的指标保持一致。

2．详细调查

详细调查是指要对配送系统的组织结构、功能体系、业务流程以及薄弱环节等方面进行调查和分析。在调查和分析的过程中，应尽可能地使用各种形象、直观的图表，帮助管理人员描述配送系统、记录要点和分析问题。详细调查主要分为组织结构调查、功能体系调查和业务流程调查 3 种形式。

（1）组织结构调查。组织结构调查是指对配送系统的组织结构状况（部门划分）以及它们的相互关系进行调查。调查中应详细了解各部门人员的业务分工情况和有关人员的姓名、工作职责、决策内容、存在的问题和对系统改进的要求等。配送企业的部门划分以及它们的相互关系最好能够用组织结构图来表述，图 4-2 是某配送企业的组织结构图。

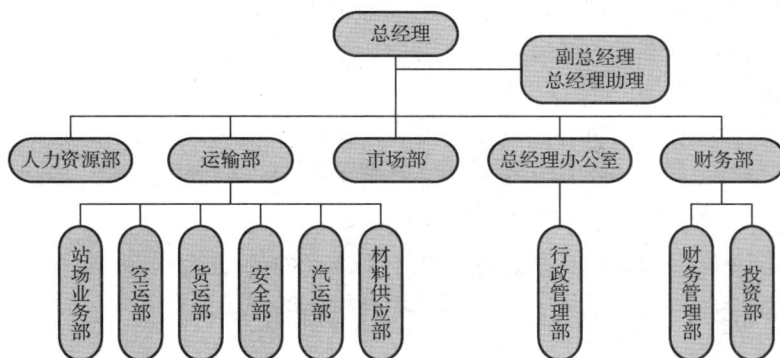

图 4-2　某配送企业的组织结构图

（2）功能体系调查。功能体系调查旨在了解或确定配送系统的功能构造，即基于对配送系统组织体系的了解，以组织结构为线索，层层了解各个部门的职责、工作内容和内部分工，进而全面掌握配送系统的功能体系。

（3）业务流程调查。业务流程调查的任务是明确各部门在履行职能时的具体情况，以及在完成这些职能时信息处理工作的一些细节，通常可以使用业务流程图作为分析工具。

业务流程图是一种表明配送系统内各环节、人员之间业务关系、作业顺序和信息流动的图，可以帮助分析人员找出业务流程中的不合理之处。图 4-3 是某配送企业的配送业务流程。

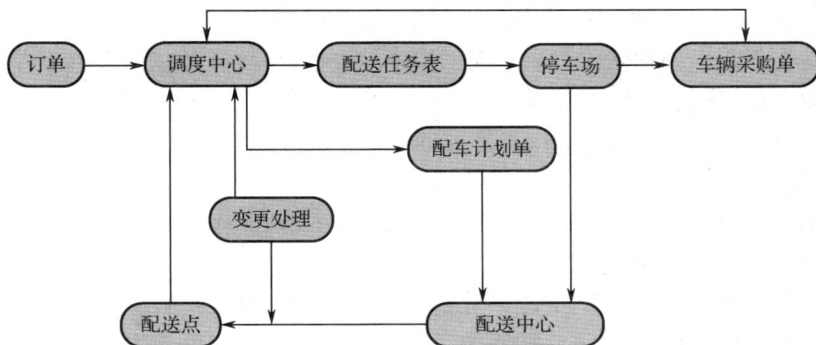

图 4-3　某配送企业的配送业务流程

3．制约因素分析

制约因素是指由于各种原因而在系统中无法改变的因素。例如，由于某种原因，既有的配送中心无法关闭；由于不能裁员，货物分拣不能由人工分拣改为自动化分拣等。

制约因素在系统设计时需要作为约束条件进行处理。从某种意义上看，系统的制约因素减少了系统设计中的可变因素，使问题简单化了。然而，对于可能与系统既定目标有所冲突的制约因素，在系统设计时也应考虑这些因素能否被化解。

例如，在美国加利福尼亚州阿纳海姆市的迪士尼乐园，只有在晚上 11:15 至早上 7:15

允许从中央仓库向主题公园内的 110 个销售店送货。而在建造佛罗里达州的迪士尼乐园时，为了克服时间上的约束，在新公园地下建造了一个通道，这样就可以随时在人们看不见的情况下，对商店和饭店进行送货。迪士尼乐园的销售商不再受制于乐园的自然条件，能够以更低的库存和仓储成本进行经营。

4．数据收集

数据是配送系统分析与设计的基础。在配送系统分析与设计中，主要收集以下数据。

（1）配送货物的数据，包括与货物相关的数据资料，如货物种类、包装状况、数量、地理分布情况、生产或销售的季节性、可使用的配送方式等。

（2）现有设施的数据，包括相关的配送中心或仓库的位置及其能力等情况，还有与产品相关的生产厂的位置和生产能力等情况。现有设施的数据是进行配送系统设计与改进的重要依据。

（3）客户相关数据，包括现有客户和潜在客户的地区分布，每位客户订购的产品、订货的季节性，客户的重要性及其所需的特殊服务，对每位客户的销售数量和可获得的销售利润等。因为配送系统设计的目的是满足客户的需求，所以客户数据收集是配送系统设计的关键内容。

5．数据分析

完成上述步骤后，汇总配送系统的相关数据，便可以进行数据分析。简单的局部系统分析可以采用图表的方式，如针对某些配送线路的分析。但是，对整个配送系统进行分析时，数据量通常会很大，需要采用比较复杂的分析方法，如模拟法、SAD 法和 PERT 法等。

（1）模拟法。在设计配送系统时，应用最为广泛的计算机方法就是模拟法。这种方法通过构建一个模拟模型来表达系统内相关因素的数学关系，并有选择地改变特定的参数以观察系统的运行情况。模拟法的可靠性在于构建的模型要尽可能地接近现实世界。例如，可供利用的运输工具、配送费用、客户地点、供货厂商地点、客户服务要求、配送中心选址等因素，都应该在配送系统模拟模型中得到准确体现。通过设定不同的假设条件，人们可以对拟建立的配送系统做出评估。

（2）SAD 法。SAD（System Accommodation and Development，系统调整与发展）是一种一方面对配送系统进行调查和调整，另一方面对配送系统进行开发的系统分析与设计方法。它通过画出问题系统图，利用数学分析方法，并借助计算机技术，将混杂在一起的各种问题加以梳理，并对它们之间的相互关系以及各自的重要程度加以分析，从而确定优先实施的系统改善步骤。

（3）PERT 法。PERT（Project Evaluation and Review Technique，计划评审技术）是一种通过分解配送任务，确定每项工作的作业时间，分析工作之间的逻辑关系，并绘制网络图来分析和优化配送系统的技术。PERT 法的基本思路包括：某些任务需要按一定的先后顺序依次完成，如订单处理与货物分拣；而另一些任务可以并行处理，如货物分拣与车辆调配；完成每项任务都需要一定的时间。

6．配送系统设计的完善

配送系统设计的最后工作是对研究结果进行完善。在此过程中，需要充分考虑外部环境、政策法规等难以量化的因素以及系统的发展预期等，形成最终的配送系统设计和改进方案。配送系统的设计及改进往往意味着企业全面变革，这对于大多数企业来说影响都很大，往往无法承受，而且可能导致客户服务功能的中断，如订单遗失、配送货物数量出错、缺货现象频繁发生。此外，配送系统的工作人员也可能抵制这些变革。因此，配送系统的改进不能一蹴而就，应使用系统分析方法找出那些应该首先变革的领域，然后持续、渐进地实现对配送系统的改进。

应用案例

奇龙连锁超市配送系统的规划与设计

泉州奇龙连锁超市是一家专注于农产品和生鲜产品连锁经营的商贸流通企业。运营之初，奇龙连锁超市便认识到，物流配送的效率直接影响生鲜超市的销售，所以，建立高效的配送系统是必然的选择。奇龙连锁超市配送系统的建立分为以下 5 个步骤。

第一，确定配送系统的总体目标。奇龙连锁超市配送系统的总体目标是降低物流配送成本，提高物流配送效率，实现连锁经营统一配送、统一采购的规模效益。

第二，构建奇龙连锁超市配送系统的总体架构。根据连锁超市的物流配送特点，奇龙连锁超市将配送系统设定为双层配送网络结构，从层次上可分为一级配送中心和二级配送中心。以现有的泉州物流配送中心作为一级配送中心，负责泉州市区所有门店的配送服务。在各个县级市建立二级配送中心，二级配送中心为其辖区内的所有分店提供配送服务。泉州一级配送中心辐射所有的二级配送中心。

第三，确定奇龙连锁超市配送中心的运作模式。一级配送中心负责所有连锁门店销售货物的采购权，实现连锁经营的统一采购。一级配送中心接受供应商的送货，完成商品的集货，依据市场需要进行分拣、配装，再向连锁分店和各二级配送中心送货。

第四，确定各配送中心选址。以奇龙连锁超市晋江市物流配送中心选址为例，根据目前晋江市物流园区发展规划，结合晋江市物流产业发展规划，通过定性分析确定三处配送中心的备选地址。采用层次分析法和模糊评价法对奇龙连锁超市配送中心选址进行分析。主要步骤有：①根据配送中心选址的影响因素构建配送中心选址的评价指标体系；②邀请相关专家参与权重评判；③邀请对三个物流配送中心候选地址较为熟悉的专家，对其定性指标做模糊评判，并对原始数据进行无量纲处理；④计算综合评判结果，得出选址方案。

第五，优化配送路径。以位于晋江市的配送中心为例，对其服务范围内的各连锁门店进行编号，利用扫描法首先对连锁门店进行分组，组成若干个单人 TSP（Traveling Salesman Problem，旅行商问题），然后利用分枝定界法对每组进行求解，从而对物流配送路径进行优化分析。

4.1.3　配送系统评价

对配送系统的评价可以分为两个方面：一方面是对配送系统预期目标实现情况的评价；另一方面是对配送系统运行效率的评价。

1. 对配送系统预期目标实现情况的评价

对配送系统预期目标实现情况的评价是指在配送系统进入正常运转后，对系统的运行是否达到系统预期目标进行评价，主要是分析实际运行状况和预期目标是否一致。如果存在预期目标没有实现的情况，就要找出原因，并设法进行调整，重新完善配送系统。

2．对配送系统运行效率的评价

对配送系统运行效率的评价可以分为以下 3 个方面。

（1）配送系统的经济效益。配送系统的经济效益就是配送系统能够获得的收入或利润。但是，由于配送的服务性质，评价配送系统的经济效益还要在成本、利润和服务之间进行权衡。配送模式不同，评价标准也会有所不同。对于社会化的配送中心来说，盈利是其唯一目标。这种配送系统的设计与运营主要以利润最大化为目标，并在成本与服务之间进行权衡。而作为连锁企业内部的配送中心，其基本目标是保障连锁企业的利润最大化，其配送系统首先必须保证提供连锁企业所需的配送服务水平，然后对配送系统的各环节进行协调，并引入适当的科技手段，选择合适的配送方式，尽可能降低配送系统的成本。

（2）配送效率。配送效率评价需要设定相应的基准，即通过制定指标来衡量配送效率的好坏。常用的评价指标有配送车辆的效率和整体配送效率。

① 配送车辆的效率。

a. 车辆使用率，可通过配送车辆的实际运行量来测定。例如，假设有 5 辆配送车辆，设定的车辆使用指标为每辆车 1 天跑 2 趟，车辆使用率要达到 100%，所有车辆都必须工作。一个月按 30 天计算，所有车辆的总趟数为 300（30×2×5）趟，100%的使用率即要求一个月车辆的总趟数为 300 趟，如果只跑了 260 趟，车辆使用率就是 87%。

但是，并不是配送车辆的使用率越高，配送效率就越高。如果配送车辆不能满载，存在大量空车现象，则车辆使用越多，效率越低。

b. 车辆实载率，即所装货物与配送车辆载货能力之比。例如，载重为 4 吨的车辆装载 4 吨货物，实载率是 100%；如果只装载 2 吨货物，则实载率是 50%。车辆实载率既可以通过重量来测算，也可以通过容积来测算。一般体积大、重量轻的货物，用容积测算比较合理。

② 整体配送效率。整体配送效率可以用生产率，即投入与产出的比率来衡量。投入包括配送作业使用的设施面积、员工数量、投入的车辆数量等；产出则指配送作业所取得的总营业额或总利润。例如，有一家配送中心，使用面积为 1000 平方米，员工 100 人，配送车辆 20 辆。假设这家配送中心的月营业额为 100 万元人民币，100 万元人民币除以 1000 平方米可得出设施生产率，除以 100 人可得出劳动生产率，除以 20 辆车则可得出车辆生产率。

此外，配送效率也可以用费用成本来衡量。例如，可以用配送中心的总营业额除以配送中心支出的总费用，得到营业额与配送费用之比，用以衡量配送管理和作业的效率。

（3）配送效率指标的制定。一般需要调查现有的效率水平，然后确定可能实现的目标值，并把它作为效率指标。通常，制定的配送效率指标要比实际的效率指标稍高，这样能够促进配送管理的改善。但是，指标也不能定得太高。如果配送管理或作业人员认为制定的指标即使通过努力也无法实现时，就会放弃努力。配送效率指标应该经常修订。

4.2 配送系统优化

配送系统优化的目标是实现配送系统的合理化，这包括配送方式、设施设备、库存控制、配送计划、车辆积载、路线规划等多方面的选择和决策。解决这些问题不仅可以依靠管理人员和作业人员的经验和直觉，还可以采用适当的数量模型进行定量分析。从企业管理的角度看，配送管理是企业物流管理的一部分，配送系统优化包含在企业物流合理化之中。本节将重点介绍配送系统优化的相关内容。

知识链接

物流合理化

物流合理化就是使一切物流活动和物流设施趋于合理，以尽可能低的成本提供尽可能好的物流服务。它是对物流设备配置和物流活动组织进行调整改进，实现物流系统整体优化的过程。对于企业而言，物流合理化意味着成本低、效率高、服务好，这也是物流管理追求的总目标。物流合理化不能单纯地强调某个环节的合理、有效，而是要使整个物流系统乃至企业管理整体最优。

4.2.1 配送系统合理化的含义及标志

配送系统合理化就是要在配送系统整体合理化的前提下，实现每项作业的合理化。一般来说，配送系统的设计与运行是否合理，可以参考以下标准。

1. 库存量

库存量是判断配送合理化的重要标志，有效的配送作业能够在保持一定服务水平的前提下，降低库存总量，提高库存周转率。这也可以体现为库存占用资金的减少和资金周转速度的加快。

2. 成本和效益

成本和效益是衡量配送系统运作是否合理的重要标志。合理的配送作业应该能够通过对库存、配送路线、车辆调度等的优化控制，有效地降低配送成本，提高配送效益，而不影响配送服务水平。从宏观角度来看，合理地实施配送作业，能够起到减少社会车辆、降低车辆空驶率的作用，从而提高社会效益。

3. 服务水平

服务水平体现在缺货次数、配送时间、即时配送等方面，合理的配送应该能够保证一定的服务水平。

4.2.2 配送系统合理化的途径

实现配送系统的合理化要与配送系统的目标紧密结合，具体可从以下几个方面着手。

1. 实现配送作业合理化

配送作业合理化就是要实现进货、储存、补货、分拣、配装、送货、配送加工等作业的合理化。每一项作业的流程、作业方式要与货物的种类、数量、特性、客户的需求相匹配。表4-1对配送各项作业合理化的要点进行了简要汇总。

表 4-1　配送各项作业合理化的要点

作 业 环 节	合理化的要点
进货、发货	提高作业效率，关键在于订货信息、发货信息等传递速度的提高
货物验收	做好货物验收准备，确保货物验收方式、内容、抽样方法适当，对重点货物进行重点抽查
保管、装卸、补货、分拣	实现作业的标准化，推广使用电子条形码和便携式终端，自动化程度与作业环境、作业数量相匹配
货物储位管理	确定适当的场所管理方式，综合考虑货物自身的特性、周转情况、客户的分布、季节性等特点
配送加工	合理选择配送加工的内容和地点，综合考虑送货、销售、成本等因素
运送	尽量做到路线最短、时间最少、费用最低

2．实现配送流程合理化

配送流程合理化就是通过对配送各项作业的流程进行再造重组，使配送各环节的衔接更加合理，从而达到降低成本、提高服务水平的目标。配送流程合理化主要通过以下两方面实现。

（1）信息传递合理化。整个配送运作涉及大量的信息传递，这些信息如果在传递过程中有一处发生错误或延迟，就会导致整个配送效率的降低或无效配送。企业可以采用计算机信息系统实现各部门间信息的及时传递和配送作业的统一管理。

（2）分类管理。在配送作业管理中，企业可以考虑结合 ABC 分类管理法，对配送作业实行分类管理。对于 A 类货物的配送管理，可以采取事先计划、事中跟踪、事后评估的方法，从而提高配送效率，降低配送成本；对于 B 类货物，可以采取一般的配送管理；对于 C 类货物，可采用临时配送，当有配送任务时即时安排，而不需要投入过多的精力进行跟踪管理。

3．控制配送成本

配送系统合理化离不开对配送成本的控制。配送成本可以分为固定成本和变动成本。配送固定成本主要是配送系统中的各种固定资产的投入，如配送中心的建设成本、配送车辆的购置成本、分拣设备的购置安装费用等。配送变动成本主要是配送系统运行中所发生的与配送货物有关的人员费、配装费、流通加工费、修理费、燃料费等。

对于配送变动成本的控制，主要是加强配送管理，实现配送作业和流程的合理化，在配送成本和配送服务水平之间达到恰当的平衡。这里简要介绍对配送固定成本的控制。

对配送固定成本的控制重点在于对配送系统初始投资的控制。在考虑配送系统建设时，应遵循以下原则。

① 初始投资适当。如果初始投资过大，与配送规模不匹配，则难以通过降低配送成本来收回投资，得不偿失。初始投资的确定应与配送系统正常运营的变动成本结合考虑。如果有多种方案可供选择，则可以运用数学方法建立模型进行分析。

② 自动化程度适当。自动化程度应与企业的生产系统和配送规模相适应，还应考虑客户对配送服务的要求和外部环境因素。如果企业有富余的劳动人员，能够胜任配送系统的

作业工作，并且客户对配送服务的要求不是很高，那么就没有必要投入大量的资金建立自动化配送系统。

③ 配送系统的建设应具有可持续性。当环境变化较小时，如客户的分布、配送货物的种类等发生变化，可以通过对配送系统运营的调整来适应环境的变化。如果环境变化巨大，现有系统不能适应新的环境，就需要对系统做出变革，甚至可能需要重新设计和建设系统。因此，进行配送系统建设时需要考虑对未来变化的适应性，应留有一定的发展和调整空间。

④ 适当采取混合配送策略。混合配送策略是指企业的一部分配送业务由自身完成，另一部分外包给第三方配送的策略。采用混合配送策略的目的是合理安排企业的自营配送和外包配送作业，使配送成本最低。例如，美国一家干货生产企业为满足遍及全美的 1000 家连锁店的配送需要，建造了 6 座仓库，并拥有自己的车队。随着经营的发展，企业决定扩大配送系统，计划在芝加哥投资 700 万美元再建一座新的配送中心，并配以新型的干货处理系统。董事会讨论该计划时，发现这样做不仅成本较高，而且就算配送中心建起来还是满足不了需要。于是，企业把新增的配送业务外包给第三方完成，并在附近租用公共仓库，增加了一些必要的设备，再加上原有的仓储设施，企业所需的仓储空间足够了，而总投资仅为 10 万美元的设备购置费以及 10 万美元的外包运费及租金，远远低于 700 万美元。

📖 应用案例

某生鲜连锁超市配送合理化对策

A 公司是一家生鲜连锁超市，拥有完整的运作体系，涵盖货源供应、仓储和配送。通过在入库、上货、拣货、包装和配送等环节大量使用智能化设备，A 公司显著降低了失误率，并提高了工作效率。其成功经验主要包括以下两点。

1. 加强冷链物流系统建设

生鲜食品在高温环境中极易腐烂，加强冷链物流系统建设可以延长商品保质期，减少商品因保存不当而造成的损失。A 公司门店的生鲜食品都是由大仓或者货源商直接供应的，通过冷链运输送到门店，在到达之后由门店工作人员进行拣货上架。此外，A 公司还在拣货环节加强了对工作人员的培训和监督。

2. 采用店仓一体化和中心仓相结合的运营模式，多渠道降低物流成本

为了降低配送成本，A 公司采用了店仓一体化和中心仓相结合的运营模式。目前，A 公司在全国已有超过 300 家门店。但每个城市需求量不同，对于需求量大的城市按照店仓一体化的模式发展，对于需求量小的城市建立中心仓以分担门店仓储压力。在中心仓覆盖的城市，A 公司利用阿里大数据计算出门店需求，由中心仓统一配送，减少运输成本。在采购方面，A 公司因地制宜，在门店所在城市选择合作伙伴，采购当地特色产品运往距离近的城市门店，以此来增加利润，降低采购成本。

🔄 4.3　配送方式

在配送业务活动中，企业接到客户订单之后，要按照客户要求将货物送达客户手中，

这涉及选择合适的配送方法和形式。制造企业的配送中心和商业企业连锁店可能会采取不同的配送方式。由于企业战略、经营活动、货物特点、客户需求、环境条件以及专业化程度等方面存在很大差异，因此企业需要考虑多种因素，就具体的配送方式做出决策。配送方式决策的主要目的可以是降低配送成本，也可以是为消费者提供较高水平的配送服务，或者两者兼具。配送方式决策的方法有比较分析法、层次分析法、模糊评价法、基于成本的决策方法、基于服务水平的决策方法以及基于多因素的决策方法等。本节将简单介绍不同配送方式及其选择和应用。

4.3.1　按配送组织主体分类

按照配送组织的主体，配送方式分为配送中心配送、仓库配送和商店配送三种方式。这些配送方式是由企业的组织结构及其职能决定的。

1. 配送中心配送

配送中心配送是以专门从事配送业务的配送中心为主体的配送方式。配送中心的规模通常较大，可按配送客户的需求储存各种商品，储存量也较大。配送中心专业性强，和客户建立了固定的配送关系，一般实行计划配送，因而所需配送的商品往往都有自己的库存，很少超越自己的经营范围。因为配送中心的建设及工艺流程是根据配送需要专门设计的，所以配送能力大、配送距离较远、配送品种多、配送数量大，可以承担工业企业生产所用的主要物资的配送、连锁型零售商店的配送、向配送商店实行补充性配送等。配送中心配送是配送的重要形式，也是我国现代物流的发展方向。

2. 仓库配送

仓库配送通常是以仓库为据点进行的配送，它可以将仓库完全改造成配送中心，也可以在保持原仓库储存保管功能的前提下，增加一部分配送职能。由于仓库并不是按照配送中心的要求来设计和建设的，因而通常仓库配送的规模较小，配送的专业化水平比较低。然而，由于可以利用原仓库仓储保管设施及能力、收发货场地、交通运输线路等，所以仓库配送仍然是一种重要的配送方式，也是传统仓库向现代化配送中心转型的一个重要的过渡形式。

3. 商店配送

商店配送也称门店配送，其组织主体是商业企业的门市网点或者一些小型商店。这些网点主要承担零售业务，规模一般不大，但经营品种比较齐全。除日常零售业务外，配送组织还可根据客户的需求将商店经营的货品配齐，或代客户外订、外购一部分商店平时不常订购的商品，和商店的经常性订货一起配送给客户。这种配送组织实力有限，往往只是少量、零星商品的配送。对于那些商品种类繁多、需求量不大，且偶尔需要特定商品的客户，由于难以与大型配送中心建立稳定的常规配送关系，小型零售网点能够灵活地承担起配送任务。商业零售网点数量较多，配送半径较短，因此更为灵活机动，可承担生产企业重要货物的配送和对消费者个人的配送。它们对配送系统的完善起着比较重要的作用，是配送中心的辅助及补充形式。

4.3.2　按企业经营环节分类

企业一般都有稳定的经营环节，如制造企业有供应（采购）、仓储、生产、销售环节；商贸企业一般有供应（采购）、仓储、销售环节。与企业经营环节有关的配送方式主要包括供应配送和销售配送两种方式。

1. 供应配送

供应配送是企业为满足产品供应需求而采取的一种服务方式。其核心目标是确保生产或销售流程的顺畅，并增强产品或原材料的供应保障能力。此外，供应配送有助于实现集中采购和大规模进货，从而获得价格优势，并通过集中库存管理，帮助内部客户实现零库存，降低库存成本。供应配送被广泛应用于制造企业和商业企业，如企业集团及商业连锁超市等。

在制造企业中，供应配送主要依据生产计划进行。企业或企业集团总部可以建立配送中心，统一备货和集中库存，并根据生产计划及时向各分公司、分厂、车间等配送；此外，也可以由供应商或双方指定的第三方物流企业负责配送。

对于商业企业，供应配送主要基于门店需求，由企业自身、供应商或第三方物流企业的仓库或配送中心组织。连锁商店广泛采用这种方式进行配送。

2. 销售配送

销售配送是企业为落实营销战略所实行的促销型配送。例如，制造企业销售部门或商业企业门店为了促进销售，提升服务水平和客户满意度，提高竞争力，自己或委托第三方物流企业向客户进行配送。

4.3.3　按配送时间和配送商品数量分类

1. 定时配送

定时配送是按照预定的时间间隔（如每几天或每几小时）进行配送。配送的品种和数量既可以通过长期计划预先确定，也可以在配送前通过商定的联络方式（如电话或计算机终端）临时通知。由于时间固定，这种配送方式便于制订工作计划和进行车辆调度，同时也方便客户安排接货（包括人员和设备）。然而，由于备货指令下达较晚，集货、配货和装载的难度较大，且在配送需求变化较大时，可能会给运力安排带来挑战。

2. 定量配送

定量配送是在指定时间内按照固定数量进行配送。在这种方式下，货物数量相对固定，便于备货，可以根据托盘、集装箱和车辆的装载能力来确定配送数量，从而可以有效利用整车配送，提高配送效率。此外，定量配送对配送时间的要求不严格，可以将不同客户的货物合并整车配送，提升运力利用率。对客户而言，每次接收的货物数量固定，便于组织接货工作，并与生产和销售计划同步。定量配送的不足之处在于其缺乏灵活性，可能导致客户库存水平过高或销售积压。

3. 定时定量配送

定时定量配送是按照规定的时间和数量来组织配送。定时定量配送兼有定时配送和定量配送两种方式的优点，但是对配送组织要求较高，计划难度大，不太容易做到既与客户的生产节奏保持同步，同时又保持较高的效率，实际操作较为困难。定时定量配送一般适用于专业化程度较高的生产配送中心。

4. 定时定路线配送

定时定路线配送又称班车配送或列车时刻表配送，是在既定路线上按预定时间表进行的配送。客户需提前下单，并在指定时间和地点接货。这种方式便于配送企业安排车辆和人员，适合客户集中、需求统一的环境。在客户众多的地区，它能简化配送组织和车辆调度。客户可以在固定路线和时间内进行选择，并有计划地安排接货。然而，由于时间和路线固定，这种配送方式对客户的适应性较差，缺乏灵活性和机动性。

5. 即时配送

即时配送是指根据客户指定的送货时间和数量，灵活安排配送的一种服务方式。这种应急配送方式具有高度的机动性，客户可以利用它来替代传统的保险储备。然而，对于配送组织者而言，这种方式可能导致运输资源的利用效率下降，配送成本增加，并且由于完全依据客户需求进行操作，其计划性不强。即时配送要求配送组织过程必须高效，对配送企业的应急处理能力和快速响应能力提出了较高的要求。其主要优势在于能够更好地适应客户的个性化需求，有助于提高配送企业的管理水平和作业效率。目前，即时配送已经取得了显著的进步，并成为企业实现零库存目标的关键手段，显示出巨大的发展潜力。近两年来，"即时零售"业态的兴起对即时配送提出了更高的要求，预计将进一步促进其快速发展。

🔍 知识链接

即时零售

新型零售业态之一的"即时零售"，被称为线上线下深度融合的"新零售"。它是依托商超、实体门店或仓储，以即时配送运力，为就近消费者提供30分钟至1小时左右到家服务的新零售模式。即时零售最大特点是能满足顾客"即刻拥有"的需求，以送外卖的速度，将货品配送实现"分钟"级送达。与发端于外卖的O2O不同，即时零售可选择的消费品类更全、更广，配送时效要求更高。线下门店不一定设在繁华街区，更强调线上、线下与配送资源的整合。例如，有的商家通过建立"即时零售"平台，使得本地零售市场逐渐从"万货商店"模式变成"万物到家"服务，再度改变了传统的交易方式和购物习惯。

在实际配送活动中，企业选择何种配送方式，应考虑多种因素。例如，配送服务对象（客户）的类型，如生产、销售、商店、超市、个人等；客户配送需求的特点，如时间要求、加工要求、包装要求、地点要求、安全要求等；配送货物的数量及种类，如数量大小、品种多少等；货物的性质或特点，如是否特种品，运输、装卸、包装是否有特殊要求等；配送地理环境，如客户地理分布、运输路线、天气情况等；各种配送方式的配送成本结构及高低。

4.3.4 按配送货物数量和种类分类

1. 少品种（或单品种）、大批量配送

企业需求量较大的商品，单独一个品种或几个品种就可以达到较大的输送量，适合整车运输。这类商品往往不需要再与其他商品搭配，可由专业性很强的配送中心进行配送。

这种配送方式的特点在于配送量大，品种单一或较少，可以使车辆满载，从而提高车辆利用率，降低配送成本。它主要适用于生产和商业贸易领域，不太适合终端消费领域。

2. 多品种、小批量、多批次配送

这种配送方式是按客户需求，将客户所需要的各种物品配备齐全，并进行配载后送达。这种类型的配送对配货作业水平要求较高，需要复杂的配送中心设备和精密的配送计划，同时需要高水平的组织工作进行保证和配合，是一种高水平、高技术的配送方式。通常，这种方式的优势在于能够处理多品种、小批量的配送，也非常符合现代社会的"消费多样化""需求多样化"的新观念。它主要适用于对配送频率要求较高的企业销售和供应领域，同样也适合电子商务环境下的物流配送领域。

3. 配套型配送

配套型配送是按照生产企业或建设单位的要求，将其所需要的多种物资或配套产品配备齐全后直接运送到生产厂家或建设工地的一种配送形式。通常，生产零配件的企业向总装厂供应协作件时多采用这种形式。配套型配送既有利于生产企业专注于其生产业务，也有利于建设单位加快施工进度。

在以上几种配送方式中，少品种（或单品种）、大批量配送比较有利于从事配送服务的企业或企业内部物流部门，而多品种、小批量、多批次配送则更符合配送服务对象（客户）的利益，配套型配送主要针对有配套型产品需求的客户。

4.3.5 按加工程度分类

1. 加工配送

加工配送是一种将配送与流通加工相结合的配送方式，也就是在配送据点中设置流通加工功能，或者使流通加工与配送据点一体化运作。在配送中心进行流通加工，通常是产品从半成品到成品的最后一个步骤。流通加工与配送相结合，可以使流通加工更具有针对性和增值性。例如，HP 打印机生产完成后，会被送往全世界各地的配送中心，再装上不同语言的说明书，最后进行包装，送到各销售点。这样，在 HP 的配送中心完成了打印机的最后一个生产步骤。

2. 集疏配送

集疏配送是一种只改变产品数量而不改变产品本身的物理、化学性质，并与干线运输相结合的配送方式。集疏配送多表现为大批量进货后，小批量、多批次发货，或者零星集货后形成一定批量后再送货。

企业在配送业务中是否增加加工业务，主要看客户是否有需求、企业是否有能力和意愿。企业增加加工业务，可能需要增加相应的设备、场地、人员等，还要考虑成本的增加

是否能够为企业带来足够的收益。如果企业与客户能够达成一致，那么企业就可以提供加工增值服务。

4.3.6　按配送专业化程度分类

不同企业或不同的配送业务所涉及的货物品种种类不同，这体现了企业配送的不同专业化程度。按照配送专业化程度，配送方式可以分为综合配送和专业配送。

1．综合配送

综合配送所配送商品的种类较多，且来源渠道不同，但可以在一个配送网点中组织不同专业领域的产品向客户配送，因此综合性较强。综合配送通常可以减轻客户为组织全部所需商品进货的负担，只需与少数配送企业进行交易，便可解决多种产品需求。

综合配送的局限性在于产品性能和品质差别很大，组织时技术难度较大。因此，综合配送只适合具有一定共性的大类产品，而对于差异较大的产品则难以实现综合化。

2．专业配送

专业配送是按照产品大类的不同来划分专业领域的配送方式。有时专业配送并非越细分越好，实际上在同一性状而不同类别的产品方面，也存在一定的综合性。专业配送的优势在于可以根据专业的共同要求来优化配送设施，优选配送设备及配送车辆，从而制定适用性较强的配送流程，大幅提高配送各环节的效率。在专业配送领域，已经形成了多种形式，如中小杂货配送、钢材配送、生鲜食品（水果、蔬菜、奶制品、肉制品、快餐等）配送、汽车配送、家居配送、家电配送、水泥配送、燃料油配送、玻璃配送、化工品配送、家具及家庭用具配送等。

企业在实际配送决策中，是选择综合配送还是专业配送，应综合考虑多种因素。例如，客户需求，如货物种类和数量、货物特点、时间要求、地点要求等；物流企业配送能力，如配送网络设施、配送车辆及工具、信息技术、管理及作业人员、组织管理等方面的能力及水平；配送成本高低，主要是通过计算综合配送和专业配送各自所形成的综合成本，选择综合成本较低、企业收益较大的配送方式。

4.3.7　配送方式其他分类

根据其他不同的分类标准，配送方式还可以分为多种不同的类型。下面介绍几种重要的或常见的配送方式。

1．制造业配送

这是按照配送业务所在行业进行的分类，与制造业配送类似的还有农业配送、建筑业配送、零售业配送等。制造业配送是围绕制造企业产品生产与销售所进行的供应配送、生产配送及销售配送。制造业配送可以采用自营配送模式或者第三方物流配送模式。

制造业配送的主要特征有：①复杂性，主要表现为产品种类繁多，原材料、零部件繁多，工艺、流程复杂，组织过程复杂；②有序性，即制造企业的生产及经营活动一般都有确定的流程和顺序，并且要求生产流程保持一定的计划性、连续性、节奏性、均衡性，同时要求各个环节及组织部门能够协作、协调；③配套性，即所需配送的原材料、零部件多数都是成比例的、配套的，如每辆汽车所需零部件的比例是确定的；④定时、定路线，即针对制造企业地理位置固定、配送中心或仓库固定的情况，一般都会采取定时、定路线的配送方式；⑤高度准时性，即面对制造企业比较严格的生产时间和节奏的特点，要求配送必须保证时间及数量的高度准确性。

2. 冷链配送

冷链配送是指在经济合理的范围内，根据客户要求，在适宜温度环境中对需要保鲜、冷冻的冷链物品进行拣选、加工、包装、分割、组配等作业，并按时送达指定地点的物流活动。冷链配送的对象包括：初级农产品，如蔬菜、水果、肉、禽、蛋、水产品、花卉产品等；加工食品，如速冻食品，禽、肉、水产品等包装熟食，冰淇淋和奶制品，快餐原料等；特殊物品，如药品、疫苗等。

冷链配送以低温环境来保证物品的品质，所以在储存、运送等环节，在配送需求、运营管理、服务水平、设施设备、冷链技术等方面都有特殊的、严格的要求。

📖 应用案例

陕西本地水果冷链配送

在陕西省咸阳市礼泉县烽火镇兴隆村，村民李君流转了400多亩耕地，建起了水果种植基地。当前"澳红翠""北京八号"等鲜桃销售正旺。"相比于西安、咸阳市场上桃子每公斤4～7元的价格，我们每公斤12元的价格应该说很高了。"李君告诉记者，销售价格较高，是得益于基地有了冷链配送。

"我们基地的桃子刚开始挂果，年产量就超过200吨，预计三五年内产量还将逐年增加。因为产量高，受价格波动的影响自然就比较大。"李君表示，面对本地水果集中上市，个别果农为避免发生烂果现象而压低价格的情况，基地专门购置了冷链配送车，每天采摘水果后及时装箱装筐，通过低温保鲜的方式直接发往广州等沿海城市。

"很多水果不耐储存，在产地价格较低。但能卖高价的地方往往距离较远，保鲜配送难度较大。"李君说，冷链配送能实现新鲜水果异地高价销售，但门槛比较高，只有具备一定实力的经济组织才能承担。同时，还要求水果种植户或经济组织掌握市场动态，知道哪种水果在哪个地方销售价格高，并在当地有一定的销售渠道。只有这样，冷链配送才能实现新鲜水果异地销售的价值最大化。

时代在发展，种植模式在改变，这要求水果种植户的销售思路也要跟着转变。只有跟上时代发展的步伐，适应市场的变化节奏，紧跟销售模式的革新，水果才能真正成为种植户增收致富的"摇钱树"。

3. 快递配送

快递配送即快递业配送，是指在一定的区域范围内，通过对快件进行收寄、分拣、分发、运输、投递等作业，在承诺的时限内，将快件送达客户指定地点的物流活动。快递配送一般要求物品形状规整、作业标准、时限严格，所以相对于其他配送行业，快递配送管理在时效性、准确性、安全性、便利性等方面要求较高。

在快递配送中，末端配送是整个配送管理过程中的最后一个环节，是以满足最终消费者需求为目的的物流活动，也被称为"最后一公里"配送。随着人们消费水平的不断提高，对配送服务质量和配送效率要求越来越高，末端配送因此越来越受到重视，甚至影响着快递企业的品牌形象和发展前景，成为快递企业生存和发展的关键因素。

快递末端配送环节存在着多种配送方式，主要包括：

（1）送货上门方式。这是传统的末端配送方式，是一种直接配送方式，即配送员在客户指定的时间窗口内将包裹送达客户指定地点。

（2）委托代收（站点自提）方式，就是配送员将包裹送到指定地点，由收件人自己凭借有效身份信息领取。具体有3种形式：一是以电商为主导的物流联合代收服务点，如由阿里巴巴旗下的菜鸟网络牵头，联合顺丰、圆通、申通、韵达等知名物流企业共同成立的面向高校和社区的物流服务平台，通过开展快递代收、代寄等服务，为消费者提供多元化的物流"最后一公里"服务；二是以物流公司为主导的社区商业业态代收服务，如百世汇通公司推出了"百世邻里"社区服务站，和社区周边的便利店、花店、洗衣店等商家合作，为消费者提供快递包裹的代收代保管服务；三是社区管理机构（如门卫室、物业中心等）提供的代收服务。

（3）自提柜自提方式。自提柜又称快递柜、智能提货柜、智能快递箱，是一种智能终端配送设备。它集合了物联网、大数据、云计算、网络通信、智能识别等一系列先进概念及技术，可以实现配送的集约化投递、全天候存取、安全监控等功能，配送员只需进行简单的操作并将包裹放置在自提柜中，消费者就可以凭借自提柜后台发送的提货密码或者二维码自行提取。近年来，电商企业、物流企业等相继在国内布局自提柜网络及设施，丰巢、速递易、云柜、e栈等自提柜在许多城市社区广泛出现，并成为末端配送的重要方式。

4．电子商务配送

电子商务配送是指电子商务企业或第三方物流企业通过先进的软硬件设备，按照消费者的订单需求，将订单商品准确、准时送达到消费者手中的配送方式。电子商务配送包括自营配送模式、第三方物流模式、共同配送模式等。

5．外卖配送

中国古代传统的外卖，就是顾客在饭店点餐并打包以后自己带走。现代社会出现了一些知名的快餐公司，专门提供客户外卖点餐和配送的服务。近些年来，智能手机和网络技术不断普及，广大消费者"即需要、即外卖、即使用"的方便快捷的"外卖生活方式"逐渐形成并得到普及，外卖由快餐扩展到更多的商品，如花卉园艺、蔬菜生鲜、水果、酒水饮料、个人洗护品、家居日用品、母婴用品、手机、数码家电、服饰鞋包、美妆护肤品、宠物用品、医药等。

在外卖行业得到迅速发展的同时，外卖配送也得到快速发展，形成了多种配送模式。目前外卖的配送模式主要包括平台专送、众包配送、混合配送和商家自配送。

（1）平台专送模式。平台专送模式是指外卖平台自己搭建一个物流配送体系来承担其配送的任务；平台配送团队成员均是经过培训的全职配送员（专职骑手）；配送距离在3公里左右，能够承接商家所有订单，保证一定的接单率。同时，配送人员正规化，配送速度快，配送服务质量相对较高，但缺点是配送成本较高。

（2）众包配送模式。众包配送模式是指利用社会闲散力量和网络系统，帮助商家进行配送；配送员为兼职骑手，最大配送距离在5公里左右。相对于专送来说，众包的配送范围相对较大，成本也比较低，但配送速度较慢且配送人员整体服务质量相对较差。

（3）混合配送模式。混合配送模式是指实际配送作业中使用专送配送员和众包配送员两种配送员完成订单配送作业的模式。混合配送模式可以减轻外卖高峰时期平台专送的作业压力，同时降低平台整体配送成本。在混合配送模式的实际运营中，对专送配送员和众包配送员的选择有较为完整的规则，如只有当专送配送员负载订单量超出一定值时，才触发专送转众包机制，负载值可按区域配置。

（4）商家自配送模式。商家自配送模式是指由商家自有的配送员进行配送或由商家自行在一个或多个外包配送服务平台发布需求，等待众包配送运力完成订单配送。一般来说，规模相对较大的餐饮连锁企业采用这种配送模式，能够有效保证商品配送的及时性和服务质量。

商家自配送模式对区域限制和时间限制小，但订单量少且分散，成本相对较高，并且在网络外卖订单数量较多或在雨雪等恶劣天气下很难保证运力，整体配送速度慢且服务质量低。

本章实训

（1）实训项目：调查、研究企业配送系统组成情况。

（2）实训目的：通过调查，了解企业配送系统的组成，并分析、解决实际问题，扩展有关库存管理的知识，提高分析问题和解决问题的能力。

（3）实训内容：①选择一家物流企业或制造企业，调查企业配送方面的资料；②根据调查资料，进行汇总、整理，分析企业配送系统的组成状况；③分析企业配送系统存在的问题；④针对企业配送系统存在的问题，讨论系统优化的方法。

（4）实训要求：明确实训活动的目的及任务；学生 4～6 人组成小组；每小组制订实训活动计划方案；确定实训活动的进度安排。

（5）实训考核：要求每组写出实训活动报告；然后对实训情况进行评价。

复习思考题

1．单项选择题

（1）以下选项不是配送系统合理化标志的有（　　）。

A．库存　　　　　B．成本和效益　　　　C．服务水平　　　　D．配送距离

（2）以下说法中，不属于即时配送特点的是（　　）。

A．灵活性和机动性很强　　　　　　B．可用来代替保险储备

C．容易做到充分利用运力　　　　　D．配送成本较高

（3）适用于电子商务模式下物流配送领域的配送方式是（　　）。

A．少品种、大批量配送　　　　　　B．多品种、小批量、多批次配送

C．集疏配送　　　　　　　　　　　D．配套型配送

2. 多项选择题

（1）配送系统运行效率的评价包括（　　）。

A. 配送系统的经济效益　　　　　　　　B. 配送系统的运作效率

C. 配送效率指标的制定　　　　　　　　D. 配送系统设计的完善

（2）按照配送组织的主体，配送方式分为（　　）。

A. 配送中心配送　　　B. 仓库配送　　　C. 商店配送　　　D. 供应配送

（3）目前外卖配送的配送模式主要包括（　　）。

A. 平台专送模式　　　　　　　　　　　B. 众包配送模式

C. 混合配送模式　　　　　　　　　　　D. 商家自配送模式

3. 问答题

（1）简述配送系统合理化的途径。

（2）简述配送固定成本控制的原则。

（3）简述实际配送活动中企业选择配送方式时需考虑的因素。

（4）简述外卖配送的主要配送模式以及每种配送模式的特点。

（5）简述末端配送环节的配送方式。

（6）冷链配送包括哪些服务对象？

第 5 章

配送计划与决策

配送计划与决策是配送管理的核心内容，既涉及企业配送管理中重要业务活动的筹划与决策，又涵盖具体配送业务的安排，直接影响配送管理活动的方向、内容及实施效果。配送计划（或决策）可分为多种类型，包括不同管理层级的配送计划、与关联需求相关的配送计划，以及与配送作业任务直接相关的计划（如运量计划、车辆调度计划、车辆积载计划和配送路线选择等）。本章将重点阐述企业常规配送业务计划与决策，以及具体业务配送计划与决策的相关内容。

本章学习目标

1. 了解配送计划的类型、内容及制订步骤；
2. 了解 DRP 的原理及编制方法；
3. 掌握车辆调度的图上作业法；
4. 掌握经验调度法与运输定额比法；
5. 了解直送式配送路线选择方法；
6. 掌握节约里程法和扫描法的相关知识。

导入案例

M 公司配送中心配送网络存在的问题

M 公司作为专业第三方物流服务提供商，其位于某市郊区的配送中心承担着周边 5 个配送点的货物配送任务。尽管近年来实施了多项管理优化措施，但配送成本仍未能得到有效控制。为了查找存在的问题及原因，公司对一年来的配送业务情况进行了调查。下面是有关配送网络方面的调查资料。

M 公司配送中心在日常配送业务中，一般按照两条配送路线进行配送：第一条路线是"配送中心 P—配送点 A—配送点 B—配送点 C—配送中心 P"；第二条路线是"配送中心 P—配送点 D—配送点 E—配送中心 P"。配送作业主要使用额定载重 5 吨的货运车辆。

根据相关调查数据，计算出了各配送点的货物平均需求量、配送中心及各配送点相互之间的距离，如表 5-1 和图 5-1 所示。

表 5-1　各配送点的货物平均需求量

配送点	A	B	C	D	E
平均需求量/吨/次	1.2	1.4	0.7	1.8	2.7

单位：千米

P					
8	A				
8	12	B			
6	13	4	C		
7	15	9	5	D	
10	16	18	16	12	E

图 5-1　配送中心及各配送点相互之间的距离

在对调查资料及相关数据进行分析之后，公司认为在配送路线选择、配送车辆配备等方面存在一些问题，必须采取措施进行改进。

? 案例思考题

M 公司在配送路线及配送车辆方面存在哪些问题？针对这些问题，提出优化的方案。

5.1　配送计划概述

配送计划是指配送企业或配送中心在特定时期内制订的生产计划，它涉及对企业配送活动的方向、内容、方式、策略以及所需各种资源的安排方案。配送计划旨在围绕组织的战略目标，更有效地指导配送工作，协调企业内部各部门以及配送各环节，兑现对客户的服务承诺；同时，力求以最低的资源消耗和配送成本完成所有配送任务。以下将介绍配送计划的一般内容。

5.1.1　配送计划的类型

依据配送业务管理的层级和内容，配送计划通常分为配送主计划、每日配送计划和特殊配送计划。

1. 配送主计划

配送主计划是指针对未来某一特定时期，基于已知客户需求，提前进行的配送规划。这有助于对车辆、人员、经费等进行统一安排，以满足客户需求。例如，为了应对家电行业 3～7 月空调销售的旺季，某公司在年初根据各零售店往年的销售数据，并结合相应的预测系数来估算配送需求量，从而提前安排车辆和人员，制订配送主计划，确保销售任务的全面完成。

2．每日配送计划

每日配送计划是在配送主计划的基础上，针对每日实际配送任务制订的具体调度计划，包括订单的增减或取消、配送任务的具体划分、时间的安排、车辆的调度等。制订每日配送计划的目的是确保配送作业有序进行，使其成为常规操作，即使在繁忙中也能保持秩序。与配送主计划相比，配送中心的每日配送计划更加具体且执行频率更高。

3．特殊配送计划

在制订正式的配送主计划和每日配送计划的同时，还需制订应急计划，即特殊配送计划。特殊配送计划是针对突发事件或未包含在配送主计划中的配送业务，以及不影响每日配送业务的额外配送需求而制订的计划。它是配送主计划和每日配送计划的重要补充。例如，当空调在特定商场进行促销活动时，可能会导致配送需求突然激增或对配送时效性的要求提高，这时就需要制订特殊配送计划，以增强配送业务的适应性并提升服务水平。

5.1.2　配送计划的内容

对于一项标准的配送计划，其核心内容通常包括对配送地点、数量与任务，车辆数量，车队组成及车辆配置，车辆最大行驶里程，车辆容积和载重限制等具体方面的选择与规划。自然，不同的配送计划在具体内容上会有所区别。

1．配送地点、数量与任务

配送地点涵盖配送的起点和终点。鉴于每个地点的配送数量、周边环境及可用资源各不相同，应综合考量车辆数量、地点特性、距离和路线等因素，合理分配配送任务，并逐步探索规律，以实现最短配送路线、最少车辆使用、最低总成本和最高服务水平的目标。

2．车辆数量

车辆数量对配送的时效性有着显著影响。拥有充足的配送车辆能够同时执行多条路线的配送任务，从而提高配送时效性。若配送车辆不足，则可能导致频繁往返装载，进而引发配送延迟。然而，庞大的车队规模将导致购置成本、维护费用、人工成本和管理开支等各项费用的增加，因此，必须合理确定配送车辆的数量。

3．车队组成及车辆配置

配送车队应基于配送数量、货物特性、配送路线的选择以及配送成本的分析来进行自有车辆的组合；同时，在必要时也可以考虑适当引入外部车辆，以增加配送车队中外部车辆的比例。

4．车辆最大行驶里程

在制订配送计划时，需要考虑车辆的里程限制，确保不超出车辆的经济行驶里程。为避免因驾驶员疲劳驾驶而引发的安全隐患，应全面保障人员和货物的安全。通常，可以通过核定行驶里程和行驶时间来评估工作量，从而有效防止过劳作业。

5．车辆容积和载重限制

选择配送车辆时，应根据车辆容积和载重限制，并结合货物的体积和重量来考虑最大装载量，以避免浪费车辆的容积和载重量，进而降低配送成本。

6. 路网结构

一般而言，配送中心的服务范围为以配送中心为圆心、60千米为半径的区域。这些配送地点之间可以构成多个区域网络，所有配送方案都应满足这些区域内各配送地点的需求。在配送路网设计中，直线往返配送路线较为简便，通常只需考虑路线上的交通流量。

7. 配送时间

客户一般会根据实际需求指定配送时间，某些时段可能与特定路段的上下班高峰期相重叠。因此，在制订配送计划时，应充分考虑交通流量等影响因素，或者与客户协商，尽可能选择夜间、凌晨或假日进行配送。

8. 客户操作层面

配送计划需考虑客户操作层面的实际情况，例如，货物的装卸搬运作业是否实现了托盘标准化和统一化，是否有装卸搬运辅助设备，客户是否提供操作配合，是否能实现随到随装，是否需要等待装卸搬运，以及停车地点与货物存放地点的距离等。

9. 配送预算

配送计划应合理预估配送过程中的各项费用，包括资本成本、利息支付、员工薪资福利、商务交易成本、自有车辆及设备运行成本、外部车辆费用、保险费用、材料损耗费用及装卸搬运作业成本等。

🔍 知识链接

预算相关知识

预算是在分析企业内外部环境的基础上，依据科学的生产经营预测和决策，以价值和实物等形式展现企业在未来一定时期内的投资、生产和财务成果的一系列计划与规划。预算同时也是一种定量规划，它有助于企业在特定时期内协调和控制资源的获取、分配和利用。

10. 最优化目标

物流配送的最优化目标是指遵循"四最"原则，在客户指定的时间内，精确无误地根据客户需求将货物送达指定地点。"四最"原则包括最短配送路线、最少使用车辆、最低总成本和最高服务水平。

📖 应用案例

2022年冬奥会和冬残奥会总体配送计划

位于北京天竺综合保税区的冬奥会主物流中心靠近机场高速公路，总建筑面积达8.1万平方米。与历届冬奥会相比，该主物流中心的面积减少了30%~50%。这一变化得益于充分利用了我国物流基础设施的优势，改变了以往奥运会期间大量物资通过物流中心中转的做法，提高了供应商直接向场馆配送物资的比例。冬奥会要求60%以上的通用家具和白色家电、100%的奥运村住宿类物资、100%的火炬接力相关物资以及90%以上的制服均需直接配送至目的场馆。

大规模直接向场馆配送物资，对货运车辆的信息化管理和调度提出了更高要求。2022

年 1 月 8 日，北京冬奥组委发布了《北京 2022 年冬奥会和冬残奥会总体配送方案（MDS）用户手册》。MDS 是一个在赛事期间对进入场馆的货运车辆进行时间安排的信息管理系统。京东物流在中标成为本届冬奥会和冬残奥会的物流服务提供商后，基于自身使用的配送管理系统进行了优化，完成了奥运会物资配送方案。MDS 首次采用了二维码验证技术，实现了所有信息的快速、便捷无纸化传递，并实现了配送车辆的定位追踪，较为精确地显示了货车的运行状态。

在冬奥会和冬残奥会开幕前后，MDS 实现了对赛事主物流中心及 44 个赛事场馆的物资管理、物流车辆进入场馆的实时监控和智能调度，动态优化了车辆配送路线。MDS 在确保各类货运车辆有序进入场馆、防止场馆周边及入口处出现拥堵、保障各项赛事顺利进行方面发挥了关键作用。

5.1.3　影响配送计划制订的因素

1．配送需求

客户间的需求差异可能显著，这通常体现在订单对配送商品的种类、规格、数量、交付时间、送达地址、运输条件及收货方式的具体要求上。这些要求对理货、拣选、配货、装配、包装、配送、交付及信息管理等环节产生影响，同时也会对人力资源、设备、工具、作业效率、时间安排和成本控制等方面造成影响，最终影响配送计划的制订。

2．配送货物特点

若配送货物在种类、形态、尺寸、重量及物理化学属性等方面存在较大差异，这些因素可能会对各个作业环节、场地、设备和人员的具体要求产生影响，因此，在制订配送计划时必须将这些因素考虑在内。

3．配送货物数量

在配送过程中，货物的库存水平、出货量和库存周转天数不仅关系到配送作业能力和设备配置，还会影响配送中心或仓库所需面积和空间的大小。

4．配送成本

配送过程中各项费用及总成本是制订配送计划必须考虑的关键因素。总成本一方面影响物流企业服务价格的高低、竞争力及盈利能力；另一方面，影响客户对服务及价格的接受程度和满意程度。

5．配送服务水平

配送服务水平一般通过订单履行率、交货周期、货物破损率、增值服务能力等关键指标来衡量。这些指标的表现将影响配送计划在作业流程、设施设备配置及人员安排等方面的具体需求，因此，在制订配送计划时必须充分考虑配送服务水平。

5.1.4　配送计划制订的步骤

配送计划制订的步骤如图 5-2 所示。

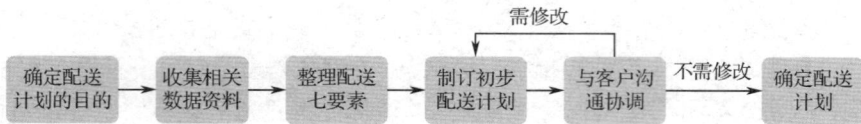

图 5-2　配送计划制订的步骤

1．确定配送计划的目的

企业在制订配送计划时必须确定配送计划的目的。例如，配送业务是为了满足短期时效性要求，还是为了实现长期稳定性目标；配送业务是服务于临时性特定客户，还是服务于长期固定客户。不同的配送目的，需要不同的配送计划来提供支持。

2．收集相关数据资料

收集服务对象的相关数据资料是提高配送服务水平的关键。对于长期固定客户，其近年来的需求量以及淡季和旺季需求量的变化等相关统计数据是制订配送计划时必不可少的第一手资料。此外，还需了解当年的销售计划、生产计划、流通渠道的规模及其变化情况、配送中心的数量及规模、运输费用、仓储费用和管理费用等数据。

3．整理配送七要素

配送七要素包括货物、客户、车辆、人员、路线、地点和时间，这七项内容也是配送的功能要素。在制订配送计划时，应对这七项内容进行深入了解并加以分析整理。

① 货物（Goods）：指配送标的物的种类、形状、重量、包装、材质、装运要求等。

② 客户（Customer）：指委托人和收货人。

③ 车辆（Truck）：指配送工具。需根据货物的特征、数量、配送地点以及车辆的容积、载重量等来选择合适的车辆进行配送。

④ 人员（Driver 或 Worker）：指司机或配送人员。由于需面对不同的客户及环境，因此对人员配置有一定要求。

⑤ 路线（Route）：确定配送路线时，应遵循配送路线最短、送货量最大、订单时间顺序等原则，并要求司机或配送人员严格执行。

⑥ 地点（Place）：主要了解配送地点的数量、距离、周边环境、停车卸货空间大小以及相关附属设施，如是否有卸货月台、叉车等。

⑦ 时间（Time）：需了解在途时间、配送起点和终点的装货与收货时间限制，提前做好安排，避免不必要的装卸等待，防止因超出客户要求的时间范围而导致货物拒收。

4．制订初步配送计划

在完成上述三个步骤之后，物流企业结合自身能力及客户需求，便可以制订初步配送计划。初步配送计划应包括以下内容：配送路线的确定原则、每日最大配送量、配送业务的起止时间（也可以选择 24 小时不间断作业）、使用车辆的种类等。此外，该计划应能够有针对性地解决客户现存的问题。如果客户有需求，计划甚至可以精确到每个配送地点的到达时间、具体路线的选择，以及货运量突发变化时的应急措施。

5．与客户沟通协调

在制订了初步配送计划之后，物流企业应与客户进行充分沟通，邀请客户参与并共同完善该计划。同时，应向客户详细说明其现有作业环节在未来操作中可能出现的变化情况，以避免客户的期望与实际操作之间出现重大偏差。

6. 确定配送计划

经过与客户多次协调沟通后，配送计划经反复修改最终得以确定。该配送计划应成为配送合同的重要组成部分，同时应确保执行该配送计划的各方人员全面了解相关内容，以保障配送业务的顺利开展和配送服务质量的稳定可靠。

5.2 配送需求计划

配送需求计划（Distribution Requirement Planning，DRP）是一种既能有效满足客户需求，又能使物流资源配置成本最低的计划方法。DRP 的应用能够帮助降低配送系统的运营成本，提升配送部门与制造部门之间的协调性，并有效降低企业的库存水平。

5.2.1　DRP 的含义及原理

DRP 是物料需求计划（Manufacturing Requirements Planning，MRP）的编制原理和方法在配送领域的应用，因此 DRP 与 MRP 的原理基本一致。

1. DRP 的含义

MRP 是从最终产品的生产进度计划出发，按各工序分阶段展开，逐级计算和计划在一定时期内原材料、零部件的需用量和计划补充订购数量。DRP 则与产品的配送业务相关，需要考虑多个配送阶段及其各自的特点。DRP 基于信息技术与预测分析技术，对不确定的客户需求进行科学预测，并据此规划、确定标准化的库存管理、分拣作业及运输配送等核心能力配置。

DRP 主要解决产成品的供应、调度与配送问题，其核心目标是合理安排货物配送和资源配置，在确保有效满足客户需求的前提下，实现配置成本的最小化。

DRP 实际上应用了准时供应的思想，要求将客户所需的货物准时、保质保量地送达客户手中。准时供应的实现需要以大范围配送系统的有效控制为基础，因此，制订 DRP 的关键集中在订货需求与库存控制计划上。

2. DRP 的原理

DRP 实际上是一种管理信息系统，主要由输入、处理和输出三部分构成。该系统输入市场需求文件、供应商资源文件、库存文件等，经过计算和处理后，生成订货（进货）计划或送货计划。DRP 的原理如图 5-3 所示。

（1）DRP 的输入文件。主要包括市场需求文件、库存文件和供应商资源文件。

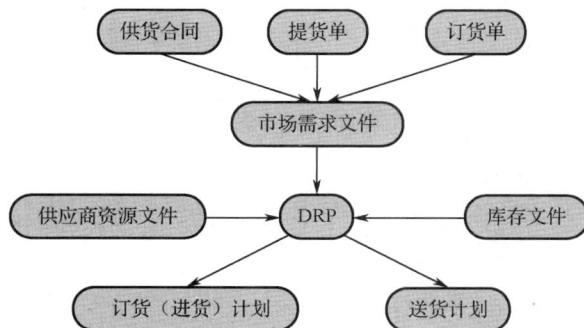

图 5-3　DRP 的原理

① 市场需求文件。市场需求文件是指客户的订货单、提货单或供货合同，也包括各子公司及各地区配送中心的订货单。若缺乏这些订货单或供货合同，则需通过预测来确定市场需求量。

② 库存文件。库存文件是配送系统仓库中所有库存货物的品种和数量的详细列表。

③ 供应商资源文件。该文件包含可供应货物的品种、数量、供应时间，以及供应商的地理位置等信息。供应商资源文件主要用于支持 DRP 的订货决策。

（2）DRP 的生成文件。DRP 的生成文件主要包括送货计划和订货（进货）计划。

① 送货计划。送货计划是指针对客户的送货安排。依据库存文件和供应商资源文件，可以确定客户的订货是从仓库直接发货，还是需要先订货、进货后再发货，抑或是触发缺货预警机制。由于仓库与客户、下属子公司、子配送中心之间存在一定距离，提货和送货需要预留一定的提前时间，以确保货物能够按时送达。对于需要订货后再送货的客户，还可以确定是从生产厂商直接发货，还是经由配送中心发货。通常情况下，对于大批量需求的客户，可采用工厂直接送货的方式；而对于小批量需求的客户，则可采用配送中心配送的方式。

② 订货（进货）计划。订货（进货）计划是指配送系统针对供应商的订货（进货）安排。当客户所需的货物在仓库中库存不足时，需向供应商补充订货（进货）。由于订货（进货）过程需要一定时间，因此需设定订货提前期，该提前期应根据具体供应商的实际情况确定。

5.2.2　DRP 的编制和明细表调整

DRP 可以基于企业过去的需求数据进行编制，并根据实际需求的变化进行调整。

1．DRP 的编制

DRP 编制的一般程序以底层的客户需求为起点，逐层向上进行需求累计，直至配送系统的最高层级配送节点或中央配送中心。在具体编制过程中，每一层次的配送节点依据预测的客户或下一层次配送节点的需求或订单，扣除预计库存，确定计划补充订购的日期和数量，并将相关信息报送至上一层次的配送节点，直至一级配送节点确定向供应商发出补充订货的日期和数量。

编制 DRP 的基本依据是明细表。明细表用于协调整个计划期内的需求与订货。每个库存存储单元（Stock Keeping Unit，SKU）及每个配送节点均对应一张明细表。通过汇总同一 SKU 的明细表，能够确定各配送节点的需求。明细表应尽可能反映靠近客户的产品环节的存货情况，它是整个货物数据库的重要组成部分。存货和需求的相关信息需要持续更新，并在各层次配送节点之间实现周期性传递或即时传递。

这些明细表通常以周为单位编制，用于反映配送系统在一定时期内的活动情况。根据实际需求，明细表的编制也可按日或按月进行。对于每个配送节点和每个 SKU，明细表能够反映当前的现有存货余额、安全库存水平、计划周期长度及订货批量等信息。

此外，在每个周期内，明细表需反映总需求数（包括订单需求数和预测需求数）、在途存货数量、预计现有存货数量及计划订货数量。总需求数涵盖来自客户及其他配送节点的需求。预计现有存货数量是指预计的期末存货水平。计划订货数量是指已向供应商发出的库存补充数量。

下面以一个中央仓库和两个地区仓库（见表 5-2 和表 5-3）为例，简要说明地区仓库和中央仓库 DRP 明细表的编制方法。

表 5-2　某地区仓库一的 DRP 明细表

安全库存：20 个　　　订货批量：60 个　　　订货周期：2 周

预测时间周期/周	1	2	3	4	5	6	7
预测需求数/个	20	20	20	10	30	30	20
在途存货数量/个		60			60		60
预计现有存货数量/个（45）	25	65	45	35	65	35	75
计划订货数量/个		60		60			

表 5-3　某地区仓库二的 DRP 明细表

安全库存：10 个　　　订货批量：40 个　　　订货周期：1 周

预测时间周期/周	1	2	3	4	5	6	7
预测需求数/个	15	15	15	20	15	15	15
在途存货数量/个		40		40			40
预计现有存货数量/个（32）	17	42	27	47	32	17	42
计划订货数量/个	40		40			40	

表 5-2 为某地区仓库一的 DRP 明细表。从中可以看出 DRP 明细表的一般结构：预测开始之前的存货数量为 45 个单位。第 1 行是预测时间周期，以周为单位。第 2 行是预测需求数，它反映了来自客户或其他配送节点的需求。第 3 行是在途存货数量，在这里，订货周期及装卸所需的时间已被考虑在内，该批货物在相应的时间已经可以被使用。第 4 行是预计现有存货数量，它表明了预测时间周期末的存货数量，这一行是通过计算得出的。计算公式为：

预计现有存货数量=上一周期末的存货数量+在途存货数量-本周期预测需求数

第 5 行是计划订货数量，它是为避免存货数量低于安全库存而向供应商提出的订货数量。在此必须考虑订货周期的影响。实际上，计划订货与在途存货在时间上相差一个订货周期。此外，DRP 明细表还需列出安全库存、订货批量和订货周期，作为 DRP 的参考数据。

在列出所有地区仓库的 DRP 明细表之后，可将其中的计划订货数量信息传送至中央仓库，从而生成中央仓库的 DRP 明细表，如表 5-4 所示。

表 5-4　中央仓库的 DRP 明细表

安全库存：50 个　　订货批量：150 个　　订货周期：1 周

预测时间周期/周	1	2	3	4	5	6	7
地区仓库一计划订货数量/个			60		60		
地区仓库二计划订货数量/个	40		40			40	
预测总需求数/个	40	0	100	0	60	40	0
在途存货数量/个			150			150	
预计现有存货数量/个（100）	60	60	110	110	50	160	160
计划订货数量/个		150			150		

依据中央仓库的 DRP 明细表，可确定中央仓库的计划订货数量。这些计划订货数据可作为制订订货计划的基础。

2．DRP 明细表的调整

在 DRP 明细表中，每个时间周期的预测需求数（假设总需求数仅包括预测需求数）通常基于以往经验进行预测，实际需求一般会在预测值附近波动。经过几个时间周期后，原 DRP 明细表中的内容通常需要进行调整，尤其是计划订货时间。表 5-5 的例子对此进行了说明。其中，实际需求数第 1 周为 16 个，第 2 周为 26 个，而预测需求数为 20 个。第 1 周的实际需求低于预测需求数，未对计划订货时间产生影响；然而，第 2 周实际需求的增长导致原计划中第 4 周的订货提前至第 3 周，同时后续计划的预测时间也相应提前了 1 周。

表 5-5　DRP 明细表的调整示例

安全库存：5 个　　订货批量：40 个　　订货周期：1 周

预测时间周期/周	1	2	3	4	5
预测需求数/个	20	20	20	20	20
在途存货数量/个	40		40		40
预计现有存货数量/个（6）	26	6	26	6	26
计划订货数量/个		40		40	

第 1 周的实际需求：16 个

预测时间周期/周	2	3	4	5	6
预测需求数/个	20	20	20	20	20
在途存货数量/个		40		40	
预计现有存货数量/个（30）	10	30	10	30	10
计划订货数量/个	40		40		

第 2 周的实际需求：26 个

预测时间周期/周	3	4	5	6	7
预测需求数/个	20	20	20	20	20
在途存货数量/个	40	40		40	
预计现有存货数量/个（4）	24	44	24	44	24
计划订货数量/个	40		40		40

5.2.3　成功实施 DRP 的条件及措施

企业若要成功实施 DRP，需具备一定条件并采取一系列有力措施。这些条件及措施主要包括以下几方面。

1．高层领导支持

这里的高层领导通常指营销副总或总经理，其主要作用体现在 3 个方面。首先，他们为 DRP 设定明确的目标。其次，作为推动者，他们为 DRP 项目提供实现目标所需的时间、资金及其他资源。最后，他们确保企业全体员工认识到 DRP 对企业的重要性。在 DRP 运行过程中出现重大分歧和阻力时，需要高层领导高瞻远瞩，从大局出发，凭借其决心和魄力做出果断决策。

2．专注于流程

实施 DRP 的项目小组应将注意力聚焦于流程，而非过分关注技术，需投入时间研究现有的营销、销售及服务策略，并探寻改进方法。

3．选择合适的技术

DRP 技术的选择应始终与需要改善的特定问题紧密相关。例如，如果销售管理部门希望缩短新销售人员熟悉业务所需的时间，则企业应选择具备营销百科全书功能的技术。选择标准应当是依据业务流程中存在的问题来挑选合适的技术，而不是为了适应技术要求调整业务流程。

4．组建良好的团队

DRP 实施团队应在 4 个方面具备较强能力。首先，应具备业务流程重组的能力。其次，应具备对系统进行定制化和集成化的能力。再次，应具备信息技术开发能力，如合理设计网络规模、制定数据同步策略等。最后，应具备变革管理能力。

5．高度重视用户的参与

一是邀请企业未来的 DRP 用户参观实际的分销管理系统，使其了解该系统能为 DRP 用户带来哪些益处；二是在 DRP 实施的各个阶段（需求调查、解决方案选择、目标流程设计等）争取最终用户的参与，以用户为主导；三是在实施过程中，始终从用户角度出发，竭尽全力为用户创造便利。

6．分步推进

通过流程分析，可识别出业务流程重组中一些可切入的点，但需确定实施优先级，每次集中解决几个最重要的问题，避免贪多求快，试图一步到位。

7．系统整合

要对 DRP 及其他配送环节形成的系统进行整合，目的是提高 DRP 的效率和有效性，如提高服务终端用户的效率和有效性、团队合作的有效性、企业整体系统的有效性、企业间合作的有效性等。

📖 应用案例

某钢铁公司引入 DRP 系统取得显著成效

近年来，某钢铁公司钢材产品库存积压问题较为突出。经公司专门组织调查，发现主要原因如下：一是客户因市场环境、资金等因素，延长提货时间甚至放弃提货；二是公司生产计划部门为应对市场需求变动，常人为放大生产计划量，导致产品入库数量超出订货数量，进而增加库存总量；三是公司仓储部门在货物入库、在库管理、货物出库等环节未能实现有效衔接，造成库存货物增加。

为解决库存问题，公司引入了 DRP 系统。引入 DRP 系统后，公司有效减少了库存资金占用，降低了库存残损率，提升了客户服务水平，能够准确预测市场变化趋势，显著提高了企业市场综合竞争力。具体体现在以下三个方面：一是营销部门整合所有客户订单、合同、需求及市场预测信息，有效提升了营销计划执行效率和新品开发能力；二是生产计划部门在制订生产计划时，与销售部门密切衔接，增强了对市场需求订单变化的预测能力，提高了与客户的协调及衔接效率；三是库存管理部门对现有库存进行统计，依据产品质量、规格、执行标准对产品进行集中归类，确定必要的最小订货批量及数量，建立了相对稳定的安全库存体系。

5.3　配送车辆调度

在具体的配送业务中，企业会面临诸多实际问题。例如，多种货物需同时通过车辆运往不同地点；部分货物的运量、发货点及收货点可能是固定的，而另一些货物则可能是临时安排的，且多为短途运输。在配送路线规划完成后，虽然各种货物的收货点、发货点及收发量均已确定，但由于需要在短时间内运送大量货物，且通常涉及多辆车的多次配送，稍不注意就可能出现空车对流或迂回行驶的情况，增加空驶里程，导致不合理运输及浪费。因此，需要制订合理的配送车辆调度方案。

🔍 知识链接

合理运输与不合理运输的相关知识

一般来说，合理运输要求在整个运输过程中确保运输质量，以适宜的运输工具、最少的运输环节、最佳的运输路线和最低的运输成本，将货物从始发地运至目的地。合理运输应符合"及时、准确、安全、经济"等基本要求。反之，违背这些要求的运输则为不合理运输。常见的不合理运输方式包括：①过远运输；②对流运输；③迂回运输；④重复运输；⑤倒流运输；⑥使用运输工具不合理的运输；⑦不符合经济里程的运输；⑧运输工具回程空驶。其中，对流运输亦称相向运输，是指同种货物或两种使用价值相同、可相互替代的货物，从不同发货点出发，在同一条运输路线或两条平行运输路线上进行相对方向的运输，且与对方运程的全部或部分发生重叠的现象；迂回运输是指在有两条以上同类交通路线可供选择时，未选择最短运输路线，而是采用较远的运输路线绕道运行的现象。

5.3.1　配送车辆调度的要求及方法

配送车辆调度是指在满足一定约束条件的前提下，制定行车路线，使车辆有序地通过一系列装货点和卸货点，以实现路程最短、费用最小、耗时最少等目标。实际上，配送车辆调度问题的核心是安排空车的流向。具体而言，即如何将空车派往发货点装货，再将货物运至收货点卸载，之后再将空车调往新的发货点，如此反复制订空车调派计划。

1．配送车辆调度的要求

（1）配送车辆调度的基本要求。①坚持统一领导和指挥，实行分级管理，明确分工，落实责任；②坚持从全局利益出发，确保局部利益服从全局利益；③坚持以均衡完成生产计划任务为基础，努力争取超额完成任务；④以最低资源（运力）投入和获得最大效益为基本原则。

（2）配送车辆调度的具体要求。①尽量减少空驶里程；②优先选择就近派车和就近收车；③宁可打乱少数计划，也不打乱多数计划；④宁可打乱局部计划，也不打乱全局计划；⑤宁可打乱次要环节，也不打乱主要环节；⑥宁可打乱当日计划，也不打乱后续计划；⑦宁可打乱可缓运货物的计划，也不打乱急需货物的运输计划；⑧宁可打乱整批货物的运输计划，也不打乱配装货物的运输计划；⑨宁可使企业内部工作受影响，也不使客户利益受损。

2．配送车辆调度的方法

配送车辆调度的方法多种多样，可根据客户所需货物、配送中心站点及交通路线的布局不同而选择相应的调度方法。对于简单的配送业务，可采用定向专车运行调度法和循环调度法。定向专车运行调度法是指从货物的发车点派一辆车将货物直接送达收货点。循环调度法是指车辆在目的地卸货完毕后，不直接返回出发地，而是安排其空驶到其他地点装货的调度方法。该方法较定向专车运行调度法提高了里程利用率。

当配送任务量较大、交通网络较为复杂时，为实现车辆运行的合理调度，可运用运筹学中的线性规划方法，如最短路径法、表上作业法、图上作业法、经验调度法和运输定额比法等。以下重点介绍图上作业法、经验调度法和运输定额比法。

5.3.2　图上作业法

图上作业法是基于线性规划原理，将配送货物流向及流量（业务量）在交通图上进行标注，通过对交通图初始调运方案的优化调整，求解配送车辆调度的最优路线的方法。在运用此方法时，需确保交通图上不存在对流运输和迂回运输现象，以运行路线最短、运费最低或里程利用率最高作为优化目标。

1．图上作业法的基本知识

（1）交通图，即交通网络图，是利用点和线来描绘配送货物的路线、流向及流量的网络图。根据交通图的结构，可将其分为含圈交通图和不含圈交通图。圈是指图中形成的闭合回路，其形状可以是三角形、四边形、多边形等多种形式。含圈交通图可能包含一个或多个圈，而不含圈交通图则不存在任何闭合回路，仅由点和线组成不同形式的结构。基于这两种交通图类型，图上作业法也相应分为两种：不含圈交通图的图上作业法和含圈交通图的图上作业法。

（2）图上作业法常用的符号。在一个交通图（见图5-4）中，一般要使用下列符号：

○ 表示货物装车点，即空车接收点；

× 表示货物卸车点，即空车发车点；

⊗ 表示货物装卸点，即空车收发点；

→ 表示重车流向线；

--▶ 表示空车流向线；

△ 表示车场位置。

（3）图上作业法的基本原则。根据线性规划原理，在确定物资调拨或空车调运路线时，应遵循"就近调空"原则。

2．不含圈交通图的图上作业法

对于不含圈的交通图，图上作业法的最终结果只要不存在对流运输情况，所确定的交通图为最优的车辆调度方案。以下通过具体例子说明不含圈交通图的图上作业法。

【例5-1】在图5-4所示的交通图中，"+"表示装货需求或空车需求，符号后的数字表示需装货数量或空车需求量；"−"表示卸货需求或空车供给，符号后的数字表示需卸货数量或空车供给量。请运用图上作业法确定最优的车辆调度方案。

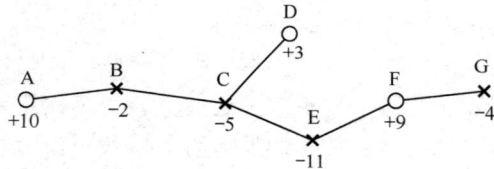

图 5-4　交通图

解：依据图上作业法的原则，空车调运的做法是：从G调运空车4到F；从E调运空车5到F，F满足需求；从E调运空车6到C；从C调运空车3到D，D满足需求；从C调运空车8到B；从B调运空车10到A，A满足需求。这样就得到了调运方案，如图5-5所示。

从调运方案看，没有对流情况，所以此方案是最优方案。

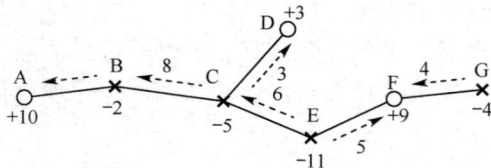

图 5-5　调运方案示意图

3．含圈交通图的图上作业法

对于含圈交通图，若图上作业法的最终结果既无对流运输，也无迂回运输，则所确定的交通图为最优的车辆调度方案。此时，图上作业法的基本做法是采用"破圈法"，即在原交通图的圈中，假设某两点之间的路线"不通"，从而将含圈问题简化为不含圈问题进行考虑，进而做调运安排，得到一个初始方案。随后，检查初始方案是否可行，若可行，则该方案为最优方案；若不可行，则需进一步优化，直至获得最优方案。以下结合例题说明含圈交通图的图上作业法的步骤。

【例 5-2】 假设 A_1、A_2、A_3 三个配送点分别有化肥 40 吨、30 吨、30 吨，需送往四个客户点 B_1、B_2、B_3、B_4，已知各配送点和客户点的地理位置及它们之间的道路情况，请运用图上作业法确定最优的车辆调度方案。

解：（1）绘制交通图。依据客户所需货物的汇总情况、交通路线及配送点与客户点的布局，绘制交通图，如图 5-6 所示。

（2）假设圈中某两点之间路线不通，在图 5-6 中，选择圈"A_2—B_3—A_3—B_1—B_4—A_2"中的 A_2—B_4 不通，然后做调运安排，即初始方案，如图 5-7 所示。

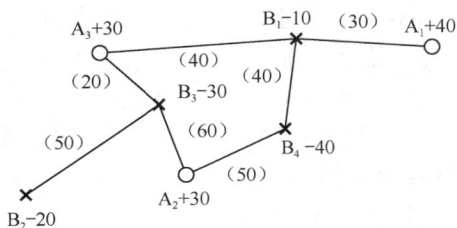

图 5-6　交通图

在绘制初始方案交通图时，凡是按顺时针方向调运的货物调运路线（如 B_1 至 B_4、A_2 至 B_3），其调运箭头都画在圈外，称为外圈；否则，其调运箭头（如 A_3 至 B_3）都画在圈内，称为内圈。

（3）检查与调整。对于初始方案，首先分别计算圈中路线的全圈长（里程数）、内圈长和外圈长。若内圈长和外圈长均小于全圈长的一半，则该方案为最优方案；反之，若不满足上述条件，则为非最优方案，需进行调整。

在图 5-7 中，全圈（A_2—B_3—A_3—B_1—B_4—A_2）长为 210 千米，外圈（A_3—B_1、B_1—B_4、A_2—B_3）长为 140 千米，大于全圈长的一半，显然初始方案不是最优，需要缩短外圈长度。

调整方法：找出外圈中最小的运量，在外圈中各段路线减去最小运量，然后在内圈中各段路线加上最小的运量。初始方案中外圈最小运量所在的路线为 A_3—B_1，其运量为 10 吨。调整后的方案如图 5-8 所示。

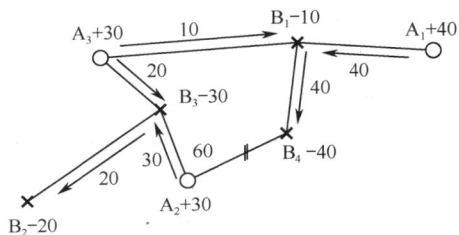

图 5-7　初始方案

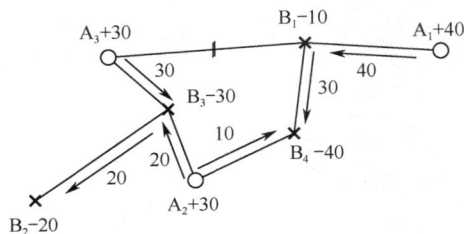

图 5-8　调整后的方案

由图 5-8 计算可得，内圈（A_3—B_3，A_2—B_4）长为 70 千米，外圈（A_2—B_3，B_1—B_4）长为 100 千米，均小于全圈长的一半，可见，该方案为最优方案。

5.3.3　经验调度法与运输定额比法

在配送业务相对简单且配送货物量和方向较为明确的情况下,可采用经验调度法与运输定额比法。此时,调度人员需具备丰富的车辆调度经验及熟练的技巧。

1. 经验调度法

经验调度法是指调度人员依据自身经验和技巧安排车辆运行并处理运行中出现的问题。在有多种车辆可供选择时,车辆使用的经验原则是尽可能选用能够满载运输的车辆。例如,运输 5 吨货物时,应安排一辆载重量为 5 吨的车辆。在能够保证满载的前提下,优先使用大型车辆,并优先安排其运输大批量货物。通常情况下,大型车辆能够实现较高的运输效率和较低的运输成本。

【例 5-3】某建材配送中心某日需运送水泥 580 吨、盘条 400 吨以及不定量的玻璃。该中心拥有大型车 20 辆、中型车 20 辆、小型车 30 辆。每种车辆每天仅运送一种货物,运输定额如表 5-6 所示。

表 5-6　运输定额

单位：吨/天·辆

车 辆 种 类	运 送 水 泥	运 送 盘 条	运 送 玻 璃
大型车	20	17	14
中型车	18	15	12
小型车	16	13	10

根据经验调度法确定,车辆安排的顺序为大型车、中型车、小型车,货载安排的顺序为水泥、盘条、玻璃。车辆调度方案如表 5-7 所示,共完成货运量 1080 吨。

表 5-7　运用经验调度法制订车辆调度方案

车 辆 种 类	运送水泥车辆数	运送盘条车辆数	运送玻璃车辆数	车 辆 总 数
大型车	20			20
中型车	10	10		20
小型车		20	10	30
货运量/吨	580	400	100	

2. 运输定额比法

运输定额比法是一种用于优化运输资源配置的方法,主要用于解决在涉及多种货物和多种运输工具的情况下,如何合理分配运输任务以实现运输效率最大化和运输成本最小化的目标。其核心思想是通过计算每种货物的运输定额与运输工具载重量之间的比例关系,确定最优的运输分配方案。

根据货物的运输定额与运输车辆载重量,计算各车辆运送不同货物的运输定额比,相关数据如表 5-8 所示。

表 5-8　运输定额比相关数据

车 辆 种 类	运送水泥/运送盘条	运送盘条/运送玻璃	运送水泥/运送玻璃	…
大型车	1.18	1.21	1.43	…
中型车	1.20	1.25	1.50	…
小型车	1.23	1.30	1.60	…

　　根据先载运大批量货物的原则，安排载运货物的顺序为水泥、盘条、玻璃，所以先考虑运送水泥与运送盘条的定额比。在表 5-8 中，小型车运送水泥与运送盘条的定额比最高，即相对于载运 1 单位的盘条，能载运水泥的量最高达到 1.23 倍，因而要先安排小型车运送水泥；其次由中型车运送盘条；剩余货物由大型车完成运送。车辆调度方案如表 5-9 所示，共完成货运量 1106 吨。

表 5-9　运用运输定额比法制订车辆调度方案

车 辆 种 类	运送水泥车辆数	运送盘条车辆数	运送玻璃车辆数	车 辆 总 数
大型车	5	6	9	20
中型车		20		20
小型车	30			30
货运量/吨	580	400	126	

📖 应用案例

某烟草企业配送车辆调度的精益化

　　某烟草企业结合企业实际情况与市场需求，推行了配送车辆调度精益化管理，具体做法如下所示。

　　（1）车辆调度配送模式的精益化。依据配送距离的远近及配送车辆是否能在当天返回，配送模式可分为以下四种：一是直接配送到户的"一级配、一级送"模式；二是设置货物转运但不储存的中转站，即"一级配、二级送"模式；三是设置货物转运及储存的中转站，即"一级配、二级送、中转站暂存"模式；四是在所辖地区统一集中经营管理的前提下，设置"卷烟配送分中心"模式。

　　当配送车辆能够在当天返回时，采用直接配送到户的"一级配、一级送"模式；当配送车辆当天无法返回时，另设中转站，采用"一级配、二级送"模式；当中转站的配送车辆当天无法返回时，采用"一级配、二级送、中转站暂存"模式。对于偏远农村或交通不便山区的卷烟零售客户，采用三种辅助方式，即委托送货、定点取货和固定送货点送货。

　　（2）配送路线和车辆配置的智能优化。依据客户订单信息，在配送路线优化决策支持系统的辅助下，电子排单系统运用现代物流配送车辆调度优化理论方法，构建网络优化模型，并通过启发式优化算法对抽象后的数学模型进行求解，从而优化配送路线和车辆调度方案，推动卷烟配送从传统手工调度向计算机智能优化调度的转型。

　　（3）车辆调度监控的信息化。构建一个使用便捷、功能完备、信息详尽且能实时反映城区交通网络变化的烟草零售户信息平台，实现烟草零售户管理信息的可视化；同时，建立一个基于 GPS 的车辆调度管理子系统，实时确定车辆的精确位置，确保车辆运行的安全可靠，并实现车辆的可视化调度管理。

5.4 配送车辆积载

在按照客户要求为客户送货之前，需先将客户的货物装载到运输车辆上。在此过程中，需考虑车辆的积载问题。企业配送工作人员应综合考虑各类因素，选择合适的积载方法，制订一套具有较高车辆积载水平的方案（包括计划积载图），为具体作业人员提供装车依据。车辆积载计划或方案是企业配送计划的重要组成部分。

5.4.1 配送车辆积载的原则及要求

由于车辆积载直接关系到运输车辆容积与载重量的利用效果，因此必须依据货物的性质（如怕震、怕压、怕撞、怕湿）、形状、体积、重量、数量、包装以及装车方法等因素，制定并遵循相应的原则，明确具体要求。

1．配送车辆积载的原则

（1）轻重搭配原则。装货时，应将重货置于底部，轻货置于上部，以避免重货压坏轻货，并使货物重心下移，从而确保运输安全。

（2）大小搭配原则。货物包装尺寸大小不一，为充分利用车厢容积，可在同一层或上下层合理搭配不同尺寸的货物，以减少车厢内的空隙。

（3）货物性质搭配原则。拼装在同一车厢内的货物，其化学性质和物理属性不能相互抵触。例如，不得将散发臭味的货物与具有吸臭性的食品混装；不得将散发粉尘的货物与清洁货物混装。

2．配送车辆积载的具体要求

（1）对于到达同一地点且适合配装的货物，应尽可能一次性完成积载。

（2）确定合理的堆码层次及方法，可根据车厢的尺寸、容积及货物外包装的尺寸进行确定。

（3）装载时不得超过车辆允许的最大载重量。

（4）装载易滚动的卷状、桶状货物时，应垂直摆放。

（5）货物之间及货物与车辆之间应留有空隙，并适当衬垫，防止货损。

（6）装货完毕后，应在车厢门端处采取适当的稳固措施，以防开门卸货时货物倾倒造成货损。

（7）尽量做到"后送先装"。

5.4.2 配送车辆积载的方法

合理的积载方法能够充分地利用车辆的载重量及车厢的容积（包括高度、长度和宽度）。常用的积载方法是通过建立数学模型来解决车辆积载问题。

1．经典模型

对于货物装车或运输而言，轻货和重货的积载存在较大差异。对于重货，无论如何拼装，通常较易达到车辆的载重量上限（车辆载重量满载，装载率达到 100%，但车辆容积无法满载）；相反，对于轻货，无论怎样拼装，通常较易达到车辆的容积上限（车辆容积满载，装载率达到 100%，但车辆载重量无法满载）。若将重货与轻货混装，则可通过建立模型计算不同货物的装载量，以实现车辆容积和载重量的充分利用。

知识链接

重货和轻货

根据货物重量和体积的比例不同，货物可以分为重货（重质货物）和轻货（也叫轻浮货物、泡货、抛货、轻泡货）。重量大而体积小的货物为重货，如钢铁、矿石等；体积大而重量轻的货物为轻货，如棉花、塑料制品等。但是，在不同情况下，不同运输方式对于重货和轻货的划分标准有所不同。例如，在水路运输的积载业务中，积载因数（指理论积载因数）大于舱容系数为轻货；积载因数小于舱容系数为重货。积载因数等于货物体积与货物重量之比。舱容系数是指船舶货舱总容积与净载重量之比，即每一净载重吨所占的货舱容积。

假设车辆载重量为 W，车厢容积为 V。现要装载积载因数为 R_A、R_B 的两种货物，使得车辆的载重量和车厢容积均被充分利用。

假设两种货物的装载重量分别为 W_A、W_B，则有：

$$W_A = \frac{V - W \times R_B}{R_A - R_B}$$

$$W_B = \frac{V - W \times R_A}{R_B - R_A}$$

【例 5-4】某仓库某次需运输水泥和玻璃两种货物，水泥的积载因数为 0.9 立方米/吨，玻璃的积载因数为 1.6 立方米/吨。计划使用的车辆载重量为 11 吨，车厢容积为 15 立方米。试问如何装载才能使车辆的载重能力和车厢容积得到充分利用？

解：设水泥的装载重量为 W_A，玻璃的装载重量为 W_B。

已知 V=15 立方米，W=11 吨，R_A=0.9 立方米/吨，R_B=1.6 立方米/吨，则：

$$W_A = \frac{V - W \times R_B}{R_A - R_B} = \frac{15 - 11 \times 1.6}{0.9 - 1.6} = 3.71（吨）$$

$$W_B = \frac{V - W \times R_A}{R_B - R_A} = \frac{15 - 11 \times 0.9}{1.6 - 0.9} = 7.29（吨）$$

该车装载水泥 3.71 吨、玻璃 7.29 吨时车辆达到满载。

通过上述计算可以得出，两种货物的搭配能够使车辆的载重能力和车厢容积得到充分利用。然而，其前提是车辆比容系数应介于所要配载货物的积载因数之间。在例 5-4 中，车辆比容系数=容积/载重量=15/11=1.364，而 0.9<1.364<1.6。如果所需装载货物的积载因数均大于或等于车辆比容系数，则只能出现车辆容积不满或无法满足载重量的情况。当存在多种货物时，可先配装货物积载因数与车辆比容系数相近的货物，再对剩下的货物进行配

装。或者，可先足量配装需要保证数量的货物，再对不定量配送的货物进行配装。

此外，需要注意的是，在以下几种情况下不应单纯追求满载率。

（1）在无法拼装的情况下，如货物的理化性质相互抵触或存在串味风险时，应尽量选派核定载重量与所配送货物数量相近的车辆进行运输，可适当降低满载率要求。

（2）按照相关规定必须减载运输的情况，如某些危险品必须减载运输时，可适当降低满载率要求。

（3）货物包装未按照推荐的相关标准进行包装，导致无法满载时，可适当降低满载率要求。

（4）在配送过程中，按照订单捆扎好的货物无法同时满足体积和载重量的要求，无法直接应用上述公式计算时，装载问题将转化为整数规划问题。

2．通用模型

一般的配送车辆积载问题，可以使用如下模型来解决：假设配送车辆的最大载重量为 G，有效容积为 V，用于运送 n 种不同的货物。此 n 种不同货物的重量分别为 W_1，W_2，$\cdots$，W_n，体积分别为 V_1，V_2，$\cdots$，V_n，每种货物的价值系数（可表示价值、运费、重量等）分别用 P_1，P_2，$\cdots$，P_n 表示。另设 X_k 表示第 k 种货物的装载数量，则：

$$\text{约束条件} \quad \begin{cases} \sum_{k=1}^{n} W_k X_k \leqslant G \\ \sum_{k=1}^{n} V_k X_k \leqslant V \end{cases}$$

$$\text{目标函数} \quad f(x) = \max \sum_{i=1}^{n} P_i X_i$$

5.4.3　提高车辆积载水平的具体措施

为提高车辆积载水平，应遵循先前讨论的车辆积载原则和要求，并采用适宜的积载技术。此外，还可以实施以下具体措施。

1．合理安排装载顺序

深入研究各类车厢的装载规范，根据货物的种类及包装尺寸的要求，系统地安排装载顺序。同时，企业应致力于提高装载技术和操作水平，以确保车辆的载重量和空间得到充分利用。

2．选择合适车型

依据客户对货物品种和数量的具体需求，应调派合适的车型进行运输。例如，对于具有危险品属性的货物，应选用危险品运输车辆；而对于形状各异的货物，则应根据其具体情况选择合适容积的厢式货车。

3．尽可能拼装运输

拼装运输是指将不同品种、不同规格的货物组合在一起进行装车运输的方法。这种方法能够为装载提供更多条件，从而增加充分利用车辆空间和载重量的机会。因此，在装运过程中，对于所有适宜拼装的货物，应优先考虑采用拼装运输方式。

5.5　配送路线的选择

在配送业务实践中，配送路线的选择是一个常见问题。配送路线的选择受多种因素影响，包括道路交通网络、交通状况、客户分布、配送中心位置、车辆载重量限制及车辆运行规定等。选择配送路线的目标是，在综合考量这些因素的基础上，确保货物能够及时、安全、便捷、经济地送达客户。在选择配送路线时，应根据客户的不同特征和需求，制定相应的配送路线方案。本节简要介绍直送式配送路线选择方法和分送式配送路线选择方法。当前，已有多种配送路线选择软件被开发并投入使用，这些软件能够帮助管理者规划配送路线。因此，在处理较为复杂的配送路线问题时，可以利用这些软件辅助解决。

5.5.1　直送式配送路线选择方法

在配送路线规划中，若配送中心需向特定客户进行专门配送，从物流角度出发，当客户的订单量接近或超过车辆的额定载重量时，则需指派一辆或多辆车辆进行单次或多次配送。配送路线规划旨在实现最短配送路径，以节约时间、提升装载效率和加快配送速度，从而提高整体配送效率。目前，解决最短配送路径问题的方法多种多样，包括位势法、"帚形"法、动态规划法等。

现在以位势法为例，阐述如何解决物流网络中的最短配送路径问题。假设已知物流网络中的节点分别标记为 A、B、C、D、E、F、G、H、I、J、K，各节点之间的距离如图 5-9 所示，试确定各节点间的最短配送路径。寻找最短配送路径的具体步骤如下。

（1）选择货物供应点为起始节点，并取其位势值为"零"，即 $V_i=0$。

（2）考虑与节点 i 直接相连的所有路线节点，设 i 点的位势值为 V_i，终止节点的位势值可按下式确定：

$$V_j=V_i+L_{ij}$$

式中，L_{ij} 表示节点 i 与节点 j 之间的距离。

（3）在计算得到的位势值中，选择最小的值，该值代表从起始节点到该节点的最短距离，并将其标注在相应节点旁边的方框内。同时，用箭头标明从节点 i 到节点 j 的连线，表示从节点 i 到节点 j 的最短路径。

（4）重复上述步骤，直至物流网络中所有节点的位势值均被确定为最小值。此时，各节点的位势值反映了从起始节点到该节点的最短距离。带有箭头的连线共同构成了从起始节点到其他节点的最短配送路径。若以每个节点作为起始节点，重复前述步骤，即可求得各节点间的最短距离。

【例 5-5】在物流网络图 5-9 中，试寻找从节点 A 到节点 K 的最短配送路径。

解：

（1）取 $V_A=0$；

（2）确定与节点 A 直接相连的所有节点的位势值：

$$V_B = V_A + L_{AB} = 0 + 6 = 6$$

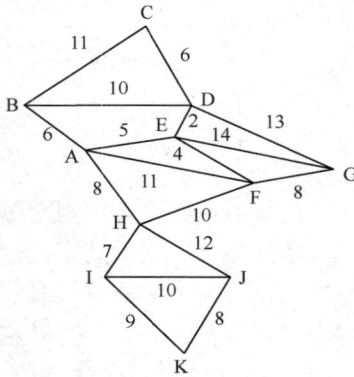

图 5-9　物流网络图

$$V_E = V_A + L_{AE} = 0 + 5 = 5$$
$$V_F = V_A + L_{AF} = 0 + 11 = 11$$
$$V_H = V_A + L_{AH} = 0 + 8 = 8$$

（3）从计算所得的所有位势值中选择最小值 V_E=5，并标注在对应节点 E 旁边的方框内，用箭头标出连线 AE，即：

$$\min\{V_B, V_E, V_F, V_H\} = \min\{6,5,11,8\} = V_E = 5$$

（4）以 E 为起始节点，计算与之直接相连的节点 D、G、F 的位势值（如果同一节点有多个位势值，则只保留最小者）。

$$V_D = V_E + L_{ED} = 5 + 2 = 7$$
$$V_G = V_E + L_{EG} = 5 + 14 = 19$$
$$V_F = V_E + L_{EF} = 5 + 4 = 9$$

（5）从计算所得的所有剩余位势值中取最小值6，并标注在对应节点 B 旁边的方框内，同时用箭头标出连线 AB，即：$\min\{V_B, V_H, V_D, V_G, V_F\} = \min\{6,8,7,19,9\} = V_B = 6$。

（6）以 B 点为起始节点，与之直接相连的节点有 D、C，它们的位势值分别为 16 和 17。从计算所得的所有剩余位势值中取最小值，

$\min\{V_H, V_D, V_G, V_F, V_C\} = \min\{8,7,19,9,17\} = V_D = 7$。

将最小位势值 7 标注在对应节点 D 旁边的方框内，并用箭头标出连线 ED，如此继续计算，可得最短配送路径，如图 5-10 所示，由节点 A 到节点 K 的最短距离为 24。

依照上述方法，将物流网络中的每一节点当作起始节点，并使其位势值等于"零"，然后进行计算，可得所有节点之间的最短距离，如表 5-10 所示。

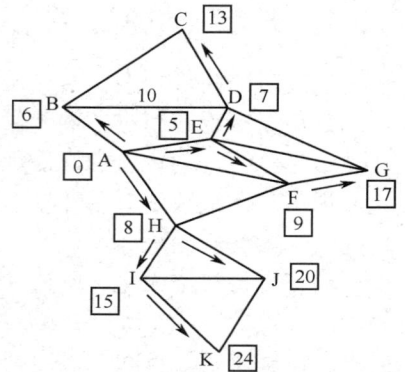

图 5-10　最优路线图

表 5-10　节点之间的最短距离

节点	A	B	C	D	E	F	G	H	I	J	K
A	0	6	13	7	5	9	17	8	15	20	24
B	6	0	11	10	11	15	23	14	21	26	30
C	13	11	0	6	8	12	19	21	28	33	37
D	7	10	6	0	2	6	13	15	22	27	31
E	5	11	8	2	0	4	12	13	20	25	29
F	9	15	12	6	4	0	10	10	17	22	26
G	17	23	19	13	12	10	0	15	22	27	31
H	8	14	21	15	13	10	15	0	7	12	16
I	15	21	28	22	20	17	22	7	0	10	9
J	20	26	33	27	25	22	27	12	10	0	8
K	24	30	37	31	29	26	31	16	9	8	0

5.5.2　分送式配送路线选择方法

分送式配送指的是从一个供应点向多个客户进行共同配送。其前提条件是同一配送路线上所有客户的货物需求量之和不超过车辆的额定载重量。在配送过程中，一辆车装载所有客户的货物，沿着一条经过精心挑选的最佳路线，依次将货物送至各个客户。这种方法不仅确保了货物能够按时按量送达客户，还有助于节约车辆使用、降低成本、缓解交通压力，并减少运输对环境的影响。分送式配送路线的选择和确定方法有多种，本文介绍其中的节约里程法和扫描法。

1．路线选择的原则

（1）优先安排车辆负责距离最近的站点间的货物运输。规划货车行车路线时，应围绕相互靠近的站点群进行，以缩短站点间的行车时间。

（2）从距离仓库最远的站点开始设计路线。设计有效路线的第一步是识别出距离仓库最远的站点及其周边站点群，随后逐步确定仓库附近站点群。一旦最远站点确定，即选择距离该核心站点最近的站点形成站点群，并分配载货能力足以满足该站点群需求的车辆。接着，在未分配车辆的站点中找出距离仓库最远的站点，分配另一辆车。如此循环，直至所有站点均已分配车辆。

（3）规划行车路线时，应避免各条路线之间出现交叉。需要注意的是，时间窗口和送货后才能取货的限制可能会导致路线交叉。

（4）尽可能使用最大载重量的车辆进行运输，这样规划出的路线最为高效。理想情况下，使用一辆足够大的货车运送所有站点的货物，以实现最短的总行车距离或时间。

（5）取货与送货应混合安排，避免在完成所有送货任务后再进行取货。应在送货过程中尽可能安排取货，以减少路线交叉次数（若在完成所有送货任务后再取货，可能会导致路线交叉）。

（6）对于过于偏远而无法归入站点群的站点，可考虑采用其他配送方式。鉴于这些站点的位置和货运量，使用小型车辆单独服务可能更为经济。此外，采用外包运输服务也是一个不错的选择。

（7）避免设置过短的时间窗口。过短的时间窗口可能导致行车路线偏离理想模式，因此，如果某个或某些站点的时间窗口限制导致整个路线偏离预期模式，应重新审视时间窗口设置或重新优化配送路线。

2．用节约里程法确定配送路线

（1）节约里程法的基本规定。为便于说明，我们假设以下条件成立：

① 配送货物为同一类型或相似类型。

② 已知各客户的地理位置及需求数量。

③ 配送方具备充足的运输资源。

④ 配送方案能够满足所有客户的交货时间需求。

⑤ 车辆装载量不得超过规定的最大载重量。

⑥ 每辆车每天的总行驶时间和里程数需符合相关规定。

（2）节约里程法的基本思想。该方法旨在最小化所有车辆的行驶总里程，并尽量减少服务所有站点所需的车辆数量。起初，假定每个站点均由一辆货车提供服务，完成送货后返回仓库（见图 5-11，P 代表配送中心，A 和 B 代表客户），此时路线的总里程为 $2PA+2PB$；随后，将两个站点整合至同一条配送路线，从而减少一辆运输车辆，并相应减少路线里程。如图 5-12 所示，路线合并后的总里程为 $PA+AB+PB$，而因此减少的里程为 $PA+PB-AB$。

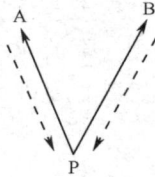

图 5-11　某配送中心配送网络　　　　图 5-12　节约里程法原理示意图

　　延续前述合并流程。对于涉及三个或更多站点的配送任务，除了可将两个独立站点合并，也可将某个站点并入已含多个站点的现有路线中，且相应地计算出可节约的里程数。

　　需要注意的是，每次合并均需核算节约的里程数，优先将节约里程数最大的站点纳入现有路线；若因某些约束条件（如路线过长、时间窗口限制无法满足或车辆超载等）而无法将节约里程数最大的站点并入某路线，则考虑次优选择，即节约里程数较多的站点，直至无法再向该路线添加新站点。之后，重复此流程直至完成所有站点的路线设计。

　　节约里程法在依据最大节约值原则将站点分配至特定路线前，会预先评估加入该站点后的路线状况，并综合考虑行车时间、时间窗口限制、车辆载重等一系列路线规划问题。此方法能有效处理存在众多约束条件的实际配送问题，并可同时确定路线及各站点的访问顺序，显示出较强的问题处理能力。然而，随着约束条件的增多，问题的复杂性也随之增加，节约里程法虽无法保证找到最优解，但通常能够获得一个合理的解决方案。

　　下面举例说明节约里程法的实际应用。

【例 5-6】某配送中心的配送网络如图 5-13 所示。图中 P 代表配送中心，A 到 J 代表客户，共 10 位客户。每个客户旁括号内的数字表示需配送的货物吨数，路线上标注的数字代表两点之间的距离，单位为千米。配送中心现有两种额定载重量的厢式货车可供使用，分别为 2 吨和 4 吨。请利用节约里程法规划最优配送路线。

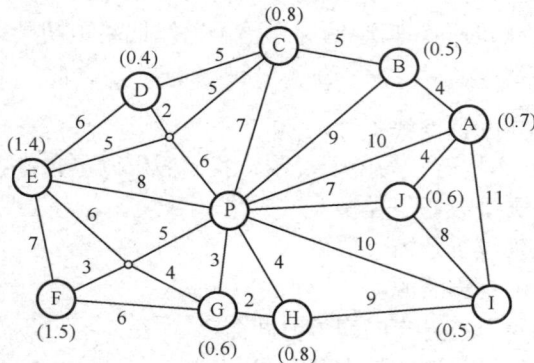

图 5-13　某配送中心的配送网络

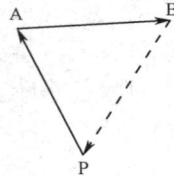

解：第一步，首先计算网络节点之间的最短距离，结果如图 5-14 所示。

	P	A	B	C	D	E	F	G	H	I
A	10	A								
B	9	4	B							
C	7	9	5	C						
D	8	14	10	5	D					
E	8	18	14	9	6	E				
F	8	18	17	15	13	7	F			
G	3	13	12	10	11	10	6	G		
H	4	14	13	11	12	12	8	2	H	
I	10	11	15	17	18	18	17	11	9	I
J	7	4	8	13	15	15	15	10	11	8

图 5-14　配送中心网络节点之间的最短距离

第二步，计算各客户之间的节约里程数，结果如图 5-15 所示。

	A	B	C	D	E	F	G	H	I
B	15	B							
C	8	11	C						
D	4	7	10	D					
E	0	3	3	10	E				
F	0	0	0	3	9	F			
G	0	0	0	0	1	5	G		
H	0	0	0	0	0	4	5	H	
I	9	4	0	0	0	1	2	5	I
J	13	8	1	0	0	0	0	0	9

图 5-15　客户之间的节约里程数

以计算 A→B 的节约里程数为例进行说明。P→A 距离：$a=10$；P→B 距离：$b=9$；A→B 距离：$c=4$。A→B（路线 P→A→B→P）的节约里程数为 $a+b-c=15$。

第三步，将节约里程数按大小顺序进行排列，如表 5-11 所示。

表 5-11　节约里程数排序表

序　号	连　接　点	节约里程数	序　号	连　接　点	节约里程数
1	A→B	15	3	B→C	11
2	A→J	13	4	C→D	10

序　号	连　接　点	节约里程数	序　号	连　接　点	节约里程数
5	D→E	10	15	H→I	5
6	A→I	9	16	A→D	4
7	E→F	9	17	B→I	4
8	I→J	9	18	F→H	4
9	A→C	8	19	B→E	3
10	B→J	8	20	D→F	3
11	B→D	7	21	G→I	2
12	C→E	6	22	C→J	1
13	F→G	5	23	E→G	1
14	G→H	5	24	F→I	1

第四步，按节约里程数排序表绘制配送路线。

① 初始方案：如图 5-16 所示，配送中心 P 向每个客户单独配送货物，共形成 10 条配送路线，总行驶里程为 148 千米，需要 10 辆额定载重量为 2 吨的货车（每位客户的货物量均不超过 2 吨）。

② 二次解：根据节约里程数顺序，将 A 与 B、A 与 J、B 与 C 连接起来，同时取消从 P 到 A 和 P 到 B 的直接配送路线，创建新的巡回配送路线 P→J→A→B→P（配送路线 I），如图 5-17 所示。该路线共装载 3.6 吨货物，行驶里程为 27 千米，需使用 1 辆额定载重量为 4 吨的货车。经过此优化后，总配送路线的行驶里程减少至 109 千米，需要 6 辆额定载重量为 2 吨的货车和 1 辆额定载重量为 4 吨的货车。

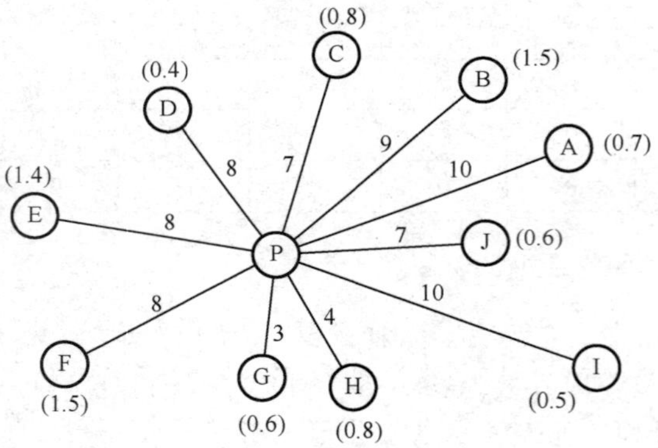

图 5-16　初始方案

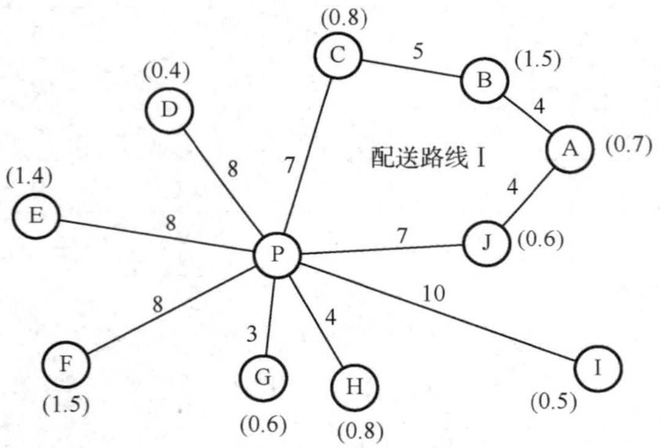

图 5-17　二次解

③ 三次解。根据节约里程数排序，下一步应考虑整合配送路线 C→D 和 D→E。尽管 C→D 和 D→E 都有可能并入已有的配送路线 I 中，但鉴于单车的载重量限制和为了保持配送路线的均衡性（例如，规定每次运行的最大距离不超过 30 千米），决定不再向配送路线 I 中增加客户。因此，选择连接 D→E，创建新的配送路线 II，即 P→D→E→P。该配送路线的装载重量为 1.8 吨，运行距离为 22 千米，需要 1 辆额定载重量为 2 吨的货车。经过这轮调整，配送路线总数减少至 6 条，总行程缩短至 99 千米，需要 5 辆额定载重量为 2 吨的

货车和 1 辆额定载重量为 4 吨的货车。

　　④ 四次解。根据节约里程数排序，接下来应考虑配送路线 A→I 和 E→F。鉴于客户 A 已被纳入配送路线 I，且该路线已达到客户承载极限，因此不考虑连接 A→I。转而将 E→F 纳入配送路线 II，并取消原有的配送路线 P→D 和 P→E，从而形成新的配送路线：P→D→E→F→P。新配送路线的装载量为 3.3 吨，运行距离为 29 千米，需要 1 辆额定载重量为 4 吨的货车。经过此次调整，配送路线总数减少至 5 条，总运行距离缩短至 90 千米，需要 3 辆额定载重量为 2 吨的货车和 2 辆额定载重量为 4 吨的货车。

　　⑤ 五次解。根据节约里程数排序，接下来要考虑配送路线为 I→J、A→C、B→D、C→E，但这些路线已被整合到配送路线 I 或 II 中，因此无法进一步合并以形成新的配送路线。可将配送路线 F→G 整合到配送路线 II 中，从而形成满载的配送路线 II：P→D→E→F→G→P。整合后配送路线 II 的装载量达到 3.9 吨，运行距离为 30 千米，依然需要 1 辆额定载重量为 4 吨的货车。经过此次调整，配送路线总数减少至 4 条，总行程缩减至 85 千米，需要 2 辆额定载重量为 2 吨的货车和 2 辆额定载重量为 4 吨的货车。

　　⑥ 最终解。根据节约里程数排序，下一步应考虑配送路线 G→H。然而，由于配送路线 II 的装载能力已达到上限，G→H 不能再并入配送路线 II。因此，选择连接 H→I 以形成新的配送路线III，如图 5-18 所示。配送路线III的装载量为 1.3 吨，运行距离为 23 千米。经过这次调整，配送路线总数为 3 条，总行程减少至 80 千米，需要 1 辆额定载重量为 2 吨的货车和 2 辆额定载重量为 4 吨的货车。最终确定的配送路线如下：

　　配送路线 I：P→J→A→B→C→P，需 1 辆额定载重量为 4 吨的货车。

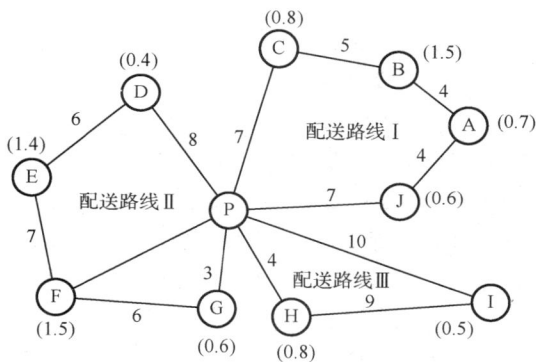

图 5-18　最终解

　　配送路线 II：P→D→E→F→G→P，需 1 辆额定载重量为 4 吨的货车。

　　配送路线III：P→H→I→P，需 1 辆额定载重量为 2 吨的货车。

　　（3）运用节约里程法时的注意事项。

　　① 该方法适宜于拥有固定客户群体的配送中心采用。

　　② 应努力实现各配送路线负荷的均衡分配。

　　③ 在选择具体路线时，必须将道路状况纳入考量。

　　④ 需兼顾驾驶员的工作和休息时间，同时满足客户对交货时间的要求。

　　⑤ 可以借助计算机软件进行相关计算，以直接获得优化结果。

3. 用扫描法确定配送路线

　　扫描法是由 Gillett 和 Miller 于 1974 年提出的一种用于求解车辆路线问题（Vehicle Routing Problem，VRP）的方法。该方法在运输路线设计中相对较为简单，工作人员可以通过手工计算得出结果。其基本思路是：先对客户进行分群，再为每个分群安排运输路线。应用此方法的前提条件是必须预先知晓物流中心或仓库的位置、所有站点的位置、可使用的车辆及客户的时间要求。具体步骤如下所示。

（1）在地图或方格图中明确仓库及所有站点的具体位置。

（2）从仓库出发，沿任意方向向外画一条直线，然后按顺时针或逆时针方向旋转该直线，直至与某个站点相交。如果该站点的货运量未达到车辆容量，则继续旋转直线，直至与下一个站点相交，并再次计算累计货运量是否超过车辆容量。若累计货运量超过车辆容量，则剔除最后一个相交的站点（此时也可以尝试反向旋转，以判断是否可以增加站点），并确定该路线。随后，从尚未包含在已确定路线中的站点开始，继续旋转直线以寻找新的路线，直至所有站点都被合理安排到不同路线中。

（3）根据时间最短或距离最短的原则，确定各路线上各站点的顺序。在排序过程中，可以参考"经验试探法"，也可以运用解决旅行商问题的节约算法。

扫描法适用的理想条件包括：各站点的货运量相对于车辆容量较小；所有车辆的容量相同；运输过程中没有时间限制，或者能够自行确定运送时间。

由于实际运输情况较为复杂，使用扫描法时需注意以下两点：①扫描的起点不同可能导致结果不同，因此，可通过多次重复操作并比较不同方案，以确定最终结果；②需考虑客户对运送时间的要求。在扫描得出的路线中，应排除无法满足客户时间要求的站点，随后重新进行扫描。

【例 5-7】某物流公司采用厢式货车前往客户站点取货，仓库及客户站点的分布如图 5-19 所示。图中数字表示各站点每日的货运量（单位为件）。已知公司厢式货车的最大容量为 8000 件，且取货时间在一天之内不受限制。若公司希望在一天之内完成全部取货任务，则需规划合理的运输路线及确定所需的车辆数量。

题解方法：依据扫描法的步骤，首先从仓库向北画一条直线，沿逆时针方向进行"扫描"，依次与不同站点相交，使各站点的货运量之和接近或达到一辆车 8000 件的容量，但不得超过该限制。确定相应的取货路线，并使其呈现泪滴状。随后，按照相同方法依次找出其他取货路线，如图 5-20 所示。

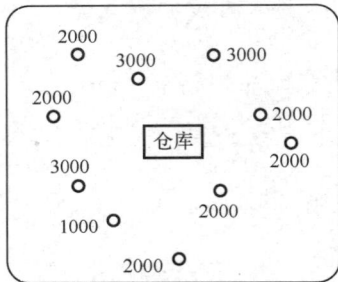

图 5-19　某物流公司仓库及客户站点的分布　　图 5-20　某物流公司取货路线

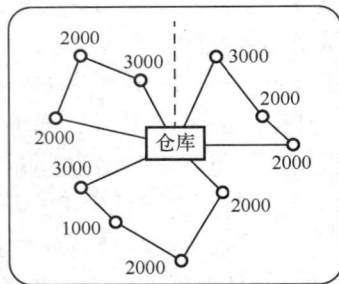

应用案例

某烟草公司配送路线的优化措施

某烟草公司针对原有配送路线不合理、配送效率低下及成本过高的问题，采取了以下优化措施。

（1）以全局视角优化配送区域。企业配送中心在划分配送区域时，突破了传统的行政区域划分标准，结合该地区的实际经济状况和订单数量，将其划分为一级配送区域和二级配送区域，确保区域内客户订单量保持均衡，并使配送车辆的总里程达到最优。

（2）优化配送车辆配置。针对优化模型求解结果中出现的装载量低于车辆载重的情况，烟草公司通过租赁或转卖的方式适当减少现有车辆数量，并购置不同型号的配送车辆，以提高装载率。

（3）优化配送路线。在确定配送路线时，综合考虑客户分布、道路状况、产品需求量等因素，以实现配送车辆装载量的最优化，避免配送路线重复，并充分利用现代化技术手段优化车辆装载、配送路线和资源配置。

本章实训

（1）实训项目：企业配送需求计划的编制。

（2）实训目的：通过模拟仓库作业流程，熟悉和掌握配送需求计划的编制方法。

（3）实训内容：①选择制造企业，调查企业仓库货物及配送方面的资料，并进行整理；②根据调查资料，选择和确定合适的库存产品种类；③针对所选产品，汇总相关数据，如需求数量、在途产品数量等；④利用系统软件或手工进行计算，确定各种产品订货计划。

（4）实训要求：明确实训活动的目的及任务；学生按 4～6 人进行分组；每组制订实训活动计划方案；确定实训活动的进度安排；最后上交实训报告。

（5）实训考核：要求每组写出实训活动报告；对各组实训情况进行评价。

复习思考题

1. 单项选择题

（1）（　　）是指针对未来一定时期内，对已知客户需求进行前期的配送规划，便于对车辆、人员、支出等作统筹安排，以满足客户的需要。

A. 配送主计划　　　　　　　　　　B. 特别配送计划

C. 每日配送计划　　　　　　　　　D. 配送作业计划

（2）（　　）是指针对突发事件或者不在主计划规划范围内的配送业务，或者不影响正常性每日配送业务所作的计划。它是配送主计划和每日配送计划的必要补充。

A. 配送主计划　　　　　　　　　　B. 特别配送计划

C. 每日配送计划　　　　　　　　　D. 配送作业计划

（3）（　　）是指制定行车路线，使车辆在满足一定的约束条件下，有序地通过一系列装货点和卸货点，达到诸如路程最短、费用最小、耗时最少等目的。

A. 配送作业计划　　　　　　　　　B. 配送主计划

C. 车辆调度　　　　　　　　　　　D. 车辆积载

（4）（　　）是指对货物在车辆上的配置与堆装方式做出合理安排，即在配载的基础上根据装货清单确定货物在各货仓、货箱、隔层仓的品种、数量及堆码位置及正确的堆装工艺。

A. 车辆调度　　　　B. 车辆装卸　　　　C. 配送计划　　　　D. 车辆积载

2．多项选择题

（1）配送计划的内容包括（　　　　）。

A．路网结构的选择 　　　　　　　B．时间范围的确定

C．配送预算 　　　　　　　　　　D．与客户作业层面的衔接

（2）影响配送计划制订的因素有（　　　　）。

A．配送货物特点、数量 　　　　　B．配送成本及服务水平

C．客户特点 　　　　　　　　　　D．配送需求

（3）配送车辆调度的基本要求包括（　　　　）。

A．坚持从全局利益出发，确保局部利益服从全局利益

B．以最低资源（运力）投入和获得最大效益为基本原则

C．就近派车，就近收车

D．坚持统一领导和指挥，实行分级管理

（4）车辆调度的具体要求包括（　　　　）。

A．宁打乱少数计划，也不打乱多数计划

B．以均衡和超额完成生产计划任务为出发点

C．尽量减少空驶里程

D．就近派车，就近收车

（5）提高车辆积载水平的具体措施包括（　　　　）。

A．合理安排装载顺序 　　　　　　B．选择合适车型

C．尽可能拼装运输 　　　　　　　D．考点道路状态

3．问答题

（1）简述配送计划制订的步骤。

（2）试述 DRP 的含义及原理。

（3）实施 DRP 的条件和措施是什么？

（4）车辆积载的要求是什么？

（5）简述提高车辆积载水平的具体措施。

4．计算及应用题

（1）某配送中心的甲商品库存资料如下：当前库存量为 1000 个，安全库存为 400 个，每周需求量为 160～240 个（具体数据如表 5-12 所示）。订货到货周期为 2 周，订货批量为600 个。请根据甲商品的相关资料编制 DRP 明细表。

表 5-12　某配送中心的甲商品 DRP 明细表

预测时间周期/周	1	2	3	4	5	6	7	8
预测需求数/个	200	240	180	220	240	200	160	240
在途存货数量/个	200							
预计现有库存数量/个（1000）								
计划订货数量/个								

（2）根据下面给定的交通图（见图 5-21）和物资调运表（见表 5-13），运用图上作业法做出运量调运安排。

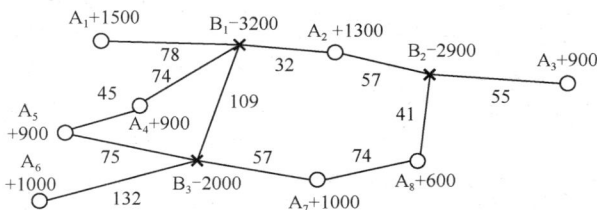

图 5-21 交通图

表 5-13 物资调运表

单位：个

装 货 点	卸 货 点	运 量	装 货 点	卸 货 点	运 量
A_7	B_1	900	A_1	B_1	500
A_7	B_3	100	A_4	B_1	900
A_6	B_3	1000	A_8	B_2	600
A_5	B_3	900	A_3	B_1	900
A_1	B_2	1000	A_2	B_2	1300

（3）某公司安排运输 A 和 B 两种货物。A 货物的单位体积重量为 150 千克/立方米，单位体积为 1.5 立方米/件；B 货物的单位体积重量为 200 千克/立方米，单位体积为 0.8 立方米/件。运输车辆的载重量为 2600 千克，最大容积为 16 立方米。为实现最佳配装，需确定应装载 A、B 各多少件。

（4）图 5-22 为某配送中心与用户位置示意图。图中连线上的数字表示公路里程（单位：千米），括号中的数字表示用户对货物的需求量（单位：吨）。图 5-23 显示了配送中心与用户之间的距离。配送中心备有 2 吨和 4 吨载重量的汽车，且汽车一次巡回行驶里程不能超过 30 千米。现需求解该配送中心的满意送货方案。

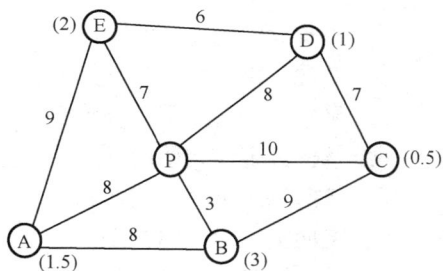

图 5-22 某配送中心与用户位置示意图

	P				
A	8	A			
B	3	8	B		
C	10	17	9	C	
D	8	15	11	7	D
E	7	9	10	13	6	E

图 5-23 配送中心与用户之间的距离

第 6 章

仓库规划及设备管理

仓库规划及设备管理是企业仓储规划的重要组成部分。仓库规划是指在特定区域或库区内，对仓库的规模、平面布局、货区、货位等要素进行科学规划和整体设计。设备管理则是指对仓库内部设备的技术配置、选择及维护活动。仓库规划及设备管理的任务是为企业仓储管理活动提供所需的设施设备条件。本章重点阐述仓库内部平面布局规划、仓库规模的确定、库内货区布局规划，以及仓储和配送设备的配置与选择。

本章学习目标

1. 了解仓库功能分区；
2. 掌握仓库平面布局规划的方法；
3. 掌握根据客户需求确定仓库规模的方法；
4. 掌握确定库内区域面积的方法；
5. 掌握货区平面布局形式；
6. 掌握货位编码的方法；
7. 掌握储存设备选择的影响因素；
8. 掌握托盘的选择方法；
9. 掌握确定装卸设备类型及数量的方法；
10. 掌握常见叉车的选择方法。

导入案例

某公司北京市仓库布局和库位安排的问题分析

某公司北京市仓储中心仓库主体长 72.5 米，宽 68.5 米；二层部分长 30 米，宽 14 米。该公司商品主要分为服装、包、鞋三类。其中，包和鞋两类商品分别存放在包区和鞋区，采用地堆式存放；货架区域则主要用于存放服装类商品。此外，还有小部分区域用于存放电子商务商品及低库存量商品。从现有布局来看，整体空间利用率不足。库房灯下高度为 6.5 米，可用高度为 6 米。除左下角的阁楼货架区为两层外，其他大部分存储区仅为一层，实际使用高度平均为 2.2 米。货架均为单排摆放，未采用背靠背方式。货架区内通道宽度不一，部分通道宽达 3 米，而另一些通道仅为 1.5 米。包区和鞋区采用平地码放方式，未使用货架存储，且码放过高。同一托盘上的货物捆扎不牢固，这不仅不利于物流操作，还存在严重的安全隐患。通过实地调研发现，该公司库位管理情况不容乐观。货品摆放仅依据品类分区。货架后方区域用于摆放整箱货物以便于补货，导致部分货架后方区域货物堆积严重，而另一些货架后方区域则长时间闲置。此外，该公司操作人员在拿到配货单后，仅按照配货单所列顺序进行拣货，缺乏拣货路线设计，致使拣货过程中存在大量不必要的来回走动，拣货效率低下。目前，该公司尚未建立信息系统对库位进行管理。

❓ 案例思考题

（1）结合案例说明该公司仓库平面布局需要考虑哪些因素。

（2）结合案例说明该公司仓库货区平面布局应遵循哪些原则。

6.1　仓库平面布局规划

仓库平面布局规划是依据仓库内部场地条件、业务性质与规模、货物储存要求以及设备性能和使用特点等因素，对储存空间、作业区域、站台、通道及办公区域等进行合理安排与布置。其目的是最大限度地提升仓库的储存与作业能力，同时降低仓储作业的各项费用。

6.1.1　仓库功能分区

由于不同仓库的特点及任务存在差异，其内部作业流程及功能可能不完全相同，因此其内部分区也不尽相同。一般而言，仓库的功能分区通常包括收货区、储存区、理货区、发货区、加工区、退货区、设备存放及维护区、废物区、管理区和辅助服务区等。

1．收货区

收货区是用于收货、验货、卸货及搬运的场所。在此区域，工作人员需完成接收货物的任务以及货物入库前的准备工作，如入库登记和验货操作等。由于货物在收货区停留时间较短且处于流动状态，因此收货区的面积相对较小。其主要设备包括卸货站台、验货场区和卸货工具，并设有叉车回转空间，以便于叉车进行卸货作业。

2．储存区

储存区是用于保管暂时无须配送或作为安全储备的货物的场所，主要存放批量较大或周转率较低的货物。储存区通常分为暂时储存区和常规储存区。由于货物需在该区域内停留一段时间并占用一定空间，因此储存区的面积相对较大。在有大批量订单需求时，拣货作业也可直接在储存区内进行。储存区一般建有专用仓库或立体仓库，并配备多层货架以及用于集装单元化的托盘、叉车和吊车等储存与搬运设备。

3．理货区

理货区是用于进行拣货和配货作业的场所。货物在此被分为直接分拣配送、待加工、入库储存以及不合格需清退的货物，并分别送往不同的功能区。理货区的面积大小通常因配送中心的类型而异。对于分拣和配货工作量较大，即多客户、小批量、多批次的配送中心，其理货区域的面积相对较大；而对于机械化程度较高的配送中心，其理货区域的面积则相对较小。理货区的主要设备包括手推载货车、重力式货架、回转式货架、传送装置及自动分拣设备等。

4. 发货区

发货区是工作人员将已组配好的货物装车外运的作业区域。发货区与收货区的设备较为相似，主要包括供载货车辆停靠的站台、叉车等装卸工具。二者的主要区别在于，发货区位于整个作业区的末端，而收货区则位于首端。

5. 加工区

加工区是用于进行必要的生产性和流通性加工的场所，主要开展分装、包装、贴标签等各种加工增值活动。该区域可根据需要配备不同类型的专业加工设备，也可仅作为手工加工的作业区域。其面积大小会因加工类型的不同而存在显著差异。

6. 退货区

退货区是配送中心用于处理良品、次品或废品的作业场所。这些物品通常需等待厂商送货时，一并退还给厂商进行验证。

7. 设备存放及维护区

设备存放及维护区是用于存放叉车、托盘等设备及进行设备维护（如充电、充气等）的场所。

8. 废物区

废物区是用于清理或回收利用废弃包装物（如塑料袋、纸袋、纸箱等）、破碎货物、变质货物、加工残屑等废料的场所。

9. 管理区

管理区是用于指挥和协调作业运营的区域，也是员工处理行政工作与管理业务的场所。对外，管理区负责收集和汇总各类信息，并据此做出相应决策；对内，则负责协调和组织各项活动，指挥调度各部门人员完成仓储与配送业务。管理区通常包括办公室、档案室、会议室、简报室、会客室等。

10. 辅助服务区

辅助服务区是为员工提供饮食、休息、盥洗、接待及娱乐等服务的区域，主要包括盥洗室、员工休息室、衣帽间、医务室和员工餐厅等。

6.1.2 仓库平面布局的基本原则

1. 以系统化思想为指导

应以系统化思想为指导，将整个仓库的各功能区域视为系统的重要组成部分，将各作业环节视为供应链的关键环节之一。

2．便于储存保管

仓库的基本功能是对货物进行储存与保管。总体布局应为货物保管创造良好的环境，并提供适宜的条件。

3．合理设计作业流程

存储区域的布置应依据仓库作业流程，确保相关作业的便利性；尽可能缩短搬运距离，避免逆向操作及大幅度改变方向的低效率作业，防止重复装卸搬运、迂回运输，避免交通拥堵；杜绝各种无效重复工作和时间延误，确保各项作业环节有机衔接，防止物资积压。

4．合理利用空间

最大限度地减少用地，充分高效利用仓库面积；尽可能利用仓库的高度，有效提升仓库的容积利用率。在物料搬运设备的尺寸、类型及转弯半径的限制条件下，尽量减少通道所占用的空间。

5．节省投资成本

仓库中的延伸性设施，如供电、供水、排水、供暖、通信等，对基建投资和运行费用影响较大，因此应尽可能集中布置。

6．注重仓库安全

存储区域的布置应有利于整个仓库的安全，包括物资、人员、设施和设备的安全，涵盖防火、防洪、防盗、防爆等方面。总体布局必须符合安全保卫和消防工作的要求。

7．柔性化

在生产经营过程中，企业所处的市场环境可能会发生变化，这些变化可能导致仓储货物的品种、规格和经营规模发生改变。因此，在规划时，应注重仓库平面布局及设备技术的柔性，并为仓储规模的变化预留空间，以适应未来可能的变化。

知识链接

企业管理中的柔性

在企业管理中，柔性是指企业能够快速且低成本地从提供一种产品或服务转换为提供另一种产品或服务的能力，也是企业经济且快速地响应环境变化的能力，即企业对不断变化的环境的适应性。企业组织的柔性不仅体现在组织机构的柔性上，还体现在管理、设备、技术等多个方面，具体表现为柔性组织、柔性管理、柔性设备和柔性技术等。例如，柔性生产（制造）是指企业的生产组织形式和制造设备能够很好地适应不同加工任务（工件）的要求；柔性物流则是指企业的物流系统或物流管理能够更好地应对市场需求的不断变化、不同客户以及客户需求的变化。

6.1.3　仓库平面布局规划的方法

仓库平面布局规划有多种不同的方法，这里重点介绍系统布置设计（Systematic Layout Planning，SLP）方法。SLP 最初应用于工厂设计，目前也应用于仓库及配送中心的系统布置中。SLP 的一般程序如图 6-1 所示。

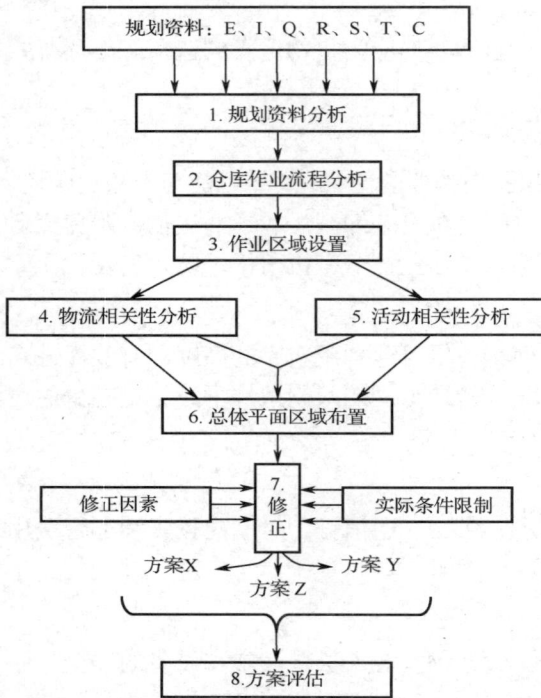

图 6-1　SLP 的一般程序

1．规划资料及其分析

规划资料主要包括：E（Entry，配送对象或客户），I（Item，配送货物种类），Q（Quantity，配送货物数量或库存量），R（Route，配送路线），S（Service，配送或物流服务水平），T（Time，配送交货时间），C（Cost，配送货物价值或建造成本）。

2．仓库作业流程分析

仓库的主要作业流程包括入库、仓储、拣取、配货、出货和配送等环节。部分仓库还涉及流通加工、贴标签、包装及退货等作业。在进行布置规划时，应首先将具有相同作业流程的货物归为一类（如 A、B、C、D、E、F 等，见表 6-1 第一栏），并分析每类货物的作业流程，编制仓库作业流程表（见表 6-1）。表中用数字 1、2、3……标明了每类货物的作业顺序。

表 6-1　仓库作业流程表

作业类别	A	B	C	D
收货区	1	1	1	1
理货区	2	2	2	2
分类区	3	4	4	/
加工区	/	/	3	/
储存区	/	3	/	/
特殊作业	/	/	/	3
配送	4	5	4	4
物流量	/	/	/	/

3．作业区域设置

仓库的作业区域主要分为物流作业区和外围辅助活动区。物流作业区的作业内容包括装卸货物、入库、订单拣取、出库和出货等，这些作业通常与物流密切相关；而外围辅助活动区则包括办公室、计算机室、维修间等，这些区域与业务活动密切相关。仓库的主要作业区域涵盖收货区、验收区、分类区、加工区、储存区、理货区、配货区、发货区、办公区、计算机管理监控区、劳务性活动区和维修区等。

（1）能力需求分析。在明确所需作业区域之后，应依据各项基础需求分析资料，确定各作业区域的基本运行能力。下面以理货区为例说明如何进行区域运行能力规划。

（2）理货区的运行能力规划。在规划仓库理货区的运行能力时，需注意储存区的容量应能满足一定时期（厂商送货期间）内的出货量需求。因此，必须综合考虑货物的进出特性及处理量。理货区的规划应以单日出货货物所需的拣货作业空间为主，以货物品种数及作业面为主要考虑因素。通常情况下，理货区的规划无须涵盖当日全部出货量，当理货区货物不足时，由储存区进行补货。其规模计算的原则及方法如下：

① 估算货物的年出货量。将仓库的各种进出货物换算为相同拣货单位的拣货量，并估算各货物的年出货量。若货物特性差异较大或基本储运单位不同，可分别进行计算。

② 估算货物的出货天数。按各种货物估算其年出货天数。

③ 计算货物平均出货天数的出货量。将各种货物的年出货量除以其年出货天数。

④ ABC 分析。对出货量进行 IQ 分析并进行 ABC 分类，针对各种货物制定相应的理货区存量标准。将各种货物的存量乘以该类货物的品种数，即可得出理货区储运量的初步估算值。

（3）仓库区域面积的规划。各功能区域面积的确定与区域的功能、作业方式、所配备的设施和设备以及物流量等因素密切相关，需分别进行详细计算。例如，储存区面积的大小与储存区所采用的具体储存方法、储存设备和作业设备密切相关。常见的储存方法包括地面堆码、货架存放、自动化仓库等，应根据确定的总仓储能力计算所需的面积或空间。

4．物流相关性分析

物流相关性分析是对仓库各区域间的物流量进行分析，通过物流强度和物流相关表来表示各功能区域之间物流关系的强弱，从而确定各区域的物流相关程度。

物流量分析则是汇总各种物流作业活动从某一区域至另一区域的物料流量，并填写仓库物流量分析表（见表 6-2），以此作为分析各区域间物料流量大小的依据。若不同物流作业在各区域之间的物料搬运单位不同，则必须先将其转换为相同的单位，再合并计算其物流量的总和。

表 6-2　仓库物流量分析表

	收货区	验收区	分类区	加工区	储存区	理货区	配货区	发货区	合计
收货区									
验收区									
分类区									
加工区									
储存区									
理货区									
配货区									
发货区									
合计									

根据各区域间物流量的大小，将其相关性分为五个级别，分别用 A、E、I、O、U 表示。其中，A 表示超大，E 表示较高，I 表示一般，O 表示较小，U 表示可忽略。据此，可以编

制各区域物流相关表，如表 6-3 所示。

表 6-3　各区域物流相关表

	收货区	验收区	分类区	加工区	储存区	理货区	配货区	发货区
收货区								
验收区	A							
分类区	I	I						
加工区	U	O	U					
储存区	U	A	E	E				
理货区	U	O	I	O	U			
配货区	U	U	A	I	E	O		
发货区	U	U	U	U	U	U	U	

注：A，E，I，O，U 表示物流相关性。

5．活动相关性分析

仓库内除了与物流相关的功能区域，还存在许多与物流无关的管理或辅助性功能区域。尽管这些区域本身不直接涉及物流活动，但它们与其他区域之间存在着密切的业务联系，因此需要对所有区域进行物流活动相关性分析，形成活动相关表，以确定各区域之间的关联程度。

各作业区域间的活动相关性可从以下几方面进行考量。

（1）程序性关系，即因物料流、信息流而形成的关系，如人员往返接触的频率、文件传递的频次等。

（2）组织与管理上的关系，同一部门的区域宜紧密布置。

（3）功能上的关系，即区域间因功能需求而形成的关系，相同功能的区域应尽量紧密布置。

（4）环境上的关系，因操作环境或安全需求而需保持区域的关联。

根据上述相关要素，对任意两个区域的相关性进行评价，通常将区域间的相关程度分为六个等级，分别为 A（绝对重要）、E（特别重要）、I（重要）、O（一般）、U（不重要）、X（不宜靠近）。在确定各要素的接近程度等级后，可采用加权平均的方法计算两区域间的相关程度。

在布局规划中，相关程度高的区域应尽量紧邻或靠近布置，而相关程度低的区域则应避免靠近。在规划过程中，规划设计者应根据使用单位或企业经营者的意见，进行综合分析和判断。

6．总体平面区域布置

仓库的总体平面区域布置方法主要有两种，分别是流程性布置法和活动相关性布置法。流程性布置法以物流移动路线和物流相关表为主要依据，适用于物流作业区域的布置；活动相关性布置法则是根据各区域的综合相关表进行区域布置，通常用于整个仓库或辅助性区域的布置。

仓库的总体平面区域布置可以通过以下几种方式实现：一是直接采用绘图方法绘制平面布置图；二是将各功能区域按面积制成相应的卡片，在仓库总面积图上进行摆放，以寻找合理的布局方案；三是利用计算机辅助平面区域布置技术进行平面布置。平面布置通常会生成多种方案，最终通过综合比较和评价，选择一个最佳方案。

仓库的总体平面区域布置的方法和步骤如下所示。

（1）物流作业区域的布置。

① 确定仓库的外部连接道路、进出口方位及厂区的整体布置方式。

② 确定仓库的空间范围、大小及长宽比例。

③ 确定仓库内从进货到出货的主要物流路线，并决定其物流模式，如 U 形、双排形等。

④ 根据物流相关表和物流路线布置各区域的位置。首先将面积较大且长宽比例不易变动的区域（如自动化仓库、分类输送机等作业区）置入建筑平面内；然后根据物流相关表中物流相关强度的大小，安排其他区域的布置。

（2）通常情况下，仓库办公区采用集中式布置，并与储存区进行分隔。鉴于当前多数仓库的储存区广泛采用立体化设备，其高度需求与办公区存在差异，因此办公区的布置应进一步考虑空间的有效利用，如采用多层办公楼、单独占用某一楼层，或利用收发货区上层空间等方式。

办公区的布置方法如下：首先选择与各部门活动相关性最高的部门区域先行置入规划范围，然后依据活动相关表，按照与已置入区域关系的重要程度，由高到低依次将其他区域置入布置范围。

（3）确定各种布置组合。依据物流相关表和活动相关表，探讨各种可能的区域布置组合方案。

按照上述方法，可以逐步完成各区域的初步布置。随后，将各区域的面积置入其相对位置，并进行适当调整，以减少区域之间的重叠或空隙，从而得到面积相关布置图。最终，在确定并调整部分作业区域的面积或长宽比例后，即可得到作业区域布置图，如图 6-2 所示。

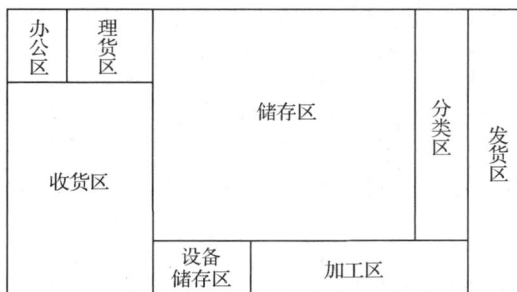

图 6-2　某公司仓库作业区域布置图

7. 修正

经过上述规划分析，得到了仓库作业区域布置的草图，但最终还需根据一些实际限制条件进行必要的修正与调整。这些因素和条件包括：

（1）仓库面积与土地面积的比例，如仓库建筑覆盖率、容积率、绿地与环境保护空间的比例及其限制等。

（2）仓库建筑的特性，如建筑造型、长宽比例、柱位间距、梁高等方面的限制或需求。

（3）法规限制，如土地建筑法规、环保卫生安全相关法规、劳动法等。

（4）交通出入限制，如交通出入口位置及所在区域的特殊限制等。

（5）其他因素，如经费预算限制、政策配合要求等。

8．方案评估

在系统规划设计阶段，通常需要针对不同的物流设施进行选择，分别制订区域布置的备选方案。随后，通过对各个备选方案进行比较评估，从中选择一个最优方案。或者在对备选方案进行评估之后，将备选方案进行整合，形成一个最优方案。

应用案例

某公司仓库平面布局调整及工艺布局优化

某公司焊材仓库原存在设施不完善、功能不健全、布局不合理等问题，焊条和焊丝等产品的存放库位设置也不合理，导致库内材料积压、混乱。针对这些问题，公司进行了管理创新，对仓库的平面布局及工艺布局进行了优化。具体的实施方案如表6-4所示。

表 6-4 仓库平面布局及工艺布局优化的实施方案

目标	工作内容	需求设备	需要人员	需要配合部门及内容	时间
新、旧焊材库平面布局调整	1．将旧焊材、焊带、焊剂转移至新材料库 2．将旧焊材库内现有小货架上的焊材转移后，拆除旧货架，并安装新货架 3．将暂存于综合库内的焊条转回旧焊材库，上架摆放，并建立卡片和账目 4．将拆卸的旧焊材库的货架倒运至物管部老办公室，并根据需要进行安装	电瓶叉车、柴油叉车、综合库行车、木工房的电锯等工具	保管员、起重工、叉车工、民工（包括木工）	采购部：小货架供应商按要求把货架安装到位	大约需要 5 个工作日
综合库整顿	1．对综合库左侧 10 吨金属材料进行全面清理，按照分类要求将其倒运至金属材料库或露天堆场，并打通库内的安全通道 2．对综合库右侧 32 吨尚未入库的物资（主要是焊材）进行清理、分区，并按照要求整齐堆放 3．将新焊材库与车间连接通道内东锅转的岭澳二期剩余焊材全部转移到江边板房，并按照要求整齐堆放	电瓶叉车、柴油叉车、综合库行车、木工房的电锯等工具、金属库行车、汽车吊	保管员、起重工、叉车工、民工（包括木工）		大约需要 9 个工作日

在实施过程中，将方案的实施与物流优化相结合，并与质量管理要求相衔接，加强了过程控制，取得了显著成效。首先，实现了材料堆放有序、堆码整齐，焊材库的整体面貌焕然一新；其次，将货架层数从 6 层减少到 4 层，提高了空间利用率和工作效率；再次，确保了焊材存放的温湿度控制达到要求，满足了焊材管理的质量标准；最后，彻底解决了综合库物资堵塞、物流不畅的问题。

6.2　仓库规模的确定

仓库规模是指仓库能够容纳货物的最大数量或货物的总面积与总体积。货物储存量是影响仓库规模的直接因素。仓库规模设计需依据仓库的业务性质、场地条件、储存货物的特性及仓储技术条件等因素，对仓库的主要建筑物、辅助建筑物、构筑物、货场、站台等固定设施及库内运输路线进行总体安排与配置，以最大限度地提升仓库的储存和作业能力，降低仓储作业成本，更有效地发挥仓库在物流过程中的作用。

6.2.1　仓库规模规划的要求及影响因素

在选定仓库建设地点后，需进一步确定仓库的规模。通常情况下，确定仓库规模可参考《通用仓库等级》（GB/T 21072—2021）和《物流建筑设计规范》（GB 51157—2016）。然而，企业在确定仓库规模时，还需综合考虑多方面的因素。

1．仓库规模规划的要求

通常情况下，设施总规模与仓库的服务能力呈正相关关系，即设施总规模越大，仓储和配送服务能力越强。仓库存在库房设施、机械设备等固定投入，使得企业的总成本中包含大量的固定成本。如果仓储和配送作业设备的机械化程度较高，则可变成本会相对较低。仓库使用中的季节性变化会导致利用率时高时低，在利用率较低的时期，由于存在闲置的仓储空间和富余的劳动力，可变成本会显著增加。有限的仓储空间饱和也会导致可变成本上升，原因在于物料搬运效率降低，储存货物的破损增多。因此，相关成本水平取决于仓库的利用程度及仓库吞吐量波动带来的不经济程度。一般来说，仓库规模与单位成本之间的关系是：在初始阶段，随着作业规模的不断扩大，成本会不断降低，这主要是由于规模经济效应；当设施达到一定规模后继续扩大，成本则会随着规模的扩大而上升，因为此时出现了规模不经济现象。因此，仓库规模规划应兼顾设施的规模和服务能力，找到既经济又服务质量高的最佳平衡点。

知识链接

通用仓库等级划分标准和物流建筑规模等级

根据国家市场监督管理总局及国家标准化管理委员会于 2021 年发布的《通用仓库等级》（GB/T 21072—2021），通用仓库共划分为 5 个等级，其中一星级为最低等级，五星级为最高等级。通用仓库的面积划分标准为：一星级、二星级仓库的总建筑面积应不小于 5000 平方米；三星级、四星级、五星级仓库的总建筑面积应不小于 10000 平方米。

根据国家住房和城乡建设部批准施行的《物流建筑设计规范》（GB 51157—2016），物流建筑规模等级划分为四个等级，分别为超大型、大型、中型和小型，具体划分标准如表 6-5 所示。

表 6-5　物流建筑规模等级划分

规模等级	单体物流建筑的建筑面积 A/平方米		物流建筑群的占地面积 S/平方千米
	存储型物流建筑	作业型、综合型物流建筑	
超大型	A>100000	A>150000	S>5
大型	20000<A≤100000	40000<A≤150000	2<S≤5
中型	5000<A≤20000	10000<A≤40000	1<S≤2
小型	A≤5000	A≤10000	S≤1

2. 影响仓库规模大小的因素

（1）货物储备量。货物储备量是指仓库根据物流服务市场需求核定的经常性储备量，涵盖库房、料棚、料场等整个仓库范围。

（2）平均库存量。平均库存量是指在一定时期内，实际储存于仓库中的货物的平均数量。平均库存量的大小决定了所需储存面积的大小。

（3）仓库吞吐量。仓库吞吐量反映了仓库实际出入库的货物量，与仓库面积呈正相关关系。吞吐量越大，仓库面积需求越大；反之则越小。

（4）货物品种数。在货物总量一定的情况下，货物品种数越多，所占货位越多，收发区越大，所需仓库面积也越大。

（5）仓库作业方式。最常用的仓库作业方式是机械化作业，这种方式需要相应的作业空间，且与货物收发制度密切相关。

（6）仓储及物流服务项目。如果仓储企业增加配送、流通加工等物流服务项目，就需要相应增加仓库面积。

（7）平均在库时间。在年供应量一定的情况下，平均在库时间越短，说明货物在库周转越快，在库货物越少，所需仓库面积越小。

（8）仓储设施状况。仓库内部区域大小、堆垛高度、通道作业宽度、转弯半径、地板承载能力、库房净空高度及仓库设备（主要包括料架、料仓、托盘等保管设备，装卸搬运设备，检斤设备等）的类型、功能、数量等，均对仓库面积产生影响。

（9）库区和库内的平面布局。库区的整体平面布局是否合理，直接影响库区的总面积。在确保足够的防火间距和各项作业顺利进行的前提下，对仓库建筑物进行紧凑布置，可以减少库区面积的占用。

（10）仓库储存策略。仓库选择的储存策略（如分区分类储存、随机储存等）决定了储存空间中无效占用面积的大小（如堆垛中的蜂窝损失），从而在很大程度上影响仓储面积的大小。

6.2.2　仓库面积和容积相关指标

仓储面积和容积是影响仓库规模及仓储能力的重要因素，主要通过以下指标来反映仓库面积和容积的规模及能力。

1. 仓库总面积

仓库总面积是指从仓库外墙线起算，整个围墙内所占的全部面积。如果墙外还设有仓库的生活区、行政区或库外专用线，则这些区域也应计入总面积之内。

2．仓库建筑面积

仓库建筑面积是指仓库建筑结构的实际占地面积，以仓库外墙线所围成的平面面积进行计量。对于多层仓库，其建筑面积为各层平面面积之和。

3．仓库使用面积

仓库使用面积是指从仓库建筑面积中扣除外墙、内柱、间隔墙、楼梯等无法利用的面积后的部分。

4．仓库有效面积

仓库有效面积是指从仓库使用面积中扣除办公区域、墙距、主通道及备料等区域后的面积。这一面积主要用于存放货物或进行仓储作业，包括实际存放货物的区域及货垛、货架之间通道等所占用的面积。

5．仓库实用面积

仓库实用面积是指实际用于存放货物的堆垛或货架所占用的面积，即从仓库有效面积中扣除货垛之间和货架之间通道面积后所剩余的部分。

6．仓容

仓容是指仓库能够存放货物的最大数量，通常以重量单位（吨）表示。仓容的大小取决于仓库的面积、单位面积承载货物重量的能力及货物的安全要求等因素。

7．仓库有效容积

仓库有效容积是指仓库有效面积与有效平均高度的乘积。传统的仓容指标由于与库房高度关系不大，因此无法很好地反映库房容积的利用情况。随着高平房仓库及立体仓库的广泛应用，仅靠面积利用指标已无法完全反映仓库的综合技术经济水平。仓库有效容积则用于描述仓库的立体储存能力和利用情况。

8．仓库面积利用系数

仓库面积利用系数与储存货物的品种规格、繁杂程度、仓库布局、建筑物的跨度和长度及仓储设备等因素有关，其中影响最大的是仓库内部通道的宽度。仓库面积利用系数反映了仓库使用面积的利用程度，其计算公式为：

仓库面积利用系数=有效面积÷使用面积

9．仓库有效面积利用系数

仓库有效面积利用系数反映了仓库有效面积的利用程度，其计算公式为：

仓库有效面积利用系数=实用面积÷有效面积

10．库房高度利用率

库房高度利用率是衡量库房空间高度有效利用程度的指标，其计算公式为：

库房高度利用率=货垛或货架平均高度÷库房有效高度×100%

这一指标与仓库面积利用系数的作用相同，均用于衡量仓库的有效利用程度。

6.2.3　根据客户需求确定仓库规模

确定仓库规模有多种方法，以下主要介绍基于客户需求来确定仓库规模的方法。该方法既可用于企业设立时的仓库初始设计，也可用于库内区域的规划与设计。

1. 测定配送量和商品储量

仓库的配送量和商品储量直接受企业各店铺商品经营量的影响，商品经营量越大，所需的仓库规模也越大。在确定总规模之前，应根据同类店铺的销售量计算出单位面积的销售量，再统计各店铺的销售面积，从而得出总的销售规模，即仓库储运商品的总量。在此基础上，还需考虑销售量的增长变化情况，并在原有基础上增加一个修正系数。其计算公式为：

$$Q = (1+\delta)\,ps$$

式中，Q 为商品总储存量；δ 为销售量增长变化的修正系数（一般大于 0）；p 为单位面积销售量；s 为各店铺总的营业面积。

在计算出总量后，综合考虑商品流转速度、单位配送面积的配送率及周转率等因素，确定仓库与店铺总面积的规模比例，进而确定仓库的总面积。例如，法国家乐福集团的一个 2 万平方米的配送中心，负责约 20 家超级市场的商品配送任务。这 20 家超级市场的店铺总面积约为 20 万平方米，即配送中心与店铺总面积的规模比例约为 1 : 10。

2. 确定平均商品储存量

商品的周转速度会直接影响其在仓库中的停留时间。如果周转速度慢，意味着商品占据仓库空间的时间更长，因此需要的仓库规模更大；反之，如果周转速度快，则需要的仓库规模相对较小。因此，需要确定平均商品储存量。其计算公式为：

$$\overline{Q} = \frac{Q}{T}$$

式中，$\overline{Q}$ 为平均商品储存量；Q 为商品总储存量；T 为平均周转次数。

对于某些季节性商品，不同时间段的商品储存量可能会有较大波动。在这种情况下，平均商品储存量可能无法准确反映储存空间的实际需求，需要进一步分析商品储存量在全年各时期的分布情况，尤其是储存高峰时期商品储存空间的需求情况。

3. 确定仓库储存空间需求量

在确定平均商品储存量后，要计算仓库储存空间需求量，其计算公式为：

$$P = \overline{Q}q$$

式中，P 为仓库储存空间需求量；q 为平均商品占有空间。

4. 确定仓库储存面积

在储存空间固定的情况下，所需储存面积的大小取决于仓库允许的商品堆码高度。根据商品的性能、包装、仓库的建筑构造及设备的配备情况，可以确定商品平均堆码高度，进而确定仓库储存面积（实用面积）。其计算公式为：

$$S_t = \frac{P}{H}$$

式中，S_t 为仓库储存面积；H 为商品平均堆码高度。

5. 确定所需仓库面积

除了用于储存商品的面积，仓库还需要额外的辅助储存面积。在综合考虑各种因素的基础上，可以确定一个修正系数，从而确定储存商品所需的仓库面积，即有效面积或使用面积。其计算公式为：

$$S = (1+\varepsilon) S_t$$

式中，S 为所需仓库面积；ε 为储存面积与有效面积或使用面积的修正系数（$\varepsilon > 0$）。

【例 6-1】假设某配送中心向 20 家销售店铺送货，店铺总面积为 10 万平方米，每月单位面积销售量为 2 件/平方米，销售量增长变化的修正系数为 0.2；所需储存货物的尺寸为长 0.4 米，宽 0.4 米，高 0.5 米；货物堆高限高为 2 米；库存每月周转次数为 6 次，实用面积与使用面积的修正系数为 0.2。要求确定配送中心应该为所有店铺准备多大的面积。

解：

根据已知得：s=10 万平方米，p=2 件/平方米，δ = 0.2，ε = 0.2

总销售量=10 万×2=20（万件）

总配送量=总储存量=（1+0.2）×20=24（万件）

由 T=6 次/月，得平均储存量=24/6=4（万件）

每件货物体积 q =0.4×0.4×0.5=0.08（立方米），堆高限高 H=2 米

货物所占空间：P=40000×0.08=3200（立方米）

货物储存实用面积：S_t =3200/2=1600（平方米）

货物所需使用面积：S=（$1+\varepsilon$）S_t =（1+0.2）×1600=1920（平方米）

配送中心应该为所有店铺准备的面积为 1920 平方米。

6.2.4　库内区域面积的确定

库内区域面积主要是通过计算确定实用面积，并据此进一步确定有效面积或使用面积。企业应根据仓库的特性、货物的特性、货物的储存方式及所掌握的信息资料，选择并使用合适的方法。

1．依据实用面积确定区域面积

首先，计算储存货物的实用面积，可根据以下 3 种情况进行计算。

（1）用料垛和料架储存货物，其计算公式为：

$$S_{垛} = \frac{Q}{lbhKr} \cdot lb = \frac{Q}{hKr}$$

式中，$S_{垛}$ 为料垛或料架所占用的面积；Q 为进行码垛的最高储存量；l, b, h 分别为料垛的长、宽、高；K 为料垛的容积充满系数；r 为进行码垛或存入料架物料的容重。

【例 6-2】某仓库拟储存某类物料 500 吨，全部采用就地堆垛的方式。每个料垛的尺寸为长 6 米、宽 2 米、高 1.5 米，容积充满系数为 0.7，物料的容重为 7.8 吨/立方米。根据这些条件，计算料垛需占用的总面积。

解：将所给数值代入公式得

$$S_{垛} = \frac{500}{1.5 \times 0.7 \times 7.8} \approx 61（平方米）$$

每垛单元面积为 12 平方米，5 垛所占面积为 60 平方米，故 61 平方米需仓库准备 6 垛的面积，即 72 平方米。

（2）计重货物就地堆码，实用面积按仓容定额计算，其计算公式为：

$$S_{实} = \frac{Q}{N_{定}}$$

式中，$S_{实}$ 为实用面积，Q 为货物的最高储存量，$N_{定}$ 为货物的仓容定额。

仓容定额是指在某仓库中某种货物单位面积上的最高储存量，其单位为吨/平方米。不同货物的仓容定额各不相同，同一种货物在不同的储存条件下，其仓容定额也会有所差异。仓容定额的大小主要受货物本身的外形、包装状态、仓库地坪的承载能力及装卸作业手段等因素的影响。

（3）计件货物就地堆码，实用面积按可堆层数计算，其计算公式为：

$$S_{实} = 单件底面积 \times \frac{总件数}{可堆积层数}$$

实用面积确定后，就可以根据实用面积和仓库有效面积利用系数，进一步计算某仓库区域的有效面积。其计算公式为：

$$S = \frac{S_{实}}{\alpha}$$

式中，S 为所需仓库有效面积，$S_{实}$ 为实用面积，α 为仓库有效面积利用系数。

2．荷重法

荷重法，也称概略计算法，主要依据年物料储备量、储备期及物料的单位面积有效负荷这三个关键因素，并结合面积利用系数进行计算与具体布置，进而确定仓库储存物料所需的面积。其计算公式为：

$$S = \frac{QT}{365q\alpha_1}$$

式中，S 为仓库储存物料所需的面积；q 为单位有效面积负荷；α_1 为面积利用系数；Q 为物料年储备量；T 为储备期。

单位有效面积负荷主要取决于物料的包装情况、储存方式、起重堆垛设备、物料规格的品种及数量，以及每种规格的储存量等因素。因此，在确定单位有效面积负荷时，必须对上述因素进行认真研究，避免盲目套用。

3．比较类推法

比较类推法以已建成的同等级、同类型、同种类物料仓库的面积为基础，根据储备量的增减比例关系进行适当调整，从而推算出所需仓库面积。其计算公式为：

$$S = S_0 \frac{Q}{Q_0} K$$

式中，S 为所需仓库面积；S_0 为已建成的同类仓库面积；Q 为拟新建仓库最高储备量；Q_0 为已建成的同类仓库的最高储备量；K 为调整系数，当已建成的同类仓库面积有余时，其取值小于1；当面积不足用时，其取值大于1。

【例6-3】某机械制造总厂拟新建的配送中心预计最高储备量为200吨。已知生产性质和生产规模相似的配送中心面积为500平方米，最高储备量为150吨，且目前该配送中心的储存能力尚未充分发挥，仍有较大潜力。据此推算新建配送中心的面积。

解：根据已知条件得：S_0 = 500平方米，Q = 200吨，Q_0 = 150吨，K 值可取0.9，代入公式可得：

$$S = 500 \times \frac{200}{150} \times 0.9 = 600 （平方米）$$

即新建配送中心的面积为 600 平方米。

4．经验做法

经验做法是依据企业自身过往的经验数据进行估算，以此确定所需仓库面积。例如，某公司根据企业当前每日作业量及过去仓库单位面积储存或处理货物量的经验数据，来确定仓库各个区域所需面积，如表 6-6 所示。

表 6-6　仓库各个区域所需面积

设 计 名 称	每天的作业量/吨	经验数据/吨/平方米	设施面积/平方米
收货区	25	0.2	125
验收区	25	进货场兼用	
分类区	15	0.2	75
储存区	35	1	35
加工区	2.5	0.2	12.5
发货区	25	0.2	125
办公区	—	—	30
合计	—	—	402.5

6.3　仓库货区规划

货区就是货物保管区域，包括货物堆垛或货架所占区域、堆垛或货架之间的通道、入库和出库设施所占区域。货区规划主要是货区布局规划和货位编码，其目的在于充分、有效地利用仓库面积和空间，提高仓库面积和空间的利用率。

6.3.1　货区布局规划

货区布局规划主要包括平面布局和空间布局。平面布局是对货区内货垛、通道、垛间距、收发货区等进行合理规划，并正确处理它们之间的相对位置。空间布局则是指库存物资在仓库立体空间上的布局，其主要形式包括地面堆码、货架存放、平台堆放、空中悬挂等。

1．货区布局规划原则

（1）均衡原则。依据均衡管理理论，一方面，库内货区布局应与仓库平面布局、仓库规模及整个库区相互协调和适应，如在功能、能力、作业等方面实现相互匹配；另一方面，需确保库内各个作业环节的均衡性，即仓库货区布局和货位规划应使库内各环节的作业在相同单位时间内完成大致相等的工作量，避免出现忙闲不均、时松时紧的现象，从而维持正常的工作秩序。

知识链接

均衡管理

均衡管理是依据企业内部各要素之间的逻辑关系及这些要素与外部环境之间的关系和变化规律，构建并维持企业内外各要素之间的均衡关系与运行机制。其目的在于使各要素在数量上保持合理比例，在结构上保持相对稳定，在关系上保持相互协调与适应，从而实现组织或系统的整体和谐与均衡发展。

均衡管理是一种动态管理模式，随着企业各种均衡关系的发展变化而相应调整。它既非平均主义管理，亦非折中管理，而是强调管理的立体性、系统性、整体性、关联性、等级结构性、动态平衡性与持续性。

（2）节约仓容的原则。在货位负荷量和高度基本固定的情况下，应根据储存货物不同的体积和重量，将货位与货物的重量、体积紧密结合。轻泡货物应安排在负荷量小且空间高的货位；实重货物应安排在负荷量大且空间低的货位。

（3）"先进先出""缓不围急"的原则。在货位安排时，应避免后进货物围堵先进货物的现象。"缓不围急"是指避免储存期长的货物围堵储存期短的货物。出入库频率高且储存期短的货物应安排在靠近出口的货位。

（4）"小票集中""大不围小""重近轻远"的原则。多种小批量货物的货位，应合用一个货位或集中在一个货位区，避免夹在大批量货物的货位中。重货应靠近装卸作业区，以减少搬运作业量。

（5）方便吞吐发运的原则。该原则旨在便于货物的进出库操作，从而缩短收发货作业时间。

（6）确保货物安全的原则。主要包括：①怕潮、易霉、易锈的货物，应选择干燥或密封的货位；②怕光、怕热、易溶的货物，应选择低温的货位；③怕冻的货物，应选择不低于0℃的货位；④易燃、易爆、有毒、有腐蚀性、有放射性的危险品，应存放在郊区仓库，分类存储；⑤性能相互抵触或有挥发性、串味的货物，不能同区存储；⑥消防灭火方法不同的货物，要分开储存；⑦存放外包装含水量过高的货物会影响邻垛商品的安全；⑧同一货区储存的货物，要考虑有无虫害感染的可能。

2. 货区平面布局形式

货区平面布局的形式可分为垂直式布局和倾斜式布局。

（1）垂直式布局，是指货区内货垛或货架的长度方向与主通道方向呈垂直或平行的形式。

① 横列式布局，其特点是货区内货垛或货架的长度方向与主通道垂直，呈横向排列，如图6-3所示。

② 纵列式布局，其特点是货区内货垛或货架的长度方向与主通道平行，纵向排列，如图6-4所示。

③ 纵横式布局，其特点是在同一货区内，横列式布局和纵列式布局兼而有之，可以兼具两种布局形式的优点，如图6-5所示。

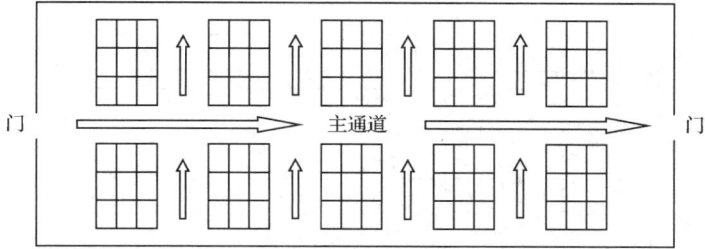

图 6-3　横列式布局

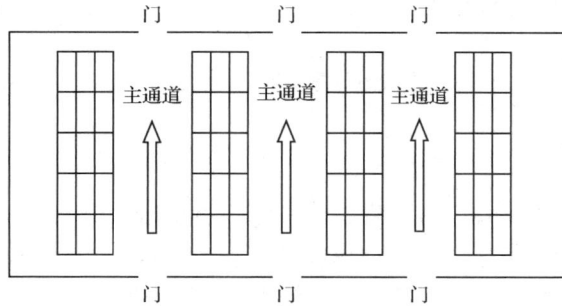

图 6-4　纵列式布局

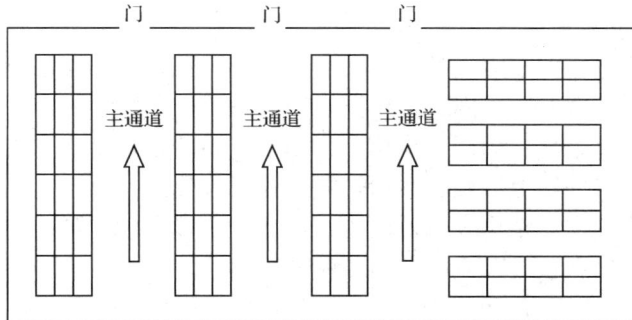

图 6-5　纵横式布局

（2）倾斜式布局：倾斜式布局是指货垛或货架与仓库侧墙或主通道呈 60°、45° 或 30°的夹角，具体包括货垛倾斜式布局和通道倾斜式布局。这种布局方式仅适用于品种单一、批量大、采用托盘单元装载、就地码放且使用叉车搬运的货物，一般综合仓库不宜采用。货垛倾斜式布局如图 6-6 所示，通道倾斜式布局如图 6-7 所示。

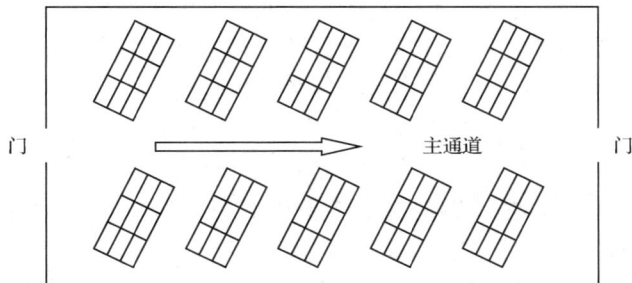

图 6-6　货垛倾斜式布局

出入口

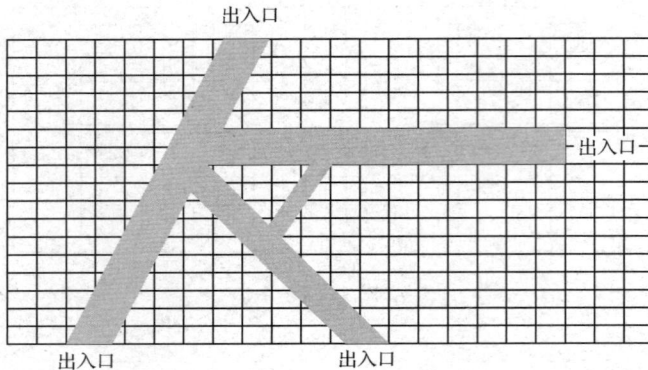

图 6-7　通道倾斜式布局

6.3.2　货位编码

货位编码是指将仓库中的货垛、货架等货物存放场所划分为具体的货位，然后按照一定的排列规则，采用统一的标记方式对货位进行顺序编号，并设置明显的标识。货位编码如同货物在仓库中的"地址"，在货物入库、检查、分拣等作业中，能够帮助工作人员迅速、准确、便捷地找到货物的存放位置，从而提高作业效率，降低作业成本。

1．货位编码的基本要求

（1）标志设置要适宜：在无货架的库房内，走道、支道、段位的标志通常设置在水泥或木板地坪上；在有货架的库房内，货位标志一般设置在货架上。

（2）标志制作要规范化：为区分库房、走道、支道、段位等，可在字码大小、颜色上进行区分，也可在字码外加上括号、圆圈等符号加以区分。

（3）编号顺序要一致：整个仓库范围内，库房、货场内的走道、支道、段位的编号，一般按照进门方向左单右双或自左向右的顺序进行编号。

（4）货架间隔要恰当：货架间隔的宽窄应根据货物种类及批量大小确定。同时，走道、支道不宜频繁变更位置或编号。

2．货位编码方法

一般来说，仓库规模大小、仓库布局复杂程度及货位数量都会影响具体的货位编码方法。货位编码应首先确定编码的先后顺序规则，明确库区、编排方向及排列顺序，然后采用统一的方法进行编排。要求所用的代码、连接符号必须一致，每种代码的先后顺序必须固定，每个代码必须代表特定的位置。货位编码通常有以下四种方法。

（1）区段方法，即把储存区域分成若干区段，再对每个区段进行编码。此种编码方法以区段为单位，每个号码所标注的货位区域较大，因此适用于单元化的货物，以及量大、保管周期短的货物。在库存货物的 ABC 分类中，A 类和 B 类货物比较适合这种编码方法。

（2）品类群类别方法，是将相关性货物集合后，区分成若干品类群，再对每个品类群进行编码。这种编码方法适用于容易按品类群保管且品牌差异较大的货物，如服饰、五金等。

（3）地址方法，是利用储存区域中的仓库、区段、排、行、层、格等，按照其相关顺序进行编码。这种编码方法由于所标注的区域通常以一个货位为限，且有相对顺序可循，是目前仓库使用最多的编码方法。

　　我国仓库常用的四号定位法、六号定位法，就是这种方法的体现。例如，四号定位由库房号、料架（垛）号、料架（垛）层号和料位顺序号四个号数组成，编码"13-15-2-26"表示第 13 号库房、第 15 号货架、第 2 层、第 26 号货位。

　　（4）坐标方法，是利用空间概念来编排货位的方法。这种编码方法由于对每个货位的定位切割较为细小，在管理上较为复杂，适用于流通率低、需要长时间存放的货物，即一些生命周期较长的货物。

　　一般来说，由于储存货物的特性不同，所适合采用的货位编码方法也不同。选择编码方法还需考虑货物的储存量、流动率、保管空间布置、保管设备、信息技术及仓储管理要求等因素，必须结合实际情况，综合考虑各种因素，合理选择编码方法。

📖 应用案例

某医院仓库药品货位编码的设计

　　某医院仓库在设计药品货位编码时，采用 7 位编码，使用四维立体编码法。编码涵盖房间编号（药品储存空间区分码）、货架编号、层数及药品在该层的详细位置（该层药品总数）。编码分为三部分：①前 3 位表示货位坐标。第 1 位为药品储存空间区分码，其中 1 号房间内的药垛用 1 表示，2 号房间内的药垛用 2 表示，冰箱用 B 表示，药架用 J 表示；第 2 位为药垛的行/列编号、冰箱或药架的编号；第 3 位为药垛在行/列中的序列号（按某一方向依次排序），或冰箱、药架的层数序号（从上往下排序）。②第 4、5 位表示该货位上的药品总数，用两位数字表示。③第 6、7 位表示药品在该货位上的序列号，按某一方向依次排序。例如，编码"1110201"表示 1 号房间内第 1 行的第 1 个药垛（111 货位）上，2 种药品中的第 1 种药品。

⏱ 6.4　仓储和配送设备管理

　　企业的仓储与配送设备通常涵盖装卸搬运设备、堆码设备、分拣设备、包装设备、集装单元设备、货架、加工设备、配送车辆以及信息技术设备等。这些设备是仓储和配送作业的基本条件，也是仓储管理的基础。仓储和配送设备管理是对设备的选购配置、投入使用、维修保养、改造更新等全过程的控制与管理。其任务是正确选择、使用与维护各种设备，确保设备保持良好的技术状态，实现最经济的寿命周期费用，发挥最大的综合效率。通过这种方式，使仓储和配送业务建立在最佳的物质技术基础之上，进而提升服务质量，提高工作效率，降低服务成本。

6.4.1　设备管理内容

　　企业设备管理通常涵盖制定管理规划、正确配置和选择设备、合理使用设备、设备的持续更新改造及加强员工相关培训等内容。

1. 制定管理规划

企业应根据生产经营需求，对设备的配置、选择、使用、维护、改造及更新等方面进行规划。具体包括设备管理的长期计划和中短期计划。设备管理规划的制定应注重技术与经济的综合平衡，使设备管理与资金计划、利润计划、能源计划等协调一致。

2. 正确配置和选择设备

（1）设备配置。仓储和配送业务的不同环节及功能，需要配置不同的设备。一般来说，设备配置情况如表6-7所示。

表6-7　仓储和配送业务功能要求及设备配置

功 能 要 求	设 备 配 置
存货、取货	货架、叉车、堆垛机械、起重运输机械等
验货、养护	检验仪表、工具、养护设备等
分拣、配货	分拣机、托盘、搬运车、传输机械等
流通加工	加工作业机械、工具等
防火、防盗	温度监视器、防火报警器、防盗报警设备等
控制、管理	计算机及辅助设备等
送货	配送车辆、叉车、托盘车、托盘等
配套设施	站台（货台）、轨道、道路、场地等

（2）设备选择。在选择设备时，应遵循技术先进、经济合理、综合平衡等原则；需搜集并查阅设备的技术资料与经济资料，结合企业生产经营状况、仓储配送业务需求，以及货物、仓库的特点和备选设备情况，采用合理的选择方法，如价格比较法、总成本比较法、综合评价法等。

3. 合理使用设备

合理使用设备是指在正常条件下，运用设备开展物流作业，并充分实现其设计效能的过程。①对仓储设备做好验收、保管、发放工作，并建立领用、回收制度。②保持设备的良好状态。③按照相关技术文件中规定的仓储设备性能、使用说明书、操作规程、安全规则、维护与保养规程，以及不同工作状况、工作环境、自然条件下的使用要求，正确操作和使用物流机械设备。④以先进实用、经济优化为原则，研发自制设备。⑤寻求设备寿命周期费用的最优化，即实现设备购置与使用维修的最佳经济效果。⑥正确进行维修保养，制订合理的维修计划，做好设备的小修、中修和大修工作，如采用全面生产维护（Total Productive Maintenance，TPM）管理方法加强对设备的维护。

🔍 **知识链接**

设备寿命周期

设备寿命周期也称设备全生命周期，是指设备从投入使用开始，到在技术上或经济上不宜继续使用而退出使用过程为止所经历的时间。设备寿命周期有以下三种：①设备的物质寿命，亦称自然寿命，它是指设备从投入使用开始，到由于有形磨损使设备在技术上完全丧失使用价值而报废为止所经历的时间；②设备的技术寿命，亦称有效寿命，它是指设备从投入使用开始，到由于技术进步，性能更好、效率更高的新型设备出现，使原有设备在未达到物质寿命之前就丧失使用价值而退出使用过程所经历的时间；③设备的经济寿命，是指从设备投入使用开始，到由于设备老化，使用费用急剧增加，继续使用在经济上不合理而退出使用过程为止所经历的时间。

4．设备的持续更新改造

通过管理部门与其他部门的协调配合，筹集资金，对现有设备进行更新改造，从而挖掘设备潜力，更新设备结构，改进设备技术，提升设备的技术水平。

5．加强员工相关培训

应不断完善员工培训制度，切实做好设备管理和维修人员的培训工作，这是设备管理工作的重要组织保障。

应用案例

某烟草公司物流中心 TPM 管理方法

某烟草公司物流中心因设备故障频率不断上升，原有设备管理模式已无法满足管理需求，遂推行全员参与的 TPM 管理方法。该公司具体做法如下：

（1）成立以物流中心主任为组长的设备管理工作小组，完善 TPM 管理工作机制，负责组织、指导、检查和督促 TPM 工作的全面推进。

（2）建立设备基础信息管理体系。一是完善设备基础信息管理机制，建立零配件台账；二是准确记录设备运行信息，强化设备运行状态、维保及运行结果信息管理；三是做好与设备运行相关联信息的管理。

（3）建立 TPM 管理制度。一是实施设备三级保养制度，包括日常维护保养、一级保养和二级保养；二是推行设备点检制度；三是组建专业化的专兼职点检人员技术队伍；四是加强专业培训，提升管理人员的知识与技能水平；五是建立设备故障预警机制，及时发现并解决设备问题；六是研究分析设备状态和备件寿命周期，合理制订修理计划和备件计划，控制设备运行成本。

（4）建立备品备件基础信息管理体系。一是完善设备全备品配件的基础信息管理；二是健全设备备品配件的采购与使用管理制度；三是做好备品配件信息共享管理。

（5）建立员工技能提升长效机制。一是选拔技术精湛、经验丰富且具备"教练"能力的设备管理人员，对分拣作业人员进行传、帮、带；二是拓展岗位技能，培养"一专多能"的复合型人才；三是建立"一点课"（One Point Lesson，OPL）机制，实现知识共享，共同提升技能。

（6）制定规范性文件。制定包括实施方案、管理办法、实施细则等在内的规范性文件，为 TPM 管理工作提供具体指导。

6.4.2　储存设备的选择

企业常用的储存设备通常包括货架、托盘、箱子等。这些设备主要用于存放成件物品，能够有效扩大和延伸仓库的储存面积。与直接将物品放置在地面上相比，使用储存设备可以成倍甚至几十倍地扩大实际可用的储存面积，是提升仓库储存能力的重要手段。因此，仓库中储存设备的选择是否恰当，将直接影响仓储效果和经济效益。

1. 储存设备选择的影响因素

影响储存设备选择的主要因素包括物品特性、出入库量、存取性、搬运设备及库房结构等，如图 6-8 所示。

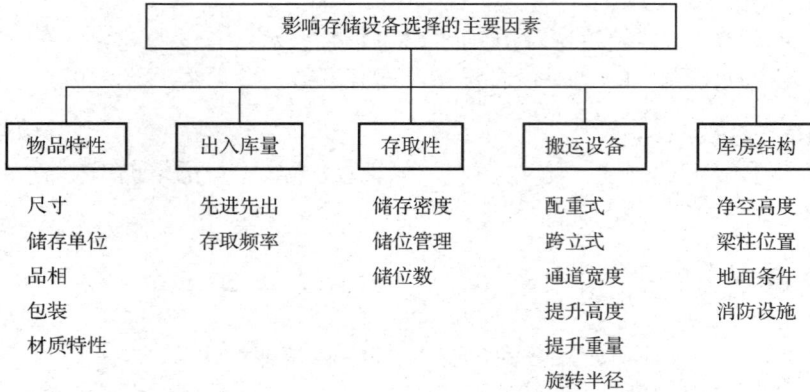

图 6-8　储存设备选择的影响因素

（1）物品特性。物品的尺寸、外形、包装及物理化学性质等都会影响储存设备的选择。例如，易腐或易燃物品在储存时需要特别考虑防护措施。

（2）出入库量。可根据出入库量的高低选择合适的储存设备。储存设备出入库频率的比较如表 6-8 所示。

表 6-8　储存设备出入库频率的比较

储存设备	高　频　率	中　频　率	低　频　率
托盘	托盘重力式货架（20～30 托盘/小时） 自动化立体仓库（30 托盘左右/小时） 水平旋转自动仓储（10～60 秒/次）	托盘式货架 （10～15 托盘/小时）	驶入式货架（10 托盘左右/小时） 驶出式货架（10 托盘左右/小时） 后推式货架（10 托盘左右/小时） 移动式货架（10 托盘左右/小时）
容器	容器重力式货架 轻负载自动仓储（30～50 箱/小时） 水平旋转自动仓储（20～40 秒/次） 垂直旋转自动仓储（20～30 秒/次）	中型货架	移动式货架
单品	单品自动拣取系统（6000 件/小时）	轻型货架	抽屉式橱柜

（3）存取性。若追求较高的储存密度，则通常需在一定程度上牺牲物品的可存取性。自动化仓库可向高空发展，兼具良好的存取性和储存密度，但其投资成本相对较高。因此，需综合考虑存取性与储存密度，以做出合理决策。

（4）搬运设备。搬运设备的选择应依据储存设备的特点，如根据货架及其间距选择平衡重式叉车或窄道式叉车。

（5）库房结构。库房的净空高度、梁柱位置等会影响货架的配置，地板的承载能力和平整度也与货架的设计、安装密切相关。

2．储存设备的选择方法

储存物品的进出货频率、品种及数量均会影响储存设备的选择，而不同储存设备的性能也各有差异（见表 6-9）。因此，储存设备的选择应综合考虑储存物品的特征和储存设备的性能（见表 6-10）。

表 6-9　不同储存设备的性能比较

性能	常规托盘货架	倍深式货架	窄巷道货架	驶入式货架	驶出式货架	重力式货架	后推式货架	旋转式货架	移动式货架
面积利用率	普通	良	良	高	高	高	中良	高	高
空间利用率	普通	中	良	高	高	高	高	中	高
储存密度	低	中	中	高	高	高	中	高	高
存取性	好	普通	好	差	差	普通	普通	好	良
单件拣取作业	好	普通	好	差	差	好	差	好	好
先进先出	可	否	可	否	可	可	否	否	可
通道数量	多	中	多	少	少	少	少	少	多
单位纵深储位数/个	1	2	1	15	10	15	5	—	1
储存高度/米	6	10	15	10	10	10	10	10	14
叉车类型	平衡重式前移式	倍深式	窄道式	平衡重式前移式	平衡重式前移式	平衡重式前移式	平衡重式前移式	—	平衡重式前移式
入出库能力	中	中小	中	小	小	小	小	大	小
物品管理难度	普通	普通	普通	差	差	良	良	普通	普通
是否要专业人员	否	否	否	是	是	否	否	否	否

表 6-10　储存设备的选择

设备及装载形态	使用频率	物品品种	物品数量	使用场所或方式
托盘	高	多	多	较大规模的自动化立体仓库
			中	中型自动化立体仓库
		少	多	托盘重力式货架
			中	小型自动化立体仓库
			少	输送带等暂放保管系统
	中	中	中	中型自动化立体仓库
	低	多	多	托盘货架
	低	少	中	托盘货架
			少	地面堆积

续表

设备及装载形态	使用频率	物品品种	物品数量	使用场所或方式
箱	高	多	少	箱货架
		少	多	箱重力式货架
			少	输送带等暂放保管系统
	中	中	中	箱货架
	低	多	多	箱货架
			少	箱货架
	低	少	多	箱重力式货架
			少	箱货架
单品	高	多	少	轻型货架
		少	少	储物柜
	低	多	少	轻型货架

6.4.3　货架的选择

货架是一种重要的仓库储存设备，尤其在现代仓库中，其应用极为广泛。货架对于提高仓库库容利用率、提升仓储作业效率、降低物流成本具有重要意义。

1．货架品种的选择

货架品种的选择通常基于货物的外形、重量及仓库的实际作业要求。

（1）轻、小型货物的储存。轻、小型货物种类繁多，需根据其特点及储存要求选择合适的货架。

① 小批量、零星收发的小件货物的储存，一般适合选择高度≤2.4米、深度≤0.5米的组合式轻型货架，也称层架。

② 贵重小件货物、怕尘怕湿货物的储存，一般选用垂直旋转式货架（或称柜库），或水平旋转式货架，或小型带抽屉式的移动式货架。若小型货物品种多，且仓库面积小、空间高，当空间有效高度≥4.5米时，可采用搁板式轻型货架，层高≤2.2米。

③ 进/出库频繁、数量品种多的小件货物的储存，一般选用单元拣选型货架，并且将其与人工拣选式堆垛机结合使用。

④ 外形规则、尺寸一致的轻型货物的储存，一般可以选用重力式货架、抽屉式货架和轻型自动化仓库系统。

（2）中型单元货物的储存，通常采用单元货格式立体仓库，它是一种标准格式的通用性较强的立体仓库，每层货架由同一尺寸的货格组成，每个货格存放一个货物单元或组合货物单元。

（3）长大货物的储存。①数量较多的管料、型材、棒材等长尺寸金属材料和建材的储存，通常使用U形旋转货架与悬臂货架。②长大规整、尺寸一致货物的储存，应使用长大物料货架，可利用桥式堆垛机、长大物料堆垛机、侧叉式无轨巷道堆垛机进行堆垛。③特重且数量较少的货物的储存，可选用专用钢架，用起重机将货物吊至钢架上。

2. 货架数量的确定

仓库整体或部分区域所需货架的数量可以通过计算来确定。在计算仓库货架需求量时，需满足以下限定条件：货架货物总重量不大于货架货物最高储存量；货架总重量不大于地坪最大荷载（或仓库储存定额）。其计算公式为：

仓库所需货架数量=货物最高储存量÷单个货架实际储存量

单个货架实际储存量=货架容积×货架容积充满系数×货架储存定额

【例6-4】某企业计划建设一个综合型仓库，其仓库储存定额为5吨/平方米。其中，上架存放的货物最大量为110吨。货架的尺寸为长10米、宽2米、高3米，货架自重为2吨，货架容积充满系数为0.6，货架允许存放的货物量为200千克/立方米。根据这些条件，计算所需货架数量。

解：

单个货架实际储存量=货架容积×货架容积充满系数×货架储存定额

$$=（10×2×3）×0.6×0.2=7.2（吨）$$

已知货架自重2吨，故载货的货架最大重量=7.2+2=9.2（吨）。

因为每个货架底面积是20（10×2）平方米，所以货架底面荷载是0.46（9.2÷20）吨/平方米。

已知仓库储存定额为5吨/平方米，显然货架底面荷载不超过仓库储存定额。

仓库所需货架数量=货物最高储存量÷单个货架实际储存量

$$=110÷7.2=15.3≈16（个）$$

根据仓库所需货架数量，还可以进一步推算货架储存区域的相关面积。

【例6-5】某配送中心计划建设一个综合型仓库，采用两种储存方法：一种是就地堆码，其货物最高储存量为1200吨，仓库储存定额为5吨/平方米；另一种是货架储放，其货物最高储存量为630吨。货架的尺寸为长8米、宽1.5米、高4米，货架容积充满系数为0.7，货架储存定额为150千克/立方米。若不计货架自重，需要货架数量多少个？假定该仓库的面积利用系数为0.5，仓库的实用面积和使用面积分别是多少？

解：

① 计算就地堆码时堆垛所占仓库面积。

堆垛所占仓库面积=最高储存量÷储存定额=1200÷5=240（平方米）

② 计算单个货架实际储存量。

单个货架实际储存量=货架容积×货架容积充满系数×货架储存定额

$$=（8×1.5×4）×0.7×0.15=5.04（吨）$$

因为每个货架底面积是12（8×1.5）平方米，所以货架底面荷载是0.42（5.04÷12）吨/平方米。已知仓库储存定额为5吨/平方米，显然货架底面荷载不超过仓库储存定额。

仓库所需货架数量=货物最高储存量÷单个货架实际储存量

$$=630÷5.04=125（个）$$

货架所占面积=每个货架底面积×货架数量

$$=8×1.5×125=1500（平方米）$$

根据①和②可得：

实用面积=堆码的面积+货架所占面积=240+1500=1740（平方米）

使用面积=实用面积÷面积利用系数=1740÷0.5=3480（平方米）

6.4.4 托盘的选择

托盘既是仓库中一种重要的储存设备，同时也是在装卸搬运、运输、配送等物流活动中的重要工具。所以，托盘的合理选择和使用对于仓储和配送业务具有非常重要的影响和意义。

1. 根据使用条件选择

（1）温度。不同材料的托盘对环境温度有不同的要求，否则可能影响其正常使用。例如，塑料托盘的使用温度范围通常为-25℃～40℃。

（2）湿度。对于具有较强吸湿性的托盘，如木制托盘、纸质托盘等，应避免将其置于潮湿环境中。

（3）环境清洁度。环境的污染程度会影响托盘的使用寿命和性能，污染程度越高，越应选择耐污染、易清洁的托盘，如塑料托盘、复合塑木托盘等。

（4）货物对托盘的特殊要求。例如，对于具有腐蚀性的货物或对清洁度要求较高的货物，应选择耐腐性强的塑料托盘或复合塑木托盘等。

2. 根据托盘用途选择

（1）装载出口货物：应优先选择一次性塑料托盘或免熏蒸复合材料托盘，以避免因部分出口目的地国家要求对托盘进行熏蒸杀虫处理，从而增加出口成本。

（2）装载上架货物：用于货架堆放的托盘应具备高强度、不易变形、承载能力大的特点，如钢制托盘、硬杂木制托盘等。

3. 根据托盘尺寸选择

（1）尽量选择统一标准的托盘，优先选用符合国家标准的托盘。现阶段，国家标准托盘的尺寸主要有四类，分别是1200毫米×1000毫米、1200毫米×800毫米、1140毫米×1140毫米、1219毫米×1016毫米。

（2）装运设备标准与托盘标准应保持统一。合适的托盘尺寸应与装运设备（尤其是集装箱和运输卡车箱体）的尺寸相匹配，这样既能实现空间的合理利用，又能有效节省成本。

（3）根据货物流向的目的地不同，选择相应尺寸的托盘。例如，发往欧洲方向的货物通常采用1200毫米×1000毫米规格的托盘，而发往日本方向的货物则多采用1100毫米×1100毫米规格的托盘。

4. 根据托盘结构选择

应根据下列情况选择不同结构的托盘。

（1）用于地面铺板的托盘，即托盘装载货物后不再移动，主要用于防潮防水。此时应选择结构简单、成本较低的托盘，如塑料托盘。

（2）用于货物装运的托盘，应选用强度高、动载能力大的托盘，其结构通常以"田"字形和"川"字形为主。

（3）装载货物需堆垛的托盘，应选择双面托盘，因其具有两个承载面，适用于堆垛货物。

（4）用于立体库内的托盘，因其需要码放在货架上，通常尽可能选用四面进叉的托盘，一般以"田"字形为主。

5. 托盘数量的确定

仓库所需托盘数量可以通过计算来确定。在计算仓库所需托盘数量时，其限定条件为：货物总重量不大于托盘最大荷载；托盘总重量（或托盘堆垛总重量）不大于地坪最大荷载。其计算公式为：

$$仓库所需托盘数量＝仓库总货量÷单个托盘载货量$$
$$单个托盘载货量＝托盘每层货物量×层数$$
$$或\qquad 单个托盘载货量＝每箱重量×总箱数$$

在实际物流业务中，仓库所需托盘数量的确定，还需综合考虑托盘的周转量、备用量等因素，并结合实际情况进行适当调整。

【例6-6】某平房仓库需进货 8000 箱货物，每箱货物的包装体积为长 0.3 米、宽 0.3 米、高 0.4 米，毛重为 12 千克，净重为 10 千克。货物采用托盘单层堆码，托盘规格为 1.04 米×1.04 米（托盘重量不计）。库房地坪单位面积荷载为 1 吨，包装的承压能力为 50 千克，可用高度为 3 米。仓库所需托盘数量及至少需要的面积是多少？若仓库的面积利用系数为 0.7，则需仓库使用面积应该为多大？

解：

按可用高度计算可堆码：

$$3÷0.4=7.5（箱）$$

按包装承受压力计算可堆码 4 箱，因此以 4 箱计算。

按宽计算每个托盘每层可放：

$$（1.04÷0.3）×（1.04÷0.3）≈3.5×3.5≈3×3=9（箱）$$

每个托盘可放箱数：

$$4×9=36（箱）$$

每个托盘总重量为 432（36×12）千克，小于库房地坪单位面积荷载 1 吨，因此本方案可行。

仓库所需托盘数量：

$$8000÷36=222.2≈223（个）$$

实用面积：

$$1.04×1.04×223=241.20（平方米）$$

使用面积：

$$241.20÷0.7=344.57（平方米）$$

6.4.5　装卸搬运设备的选择

装卸搬运设备主要用于移动、升降、装卸及短距离运送货物。根据装卸搬运机具的工作原理，装卸搬运设备通常包括叉车类、吊车类、输送机类、作业车类和管道输送设备类。装卸搬运设备是仓储、运输、配送等物流业务中使用频率最高且使用数量较多的设备，是仓储和配送设备的重要组成部分，也是装卸搬运作业的主要工具。

1．装卸搬运设备类型选择

在选择装卸搬运设备时，除需遵循一般的设备选择原则、考虑相关影响因素及满足基本要求外，还应运用一系列指标对装卸搬运设备进行分析或计算，以确定其类型。通常情况下，装卸搬运设备的选择主要参考 5 个指标，即技术指标、经济指标、组织性指标、适用性指标和人机关系指标。

（1）技术指标。技术指标是反映装卸搬运设备主要性能的指标，也是衡量设备在技术性能、自动化程度、结构优化、环境保护、操作条件及现代新技术应用等方面是否具有先进性的标志。例如，在堆垛巷道较窄的仓库中，选择叉车时主要考虑的技术指标是叉车的宽度，此时叉车的宽度指标在选择中占有较大权重。

（2）经济指标。经济指标是指装卸搬运设备在购置和使用过程中所涉及的成本效益问题。在满足使用需求的前提下，应对技术先进性与经济耗费进行全面考虑和权衡，做出合理判断，这就需要进一步对装卸搬运设备作业的费用进行成本分析。装卸搬运设备作业所发生的费用主要包括设备投资费、设备运作费及装卸作业成本等。

（3）组织性指标。组织性指标是指装卸搬运设备作业及供货的及时性和可靠性。在配置、选择设备时，必须考虑设备及配件备件的供应及时性和可靠性、维修网点、供应商服务内容等情况，以便最大限度地发挥设备效能。

（4）适用性指标。适用性指标是指装卸搬运设备满足使用要求的能力，它包括适应性和实用性。应根据货物的特点、物流作业的特点和作业任务，分析作业所需设备的必要功能，选择相应的装卸搬运设备或搬运车辆。

（5）人机关系指标。人机关系指标主要反映搬运车辆操作的舒适性。为此，要考察设备外观是否符合现代美学观念，视野是否宽阔，是否给人以美的感受，是否容易操作，是否无噪声或噪声较小，从而选择具有较好舒适性的装卸搬运设备。

2．装卸搬运设备数量的确定

装卸搬运设备配置数量可通过以下公式进行计算：

$$Z = \sum_{i=1}^{m} Z_i$$

式中，Z 为仓库内装卸搬运设备总台数；m 为装卸搬运设备类型数；Z_i 为第 i 类装卸搬运设备台数。

其中，Z_i 可通过以下公式进行计算：

$$Z_i = \frac{Q_{ci}}{(Q_c \beta \eta \delta)_i}$$

式中，Q_{ci} 为第 i 类装卸搬运设备计划完成的物流量；Q_c 为装卸搬运设备的额定起（载）重量；β 为起重系数，即平均一次吊装或搬运的重量与装卸搬运设备额定起（载）重量的比值；δ 为时间利用系数，即装卸搬运设备年平均工作小时数与理论额定时间的比值，应根据作业场所的性质、物品种类及装卸搬运设备类型进行实测确定；η 为单位工作小时平均吊装或搬运次数，由运行距离、运行速度及所需辅助时间确定；$\beta \eta \delta$ 为年日历工作小时数，一般取 7 小时乘以工作日数，是装卸搬运设备能力的评价参数。

6.4.6　叉车的选择

叉车是一种用于对成件托盘货物进行装卸、堆垛及短距离运输作业的轮式搬运车辆。在企业物流系统中，叉车扮演着极为重要的角色，堪称搬运设备的主力军。因此，企业应综合考虑各种相关因素，合理选择并使用叉车。

1. 叉车选择影响因素

在选择叉车时，应充分考虑仓库的存储形式，并综合评估叉车的负载能力、最大提升高度、车体最大升高高度、门架高度、自由起升高度、行驶及提升速度、机动性、驱动/转向控制方式等因素。叉车选择应重点关注以下因素。

（1）托盘。大多数叉车以托盘为基本操作单元，不同规格的托盘对巷道空间的要求各不相同。

（2）地坪。叉车的使用效果受地坪光滑度和平整度的显著影响，尤其是在室内环境中。根据地坪表面状况，叉车的选择和使用策略如下：应避免在锯齿状起伏的地面上使用；可在波浪起伏但有一定坡度的地面上使用；最佳选择是光滑平整的地面，经表面处理的混凝土地面尤为理想。

（3）电梯、集装箱高度与日作业量。需根据电梯、集装箱入口的高度选择合适的叉车。同时，依据仓库的进出货频率及叉车的日作业量，合理计算并配置叉车的电池容量和数量。

2. 常见叉车

（1）手动托盘车。通常用于平面点到点的搬运作业，具有体积小巧、操作灵活的特点，适用于重量不超过 2 吨、作业距离小于 15 米的搬运任务。它不仅广泛应用于装卸场所，还用于连接各个运输作业环节，通常每辆集装箱卡车和货车均配备一辆手动托盘车。

（2）电动托盘车。主要用于平面点到点的搬运。当作业距离约为 30 米时，宜选用步行式电动托盘车；当作业距离为 30～70 米时，可使用带折叠踏板的电动托盘车，其具有高效、快速的特点。

（3）电动堆垛机。适用于楼层式仓库或空间较为狭小的仓储环境。

（4）平衡重叉车。适用于作业空间较大、地面坡度较大的场所。

（5）柴油及液化气叉车。根据传动方式可分为液压机械传动型和静压传动型。柴油叉车主要用于室外作业，而液化气叉车则可用于室内外作业。

（6）前移式叉车。该叉车融合了有支撑臂电动堆垛机和无支撑臂平衡重叉车的优点，其最佳操作高度为 6～8 米，适用的仓库高度约为 10 米，广泛应用于卖场、配送中心、物流中心、企业中心仓库等场所。

（7）高架堆垛机。适用于以节约成本为导向、面积较小且高度较低的仓库。高架堆垛机与高位拣料机合称为 VNA（Very Narrow Aisle）。其货叉可实现三向旋转，能够直接从两侧叉取货物，无须在巷道中转弯。VNA 系列的最大提升高度超过 14 米，巷道宽度约为 1600 毫米，最大载重量为 1.5 吨，适用于制药行业、电子电器行业等。

6.4.7　配送车辆的选择

配送车辆的选择可从多个角度进行考量。由于城镇与乡村在物流配送方面存在较大差异，以下将分别从城市和农村两个方面对配送车辆的选择进行阐述。此外，还有许多不同类型的配送，如工业配送、新鲜易腐品配送等，其配送车辆的选择也各有特殊要求。

1．城市配送车辆选择

城市配送的核心是依据用户的订货要求，由配送企业安全、准时地将货物送达目的地。鉴于城市配送的自身特点及城市交通的特殊要求，车辆的选择（车型选择）成为城市配送管理中的一个重要问题。

（1）城市配送车辆选型的要求，一般包括如下几个方面。

① 车型选择的一般要求。城市配送具有点多、量小的特点，且城市道路条件复杂多变。因此，所选用的车型不必过大，但必须具备较高的灵活性，能够适应狭窄或路况较差的道路。此外，车辆还需满足城市在环境保护、尾气排放等方面的严格标准，对车辆的密封性、安全性和环保性也提出了较高要求。

② 专业化与兼容性。鉴于配送商品种类繁多、要求各异，需要配备专业化的配送车辆和托盘。同时，为便于日常维护，车型应尽量保持一致。然而，为了便于车辆调配和货物配载，配送车辆选型还需兼顾兼容性要求。

③ 车辆智能化。城市配送应顺应智慧物流、智能配送、网络化配送的发展趋势，选择和使用智能车辆，以有效控制油耗、缩短车辆在途时间，最大限度节约运营成本。例如，当配送车辆遭遇路途拥堵或所服务的商场出现某一种或几种商品需求压力增大时，必须能够实时在配送网络总控室反映车辆位置及情况，并依据预案进行运力调配。配送车辆应配备 GPS 定位系统及通信、导航终端，以实现智能化管理。

知识链接

智慧物流与智能配送

智慧物流与智能配送尚无统一定义。通常而言，智慧物流是以物联网技术为基础，综合运用大数据、云计算、区块链及相关信息技术，通过对物流作业状态的全面感知、识别与跟踪，实现实时应对及智能优化决策的物流服务系统。智能配送则是指配送系统具备模仿人类智能的能力，能够进行思维、感知、学习、推理判断，并自行解决某些配送问题，从而选择最佳配送方案，以安全、高效、低成本、优质服务的方式完成配送作业任务。

（2）城市配送汽车的选型。通常以汽车作为城市配送的主要运输工具。依据国家推荐性标准《城市物流配送汽车选型技术要求》，城市配送汽车选型应关注以下几个方面。

① 城市配送汽车的结构与技术参数。结合国内外城市物流汽车的结构型式及城市货物运输的实际需求，确定城市物流配送汽车的类型包括封闭货车和厢式货车两种，其中冷藏车、保温车属于这两种车型的特殊型式。城市物流配送汽车分为 5 种厢式货车和 4 种封闭货车，共计 9 个系列，其主要技术参数如表 6-11 和表 6-12 所示。

表 6-11　厢式货车主要技术参数要求

系列	最大允许总质量（G）/kg	整车总长/mm	货箱内部尺寸/mm			车辆最小转弯直径/m	比功率/kw/t	载质量/kg	载质量利用系数(α)
			长	宽	高				
A	12000≥G>11500	≤9000	≥6100	≥2050	≥2000	≤21	≥8.0	≥6500	≥1.18
B	8000≥G>7500	≤8000	≥4900	≥2050	≥2000	≤19	≥9.5	≥3800	≥0.90
C	4500≥G>3500	<6000	≥3600	≥1800	≥1800	≤14	≥14.0	≥1450	≥0.47
D	3500≥G>2500	≤5500	≥3050	≥1600	≥1600	≤13	≥14.0	≥950	≥0.37
E	1800≥G≥1500	<4500	≥2300	≥1400	≥1550	≤11	≥23.0	≥400	≥0.28

注：载质量利用系数 α 为车辆载质量（额定载质量与驾驶室准乘人员质量之和）与车辆整车整备质量的比值。

表 6-12　封闭式货车主要技术参数要求

系列	最大允许总质量（G）/kg	整车总长/mm	货箱内部尺寸/mm			车辆最小转弯直径/m	比功率/kw/t	载质量/kg	载质量利用系数(α)
			长	宽	高				
F	6000≥G>5500	≤7000	≥4500	≥1700	≥1700	≤14	≥15.0	≥3000	≥1.10
G	4500≥G>3500	≤6000	≥3000	≥1700	≥1600	≤13.5	≥20.0	≥1400	≥0.45
H	3500≥G>2500	≤5800	≥2100	≥1500	≥1300	≤13	≥23.0	≥1000	≥0.40
I	1800≥G≥1500	≤3500	≥1400	≥1400	≥1200	≤11	≥25.0	≥450	≥0.33

② 城市配送汽车配置性能要求。对城市物流配送汽车的基本要求如下：一是新生产车辆应具备我国汽车主管部门发布的车辆产品公告及国家产品质量主管部门批准的强制性认证证书；二是营运车辆在审验时应符合《汽车、挂车及汽车列车外廓尺寸、轴荷及质量限值》（GB 1589—2016）《机动车运行安全技术条件》（GB 7258—2017）等相关强制性标准要求；三是应满足行业对专用汽车的技术要求，包括车厢强度、密封性等。此外，城市配送汽车在外观、性能、配置等方面也应符合相应要求。

2. 农村配送车辆选择

（1）车辆类型的选择。农村运输车辆可分为通用车辆和专用车辆。一般来说，对于粮食、油料、林产品等大宗农产品，因其通常需要大批量运输且对运输工具无特殊要求，故可采用通用运输工具进行农产品的运输，一般根据该类农产品的批量选择合适的运输工具，以实现整车物流配送。而对于鲜活农产品，由于其易腐性，对运载工具的要求较为严格，因此需根据农产品的特殊性质和具体要求，选用专用车辆进行配送。

（2）车辆载重量的选择。一般来说，货物批量是影响车辆载重量的最重要因素。在进行大批量农产品物流配送时，通常选用大载重量车辆，综合多方面因素，以实现农产品的整车配送。当货物批量较小时，应尽可能使多种农产品的需求时间和需求数量与车辆载重量相匹配，从而实现配送的高效率和低成本。否则，若车辆载重量过大，将导致运输能力浪费，并增加单位产品的运输成本。

（3）车辆容积的选择。一般来说，要提高车辆利用率，需同时实现车辆的最大载重量和最大容积利用。只有使车辆的载重量和容积都达到较高利用水平，才能实现低成本运输。因此，在考虑农产品物流配送时，在确保货物全部配送完成的前提下，需综合考虑农产品的规格外形、单件重量及车辆的载重量和容积等因素，选择合适的车辆。

本章实训

（1）实训项目：企业仓库平面布局规划的调查。

（2）实训目的：通过调查，进一步熟悉和掌握企业仓库平面布局规划的知识，并能够针对企业实际情况分析问题和解决问题。

（3）实训内容：①选择一家物流企业或制造企业，调查企业仓库布局规划方面的资料，如仓库的特点、平面布局、储存货物的特点等；②整理调查资料，了解企业仓库平面布局的总体情况；③分析企业仓库平面布局的优点和缺点；④提出仓库平面布局的改进建议。

（4）实训要求：明确实训活动的目的及任务；选择合适的企业；学生按4～6人进行分组；每组制订实训活动计划方案；确定实训活动的进度安排；最后上交实训报告。

（5）实训考核：要求每组写出实训活动报告；对各组实训情况进行评价。

复习思考题

1. 单项选择题

（1）以下关于SLP的说法中，错误的是（   ）。

A. 英文全称为"Systematic Layout Planning"

B. 中文全称为"系统布置设计"

C. 最早应用于工厂设计

D. 仓库货位布局规划的一种方法

（2）仓库内可以用来存放货物或进行仓储作业的面积之和，包括实际存放货物的区域以及货垛、货架之间通道等所占的面积称为（   ）。

A. 仓库建筑面积　　　　　　　　　B. 仓库使用面积

C. 仓库有效面积　　　　　　　　　D. 仓库实用面积

（3）正确的仓库面积利用系数的公式为（   ）。

A. 使用面积/有效面积　　　　　　　B. 有效面积/使用面积

C. 有效面积/实用面积　　　　　　　D. 有效面积/建筑面积

（4）以下关于仓库货区布局规划原则的说法中，错误的是（   ）。

A. 节约仓容的原则　　　　　　　　B. "先进先出""缓不围急"的原则

C. 均衡原则　　　　　　　　　　　D. "小票分散""重近轻远"的原则

（5）货区平面布局形式有（   ）。

A. 垂直式布局与倾斜式布局　　　　B. 垂直式布局与纵横式布局

C. 横列式布局与纵列式布局　　　　D. 货垛倾斜式布局与通道倾斜式布局

2．多项选择题

（1）影响仓库规模大小的因素包括（　　）。

A．货物储备量　　　　　　　　　　B．仓库作业方式

C．仓储设施的状况　　　　　　　　D．货物品种数

（2）储存设备选择影响因素包括（　　）。

A．物品特性　　　　B．出入库量　　　C．存取性　　　　　D．库房结构

（3）货位编码的基本要求包括（　　）。

A．标志设置要适宜　　　　　　　　B．标志制作要规范化

C．编号顺序要一致　　　　　　　　D．货架间隔要恰当

（4）货位编码的方法包括（　　）。

A．流水编码法　　　　　　　　　　B．品类群类别方法

C．地址方法　　　　　　　　　　　D．坐标方法

3．问答题

（1）简述仓库平面布局的基本原则。

（2）简述仓库货区布局规划的原则。

（3）简述货位编码的基本要求。

（4）简述货架品种选择的注意事项。

（5）简述城市配送车辆选型的要求。

4．计算题

（1）某公司拟建设配送中心，为 25 家店铺配送商品。每家店铺平均面积为 400 平方米，平均每月销售量为 800 箱商品。每箱的长、宽、高分别为 0.4 米、0.5 米、0.4 米。假定未来销售增长修正系数为 0.2，配送中心商品的平均周转次数为 3 次/月，最大堆垛高度为 2 米，存储面积修正系数为 0.3。请计算该配送中心最多需要的存储面积。

（2）某仓库计划储存某类物料 800 吨，全部采用就地堆垛的方式。料垛的长、宽、高分别为 7 米、2 米、2 米，物料的容重为 7.5 吨/立方米，容积充满系数为 0.7。请计算料垛占用的总面积。

（3）某企业拟建设一座综合型仓库。其中，就地堆码货物的最高储存量为 600 吨，仓库储存定额为 3 吨/平方米；采用货架存放的货物最高储存量为 90 吨，货架的长、宽、高分别为 10 米、2 米、3 米，货架的容积充满系数为 0.6，货架的储存定额为 200 千克/立方米。若该仓库的面积利用率为 75%，请计算该仓库需要多少货架，以及需要准备多大的库房面积。

（4）某公司配送中心采购商品 1800 箱，每箱的包装体积长、宽、高分别为 0.4 米、0.3 米、0.5 米，毛重为 10 千克。仓库采用托盘堆码，托盘的规格为 1.04 米×1.04 米，托盘重量为 5 千克。托盘的承压能力为 500 千克，限装 3 层，仓库地坪荷载为 1 吨/平方米。请计算：储存该商品最少需要多少托盘？最少需要多少堆垛？如果面积利用系数为 0.6，仓库应准备多大的面积？

第 7 章

仓储经营方法、仓储与配送管理模式及服务营销

　　企业经营管理是对企业整个生产经营活动进行决策、计划、组织、控制、协调，并对企业成员进行激励，以实现企业既定任务和目标的一系列工作的总称。经营方法则是企业经营管理过程中所采用的具体方法。对于从事仓储、配送等物流业务的企业而言，随着经营环境的不断变化，必须运用科学的方法对企业的仓储、配送经营活动进行有效管理。本章重点阐述企业仓储和配送经营管理的方法、模式及营销策略。

📖 本章学习目标

1. 了解保管仓储、混藏仓储、消费仓储、仓库租赁的含义、特点及经营方法；
2. 了解网络仓库、融通仓、融资租赁的含义；
3. 掌握仓库管理模式的类型；
4. 掌握自营与外包选择决策过程及第三方物流企业的选择过程；
5. 掌握各种类型的配送管理模式；
6. 掌握配送管理模式的选择方法（矩阵图决策法和比较选择法）；
7. 掌握仓储和配送服务营销的含义及内容；
8. 了解 4Ps 策略和 4Cs 策略的相关知识。

导入案例

连锁便利店 7-Eleven 的物流配送管理模式

　　7-Eleven 是全球最大的便利连锁店之一。尽管其店铺规模较小，但商品种类丰富，普通 7-Eleven 连锁店通常需陈列约 3000 种商品。这些商品大多来自不同的供应商，仓储及运输要求各异，还需根据客户需求灵活调整商品品种，这对物流配送提出了较高要求。7-Eleven 的物流配送策略经历了以下三个阶段。

　　1. 批发商直接送货阶段

　　日本 7-Eleven 成立初期未设立配送中心，其供应商各自拥有批发商，批发商成为连接 7-Eleven 与供应商的关键纽带，负责将供应商的商品迅速、高效地送达 7-Eleven 门店，相当于其配送中心。然而，批发商为追求自身发展，需向更多便利店

供货,导致送货时间不稳定。同时,7-Eleven 需与大量不同商品的批发商沟通,配送效率较低。

2. 集约化配送阶段

7-Eleven 改为由区域内特定批发商统一管理同类供应商,并向 7-Eleven 统一配货,即集约化配送。该模式减少了批发商数量,简化了配送环节,降低了物流成本,实现了规模经济效应。

3. 共同配送中心配送阶段

根据不同地区和商品群,生产商和批发商与 7-Eleven 共同投资、经营管理配送中心,充分利用闲置土地或低效设备。配送中心一般选址于距离中心城市商圈 35 公里、非中心城市商圈 60 公里处,负责统一集货并向各门店配送。各区域设立共同配送中心,实现高频次、多品种、小批量的配送模式。

案例思考题

(1)结合案例分析 7-Eleven 便利连锁店物流配送策略三个阶段的优缺点。

(2)企业应该如何选用物流配送策略?

7.1   仓储经营方法

做好仓储经营管理,能够保障企业再生产活动的顺利开展,是提升仓储能力、加速资金周转、节约成本、提高经济效益的重要手段。因此,确定科学、先进且有效的经营管理方法,充分高效地利用仓储资源,是仓储企业做好经营管理的核心。本节将从物流企业的角度,对保管仓储、混藏仓储、消费仓储、仓库租赁及创新式仓储的经营方法进行详细阐述。

7.1.1   保管仓储经营方法

在现代物流业中,保管仓储经营方法被众多物流企业广泛采用,是物流企业最基本的经营方式之一,也是其获取经营收入的重要途径。

1. 保管仓储经营方法的特点

保管仓储是指物流企业为客户(存货人)提供货物保管服务的仓储业务活动。保管仓储经营方法(简称保管式仓储)是通过为客户(存货人)提供货物保管服务并收取仓储保管费,从而获得经营收入的一种方式。其主要特点如下所示。

(1)收入主要来源于仓储保管费。物流企业(仓储经营人、保管人)为存货人提供仓储服务,存货人需支付仓储保管费。因此,在仓储保管业务中,物流企业作为保管人,以实现仓储保管费收入最大化作为经营目标。

(2)仓储物需原物返还,所有权不发生转移。存货人将货物存入物流企业所属仓库,物流企业需对货物进行必要保管,以确保货物维持原状并保持其原有性状。在仓储期间,仓储物的所有权不发生转移,物流企业无权处置仓储物。

（3）保管对象为特定物。仓储物通常为数量多、体积大、质量高的大宗商品或物资，如粮食、工业制品、水产品等。

（4）仓储过程由物流企业操作。在仓储保管经营中，整个仓储过程均由物流企业负责操作。

2. 保管仓储经营方法的基本要求

（1）物流企业应积极吸引客户，扩大储存规模，以实现仓储保管费总收入的最大化。

仓储保管费的多少与仓储存货数量、存储时间和仓储费率密切相关，其计算公式为：

$$C = QTK$$

式中，C 为仓储保管费；Q 为仓储存货数量；T 为存储时间；K 为仓储费率。

对于企业整体仓储保管业务来说，仓储保管费总收入计算公式为：

$$仓储保管费总收入=仓库容量×仓容利用率×平均费率$$

因此，企业应积极开展市场营销，争取更多的货物储存业务，尤其是大客户的储存业务，并根据市场变化、货物特点及企业自身情况，确定合理的仓储费率。

（2）在仓储保管过程中，物流企业应尽量降低保管成本，以增加仓储经营利润。除了增加保管费收入，物流企业还需努力降低仓储总成本，包括货物在仓库保管过程中所产生的各项保管成本。

7.1.2 混藏仓储经营方法

混藏仓储经营方法（简称混藏式仓储）的基本做法是：存货人将一定品质和数量的货物交付给物流企业进行储存；在储存保管期限届满时，物流企业只需返还相同种类、相同品质、相同数量的替代物即可。

1. 混藏仓储经营方法的特点

（1）收入主要来源于仓储保管费。物流企业的收入依然主要来自仓储保管费，存量越多、存期越长，收益越高。同时，混藏式仓储是成本最低的仓储方式之一。

（2）替代物返还，所有权不转移。在混藏式仓储中，仓储物的所有权并不随交付而转移。例如，农民将玉米交付给物流企业保管，物流企业将所有玉米混合储存于同一品种的玉米仓库中，形成一种混合仓储物（所有权混合物）的状态。各寄存人对该混合仓储物按交付保管时的份额享有所有权。当农民需要时，物流企业从玉米仓库中取出相应数量的仓储物返还给农民。

（3）保管对象为种类物，即相同种类、相同品质的货物。当存货人基于货物价值保管的目的而免除物流企业对原物的返还义务时，物流企业不仅减轻了义务负担，还扩大了仓储物的范围，便于实现仓储作业、养护和账务处理的统一化。

（4）仓储过程由物流企业操作。混藏式仓储的整个仓储过程同样由物流企业负责操作。

2. 混藏仓储经营方法的基本要求

（1）物流企业应积极吸引客户，扩大储存规模。这一点与保管式仓储一致，仓储保管费的计算公式也相同。

（2）选择合适的仓储物品种，控制经营成本。混藏式仓储能够实现仓储设备投入最小化和仓储空间利用率最大化。然而，随着仓储物品种的增加，仓储成本也会相应上升。在混藏仓储经营中，物流企业应充分发挥混藏仓储的优势，尽量控制仓储物品种的数量，增大仓储物批量。例如，可选择农业、建筑施工、粮食加工、五金等行业中品质无差别且能够准确计量的商品。

7.1.3 消费仓储经营方法

消费仓储经营方法（消费式仓储）的基本做法是：存货人将一定数量和品质的货物交付给物流企业进行储存，并与物流企业约定，将货物的所有权转移至物流企业。在合同期限届满时，物流企业需以相同种类、相同品质、相同数量的替代物返还给存货人。

1. 消费仓储经营方法的特点

（1）收入主要来自仓储物消费的收入。当该消费的收入大于返还仓储物的购买价格时，物流企业获得了经营利润。反之，当消费收益小于返还仓储物的购买价格时，就不会对仓储物进行消费，而依然原物返还。

在消费式仓储中，仓储保管费收入是次要收入，有时甚至采取无收费仓储。消费式仓储可以在任何仓储物中开展，但对物流企业的经营水平有极高的要求。

（2）替代物返还，所有权随仓储物交付而转移。消费式仓储以仓储物的价值保管为目的，物流企业仅以种类、品质、数量相同的替代物进行返还。在消费仓储中不仅转移仓储物的所有权，还必须允许物流企业使用、处置仓储物。

（3）保管对象是种类物。仓储期间转移所有权于物流企业，在仓储物返还时，物流企业只需以相同种类、相同品质、相同数量的替代物返还即可。

（4）仓储过程由物流企业操作。

2. 消费仓储经营方法的基本要求

（1）企业在采取消费仓储经营方法时，应根据企业实际和市场变化状况，选择合适的模式。

（2）物流企业直接使用仓储物进行生产、加工或销售，将来按照合同规定以相同种类、相同品质、相同数量的替代物返还给存货人。

（3）物流企业在仓储物价格升高时将其出售，待价格降低时购回，从而获得利润。

7.1.4 仓库租赁经营方法

仓库租赁经营方法，亦称仓库租赁制，其基本做法是：依据相关法律法规和程序，通过签订租赁合同，企业（出租人）将仓库（包括仓库设备）在一定期限内租赁给承租人。承租人需向出租人支付租金，并按照合同约定自主经营仓库。在仓库租赁行业中，出租人通常包括仓储租赁公司、物流公司及物流地产公司等。这种经营方法既能减轻承租人的经营负担，又能使出租人获得稳定的经营收入。

知识链接

物流地产公司

物流地产公司（物流地产商）是专注于开发物流地产的企业。物流地产是指物流地产商根据社会发展的需求，在全球范围内选择合适的地点，投资建设高效、优质、完善的仓库及相关物流设施，并将其转租给有物流业务需求的客户，如制造商、零售商、物流公司等。同时，物流地产商的专业管理团队会为客户提供相关的物业管理服务。通过这种模式，一方面，租赁物流设施的企业可以减轻资产负担，更加专注于自身的核心业务；另一方面，物流地产商可以获得稳定的租金收益，实现租赁企业与投资商在利益和风险上的双赢。比较著名的物流地产商包括普洛斯、万纬、中国物流资产、宝湾物流、深国际、丰树等。

1．仓库租赁经营方法的特点

（1）承租人具备对特殊货物的保管能力和服务水平。仓库租赁经营方式比较适合出租人缺乏较强仓储业务经营能力的情况。

（2）仓库的所有权与经营权分离。仓库租赁双方通过合同明确各自的权利和义务。出租人对出租的仓库及设备拥有所有权，并依据合同收取租金；承租人则对租用的仓库及设备享有使用权（而非所有权），自行负责货物保管，并承担保护设备及按约定支付租金的义务。

（3）出租人有以下两种出租方式可供选择：一是分散出租方式，即将仓库的部分区域或部分货位出租给承租人；二是整体出租方式，即将整个仓库出租给承租人。

2．仓库租赁经营方法的基本要求

（1）仓库出租的收益高于自身经营收益，是出租人选择仓库租赁经营方式的前提条件。具体表现为：

$$租金收入 > 仓储保管费 - 保管成本 - 服务成本$$

例如，某公司对比了两种经营方案。A方案是直接将仓库出租，该公司计划以每年100万元的价格将仓库出租给一家贸易公司。该100万元收入需向税务局申报缴纳房产税12万元、营业税5万元（其他税费忽略不计），共计17万元。因此，A方案的直接出租净收入为83（100－17）万元。在B方案中，该公司增加仓储服务业务，不仅出租仓库，还提供仓储服务。仓储保管费收入为130万元，保管成本为20万元，服务成本为20万元，税金为11万元。B方案的实际收入为79（130－20－20－11）万元。显然，出租仓库的收益高于自身经营仓储服务的收益，因此应选择出租仓库的经营方式。

（2）合理选择出租方式。若采用部分出租或货位出租等分散出租方式，出租人需承担更多仓库管理工作，如环境管理、安保管理等。若采用整体出租方式，出租人虽减少了管理工作量，但同时也放弃了自主经营权。出租人应综合考虑自身能力、仓储保管业务的重要性等因素，选择适合的出租方式。

3．箱柜委托租赁保管业务

箱柜委托租赁保管业务是一种特殊的仓库租赁经营方式，通常是指仓储经营人以城市居民和企业为服务对象，向其出租体积较小的箱柜，用于保管非交易物品的一种仓储服务。根据不同的服务对象，箱柜委托租赁保管业务分为以下两类。

（1）面向一般城市居民提供的保管业务，私人仓库即属于此类业务。私人仓库是指仓储经营人为客户提供一个私人小仓库（仓库内部设有储物室、储藏柜）及相应的管理系统，客户自行存放物品并保管钥匙，使用灵活且方便。私人仓库储存的物品常包括：家庭贵重物品，如金银首饰、高级衣料、高级皮毛制品、古董、艺术品等，以及家庭闲置的衣物、家具、家电等日常用品。

（2）面向企业提供的保管业务。此类业务的保管对象通常是企业根据法律法规或规章制度要求，必须保存一定时间的文书资料、磁带记录资料等物品。这种业务具有以下 3 个特点：注重仓储物的保密性，注重仓储物的安全性，注重快速的服务响应。

7.1.5　创新式仓储经营方法

面对企业经营内外部环境的变化及日益激烈的市场竞争，物流企业除了采用前述几种仓储经营方法，还在仓储经营方式上不断创新，采用了一些区别于传统模式的新型仓储经营方式，如网络仓库、融通仓、融资租赁等。

1．网络仓库

网络仓库是一种与传统仓库完全不同的仓储经营模式，它并非一个具体的、可以触摸到的实体仓库，而是借助先进的通信设备和信息技术，将多个仓库整合在一起，形成一个可以随时调配所需物资的虚拟仓储系统。网络仓库的覆盖范围非常广泛，能够根据供应商的订货数量和距离条件，通过网络渠道将信息传递至网络中心，快速匹配并选择出足够大且距离需求地最近的存储仓库。

网络仓库本质上是一个虚拟仓库，它通过强大的信息流，统筹调配网络上可利用的仓库资源，能够有效满足订货需求并提升订货量，同时减少因时间和空间造成的迂回物流及仓储保管费的增加。网络仓库是现代信息技术的产物，也是仓储经营模式的创新。

📖 **应用案例**

一个云仓撬动数千家制鞋企业

2021 年 7 月，位于福建省泉州市惠安县的京东物流福建产业专属云仓正式开仓，成为福建省内第二个京东物流智能云仓。

随着电子商务的普及，泉州的鞋靴企业逐渐拓展到更广阔的市场。然而，传统的仓储管理模式对商家的库存周转效率造成了较大压力。中小卖家面临诸多问题，包括囤货占用大量资金、货源不稳定、商品质量标准不统一、仓储周期长及物流成本高等。

京东物流福建产业专属云仓启用后，平台商家可以就近入仓，既能享受京东物流的标准服务，又能提升商家的入仓比率和销售转化率，同时，该项目还能推动产业商家的高标准输出，助力鞋靴产业的品牌化建设。

京东物流智能云仓立足惠安，辐射范围涵盖泉州乃至全省的鞋靴市场。齐越创投负责人表示，京东物流将线上流量、线下仓配网络等资源整合落地于惠安，将为泉州打造一条涵盖工厂生产、经销、仓配、线下门店和线上销售的智能供应链，也为智能供应链驱动下的实体经济转型提供了新的思路。

2．融通仓

"融"指金融，"通"指物资流通，"仓"指物流仓储。融通仓是将"融""通""仓"三者进行集成、统一管理和综合协调的一种模式。因此，融通仓是对物流、信息流和资金流进行综合管理的创新模式，其内容涵盖物流服务、金融服务、中介服务及风险管理服务，还包括这些服务之间的组合与互动，能够使参与其中的物流企业、生产企业、中介机构和金融机构通过融通仓模式实现多方共赢。

企业采用融通仓模式的具体做法是：物流企业为中小企业提供融通仓服务，中小企业货主将货物存放于物流企业的仓库中，取得仓单后凭借该仓单向银行申请贷款。银行根据质押货物的价值及其他相关因素，向客户提供一定比例的贷款。物流企业提供的服务是接受银行委托，对货物的流动性进行监管，并及时向银行提供质押监管信息，以便银行随时掌握货物流动情况。

融通仓作为一个综合性的第三方物流服务平台，不仅为银行与企业之间的合作搭建了新的桥梁，还深度融入企业供应链体系，成为中小企业重要的第三方物流服务提供商。融通仓业务的主要运作模式包括仓单质押、保兑仓（买方信贷）等。

3. 融资租赁

当某些货物对仓库的现代化和智能化程度要求较高，但货主因自身实力有限无法自主建造仓库时，普通的仓库租赁方式便无法满足其需求。在这种情况下，物流企业可以通过提供融资租赁服务来满足货主的需求。

所谓融资租赁，是指出租人通过融通资金，为承租人提供所需的设备或设施，是一种兼具融资与融物双重职能的租赁交易。融资租赁主要涉及出租人、承租人和贷款人，并由两个或两个以上的合同构成。

在融资租赁模式下，首先由货主提出关于仓库需求的招标方案，物流企业参与投标。中标后，进入融资租赁方案的实施阶段。物流企业与货主签订融资租赁协议，并在筹资时与银行签订贷款协议。融资租赁的经营方式是物流企业根据货主的个性化需求，设计仓储建设方案，并提供相应的仓储服务。

7.2 仓储与配送管理模式

仓储与配送管理模式是企业针对仓储与配送环节所采用的基本战略和方法，是物流活动各要素的组合形态及其运行方式的体现。选择仓储和配送管理模式涉及企业的长期战略规划，但本节仅从制造企业的角度出发，重点探讨仓储管理模式和配送管理模式，以及不同模式的选择与决策方法。

7.2.1 仓储管理模式的类型

一般来说，企业仓储管理模式主要有两种：自营仓储管理模式和第三方仓储管理模式。这两种模式各有优势与劣势，且具有诸多不同特点。

1. 自营仓储管理模式

自营仓储管理模式是指企业主要的仓储业务由自身管理的一种模式，简称自营模式。在这种模式下，企业通常自行建设仓储业务所需的仓库等基础设施。然而，部分企业也会根据仓储业务的实际需求或季节性变化，向其他企业租赁部分仓库设施，但仓储业务的管理仍由企业自身负责。

（1）自营仓储管理模式的优势主要体现在以下 5 个方面。

① 掌握控制权。企业可根据自身掌握的信息，对仓储与配送活动的各个环节进行有效调控，实现对仓储与配送系统运作的全过程控制。

② 避免商业秘密泄露。该模式可减少因第三方物流企业参与而导致商业秘密泄露给竞争对手的风险。

③ 降低交易成本。企业自行完成仓储与配送业务，无须与外部物流企业就相关费用进行谈判，从而避免交易结果的不确定性，降低交易风险和交易成本。

④ 盘活企业原有资产。通过优化企业经营管理结构和机制，该模式能够充分利用现有仓储与配送资源，盘活企业原有资产。

⑤ 提高企业品牌价值。企业通过为客户提供优质服务，增强客户对企业的熟悉度和产品认知度，传递企业的亲和力与人文关怀，进而扩大企业影响力，提升品牌价值。

（2）自营仓储管理模式的劣势主要体现在以下 4 个方面。

① 投资规模庞大。企业需投入大量资金用于建设仓储与配送设施、购置设备及增加相关人力资本。这可能导致企业在其他关键领域的投入减少，从而削弱其市场竞争力。

② 配送效率低下，管理难度大。对于大多数企业而言，仓储与配送并非其核心优势。在这种情况下，企业管理层往往需要投入大量时间和资源来管理仓储与配送活动，但结果可能是效率低下且成本高昂。

③ 企业规模有限，专业化程度低。采用自营仓储管理模式的企业通常规模较小，仓储与配送的专业化水平较低，导致运营成本较高。

④ 效益评估不准确。许多自营仓储与配送的企业未能将仓储与配送成本从整体企业成本中分离出来进行独立核算，因此无法准确计算产品的仓储与配送成本，进而难以进行准确的效益评估。

2．第三方仓储管理模式

第三方仓储管理模式是指企业按照一定的程序，将仓储经营业务委托给第三方物流企业进行管理的一种模式。由于这种模式通常采用外包形式，因此也被称为外包模式。第三方仓储管理模式既有优势，也有劣势。

（1）第三方仓储管理模式的优势主要体现在以下 4 个方面。

① 业务优势：通过外包，企业能够获得自身无法提供的仓储与配送服务。

② 成本优势：外包能够降低制造企业的运营成本，减少企业在固定资产方面的投资。

③ 客户服务优势：借助第三方物流企业的专业服务，为客户提供更周到的服务，从而增强企业的市场竞争力。

④ 核心业务聚焦优势：外包使生产企业能够集中精力发展其核心业务。

（2）第三方仓储管理模式的劣势主要表现在以下 3 个方面。

① 仓储与配送的控制能力减弱。

② 增加客户关系管理的风险。

③ 第三方物流企业自身经营不善可能带来的连带经营风险。

7.2.2 仓储管理模式的选择

仓储管理模式的选择是企业经营管理及仓储管理领域的一项重要决策，其决策方法主要包括定性分析法和定量分析法。例如，在具体选择仓储管理模式时，企业可以采用定性分析法。具体而言，可运用比较分析法，即对自营模式与外包（第三方）模式各自的优势与劣势进行分析，再综合考虑其他相关因素，最终进行择优选择。这些选择决策方法同样适用于配送模式的选择。

1. 自营与外包（第三方）决策过程

自营与外包决策过程如图 7-1 所示。

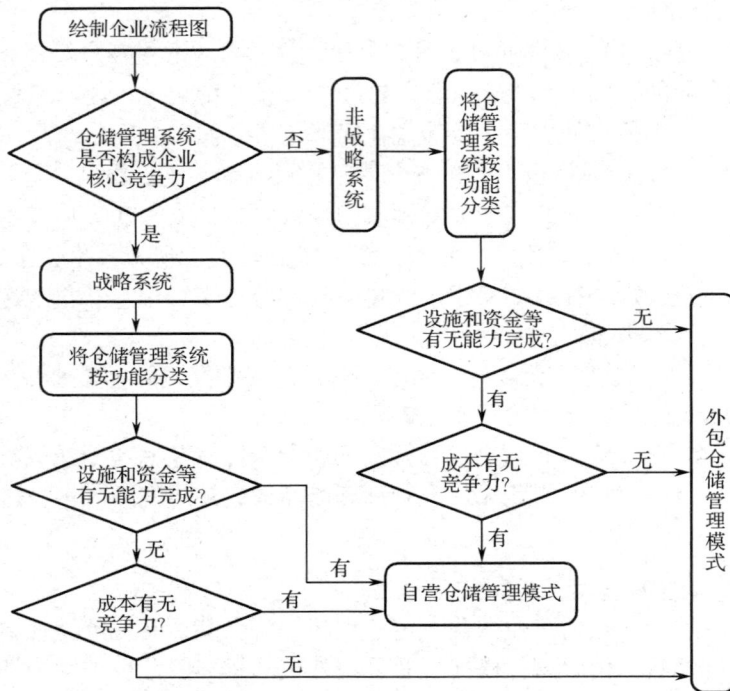

图 7-1　自营与外包决策过程

2. 第三方物流企业的选择过程

企业在完成自营与外包决策后，若选择外包模式，则接下来的重要决策是选择合适的物流服务商，即第三方物流企业。通常的选择过程如下。

（1）明确服务需求。首先，准确列出将要外包的服务需求项目，如仓储、运输、库存管理、信息支持等；其次，详细制定这些项目的服务需求标准。

（2）筛选候选者。通过制作评估表，概括总结公司的服务需求，初步将候选者数量缩减至三至四名，再通过进一步评估，将候选者数量减少到最有希望的一至两名。

（3）参观工作场所。仔细听取供应商的介绍，要求其描述如何满足本公司需求，并深入了解其人员、设备及管理状况。

（4）成本估算。确定仓储服务成本时，可参考每平方米场地使用成本、每件产品的交易成本、每次装载成本等指标。

（5）建立考核标准。根据供应商愿意支付的服务价格，确定相应的协议条款（如安排收发货时间），并制定相应的考核标准。

（6）组织考核并确定中选的物流服务商。依据考核标准对候选供应商进行评估，最终确定合适的供应商。

7.2.3　配送管理模式的类型

配送管理模式主要包括自营配送模式、共同配送模式、第三方配送模式、互用配送模式，以及在新业态和新零售背景下出现的新型配送管理模式等。以下将分别对各种模式的特点、类型、具体形式及实施等方面进行阐述。

1. 自营配送模式

（1）自营配送模式的含义。自营配送模式是指企业自行筹建并组织管理物流配送的各个环节，以实现对企业内部及外部货物配送的一种模式。这种模式是目前生产流通企业或综合性企业（集团）广泛采用的一种配送方式，能够实现企业供应、生产和销售作业的一体化，具有较高的系统化程度。

（2）自营配送模式的优点主要包括以下 4 个方面：企业对供应链各个环节有较强的控制能力，利于企业内部协调，控制供应和分销渠道；可以合理地规划管理流程，提高物流作业效率；可以使原材料和零配件采购、配送以及生产实现一体化；整个物流体系成为企业内部的一个组成部分，使仓储、配送在时间、空间上快速和灵活地满足企业物流需求。

（3）自营配送模式的缺点主要包括以下 3 个方面：一次性投资大，成本较高；规模较小的企业配送业务的专业化程度较低；企业配送管理难以控制。

（4）自营配送模式的形式包括企业的分销配送和企业的内部供应配送。

① 企业的分销配送，主要有以下两种方式：第一种方式是企业对企业的配送模式（见图 7-2），即配送服务的需求方为生产企业（最终需求方）或商业中间商企业。这种方式具有配送量大、渠道稳定、产品标准化的特点，但难以通过凑整实现运输配送的规模优势。它适用于产地直销的快消品，而不适合中转的低价值化工建材类物品。

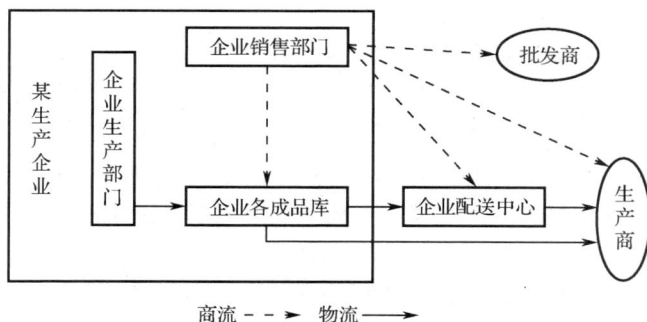

图 7-2　企业对企业的配送模式

第二种方式是企业对消费者的分销配送，通常是商业零售企业对消费者的配送。这种方式的特点是消费需求数量小、地点分散、随机性强、服务水平要求高、配送成本高。

② 企业的内部供应配送，包括大型连锁商业企业内部的供应配送及大型生产企业内部的供应配送。

2. 共同配送模式

（1）共同配送模式的含义。共同配送模式是指两个或两个以上有配送业务的企业通过相互合作，共同为多个客户提供配送服务的一种物流模式。这种模式是物流配送企业之间为了提高配送效率、实现整体配送合理化，基于互惠互利原则、功能互补而形成的协作型配送模式。它是电子商务环境下一种高效的物流配送模式，能够实现配送的合理化，包括配送共同化、物流资源利用共同化、物流设施设备利用共同化以及物流管理共同化。此外，共同配送模式也是企业通过横向联合、集约协调、求同存异、效益共享，发挥集团型竞争优势的一种现代管理方法。

共同配送模式的一般流程如图 7-3 所示。

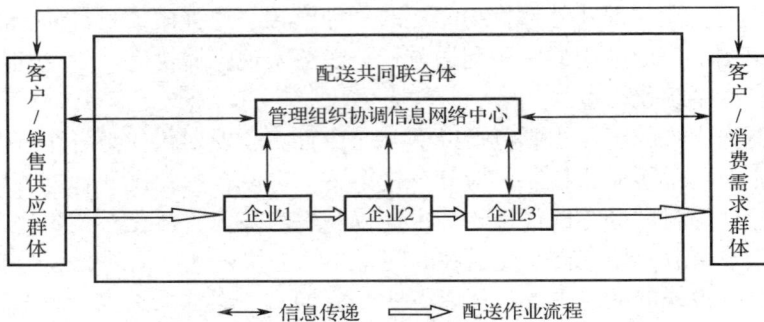

图 7-3 共同配送模式的一般流程

（2）共同配送模式的特点。共同配送能够实现配送资源的有效配置，弥补配送企业在功能上的不足，从而提升企业的配送能力并扩大其规模。然而，这种配送模式也面临一些问题和挑战，例如，配送货物种类繁杂，客户需求不一致，管理难度较大；运作主体多元化，导致主管人员在管理协调方面存在困难；利益分配和资源调度的难度较大；此外，还存在商业机密容易泄露的风险。

（3）共同配送模式的原则。共同配送的核心在于充实和强化配送的功能，提高配送效率，实现配送的合理化和系统化。因此，应坚持以下原则：功能互补的原则；平等自愿的原则；互惠互利的原则；协调一致的原则。

（4）共同配送模式的可行性论证。论证内容主要包括：环境分析，包括宏观环境和微观环境分析；服务对象论证，主要明确自身的目标市场及预期达成的目标；组织论证：主要分析共同配送的组织模式、实施方法及组织保障措施；技术论证：主要包括与共同配送相关技术的评估，以及企业间资源、设备和管理技术的协同性论证。

（5）共同配送模式的实施步骤，主要包括以下环节：选择联合对象；组建谈判小组并做好谈判准备；签订合作意向书及合同，并进行公证；组建领导班子，拟定管理模式；正式投入运作。

（6）共同配送模式的运作方式。共同配送模式的运作方式如图 7-4 所示。客户通过网络平台将需求信息（订单）发送给配送共同联合体和销售供应群体。随后，配送共同联合体通过网络信息沟通，协调销售供应群体、企业 A、企业 B、企业 C 等各方，依据各自的功能，分别完成相应的作业任务，如运输、储存、订单处理（包括合并订单）、分拣、加工、发运等，最终将货物交付给客户或消费需求群体。

（7）共同配送模式的类型。共同配送模式可分为横向共同配送和纵向共同配送两种类型。其中，横向共同配送进一步细分为同产业间的共同配送、异产业间的共同配送及共同集配三种类型；纵向共同配送则分为分销商与厂商间的物流共同化、零售商与分销商间的物流共同化两种类型。

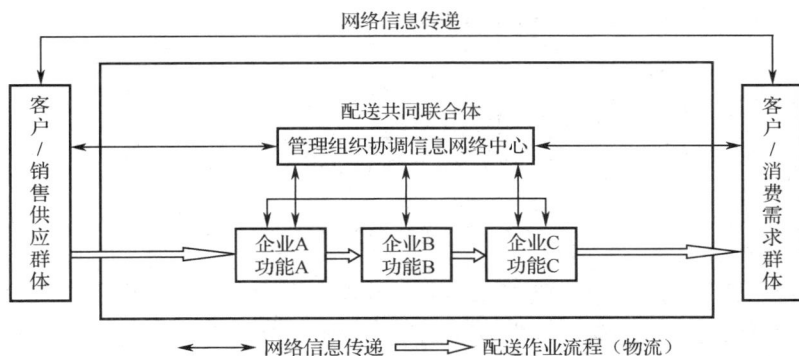

图 7-4　共同配送模式的运作方式

3．第三方配送模式

（1）第三方配送模式的含义。第三方配送模式是指交易双方将自身需要完成的配送业务委托给第三方物流企业来完成的一种配送运作模式。这种模式属于一种社会化物流系统，第三方物流企业专门从事商品运输、库存保管、订单处理、流通加工、包装、配送及物流信息管理等物流活动。

（2）第三方配送模式的特点主要体现在以下 6 个方面：采用拉动式经营模式；实现小批量、多批次取货；提高生产保障率，减少待料时间；减少中间仓储搬运环节，提供"门到门"服务；实现最佳经济批量，从而降低运输成本；通过 GPS 全球定位系统及信息反馈系统，保障准时运输（JIT）及运输安全。

（3）第三方配送模式的运作方式主要包括以下 3 个方面。

① 企业销售配送模式：企业将其销售物流业务外包给第三方物流企业运作，具体如图 7-5 所示。生产企业仅保留少部分产品的配送业务，其他大部分配送业务如面向批发企业、零售企业以及最终消费者的配送业务，都由第三方物流企业负责。

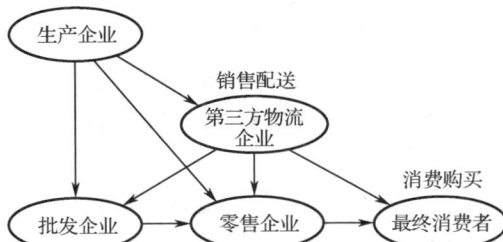

图 7-5　企业销售配送模式

② 企业供应配送模式：由第三方物流企业提供供应配送服务，包括统一订货、集中库存、准时配送或代存代供等，具体如图 7-6 所示。第三方物流企业负责生产企业供应配送方面的业务，如批发商至生产部门的门到门配送、至生产部门和分公司仓库的门到库配送、至生产线的门到线配送。

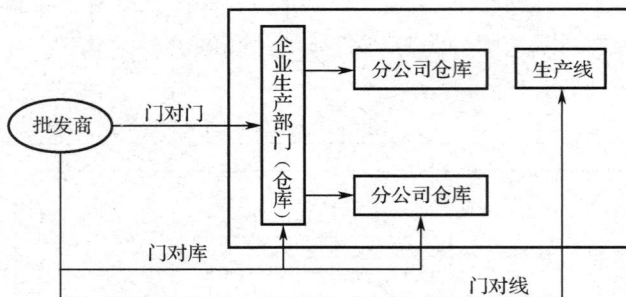

图 7-6　企业供应配送模式

③ 供应—销售物流一体化配送模式：第三方物流企业负责企业的供应与销售物流的全流程服务，具体如图 7-7 所示。从供应商到生产企业，再到批发企业、零售企业、消费者之间的商流用虚线表示；第三方物流企业则承担供应—销售物流（配送）业务（图中实线），包括供应商与生产企业之间的供应物流（配送），以及生产企业与批发企业、生产企业与零售企业、生产企业与消费者之间的销售物流（配送）。

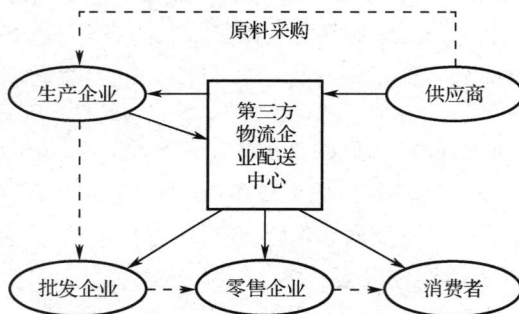

图 7-7　供应—销售物流一体化配送模式

（4）第三方物流企业的组合配送模式（见图 7-8），根据供应商的分布和数量要求，可划分为以下三种方式：对于规模较小、距离较远且分布分散的供应商，确定一个聚合点，将小车运输的零部件集中转运至大车，再统一运送到工厂；对于规模较小但分布集中的供应商，采用多点停留、固定集配路线的方式，将零部件集结后进行运输；对于主要供应商，尤其是那些一天中需要多次运送零部件的情况，直接将其货物运输到工厂。

4. 互用配送模式

互用配送模式可分为一般互用配送模式和以网络控制为主的配送模式两种。

（1）一般互用配送模式是指多个企业之间，为了实现各自的利益，通过契约形式达成协议，相互利用对方的配送系统资源进行配送的一种模式。采用这种模式，企业无须投入大量资金和人力，即可扩大自身的配送规模和范围。该模式如图 7-9 所示。

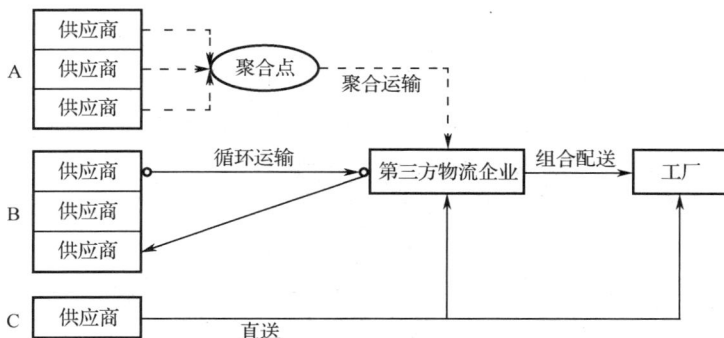

图 7-8 第三方物流企业的组合配送模式

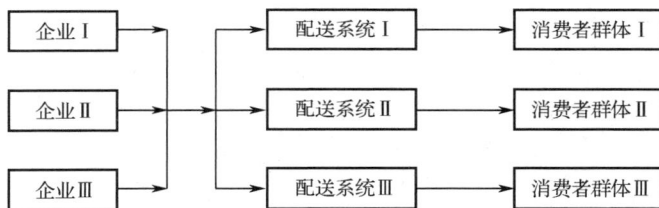

图 7-9 一般互用配送模式

（2）以网络控制为主的配送模式是指在电子商务下，企业与消费者之间直接通过网络进行信息交流与订货所形成的配送模式，如图 7-10 所示。

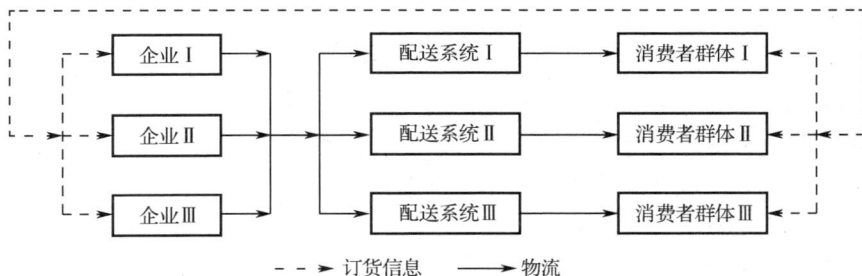

- - - ▶ 订货信息　　——▶ 物流

图 7-10 以网络控制为主的配送模式

5. 在新业态和新零售背景下出现的新型配送管理模式

在"互联网+"的推动下，商家将线下销售与线上销售更加紧密地结合在一起，形成了新的销售模式。这些新销售模式对配送提出了新的要求，促使新型配送管理模式应运而生。新型配送管理模式主要包括以下几种类型。

🔍 **知识链接**

关于新销售模式的解读

新销售模式与传统销售模式完全不同。新销售模式最主要的就是以消费者为中心，以现代化通信工具和互联网技术（如因特网、大数据、云计算）为支撑，以销售方和产品需求方采用线上或线上线下结合的方式，并辅之以高效的物流配送系统完成整个销售流程。

（1）线上线下分开配送模式。当客户在线上下单时，由线上平台所属的仓库负责货物配送；而当客户在实体店内购买并下单时，则由客户上门自取或由线下门店的店员进行配送。在这种模式下，线上平台的仓库与线下销售出货的仓库是分开的。线上仓库配送能够有效保证配送速度，而线下门店则可以更好地为客户提供优质服务。这种配送模式比较适合大型门店，尤其是线上线下的货物销量较大、销售情况良好的门店或品牌。

（2）线上线下统一由门店配送模式。这种模式将线上线下的配送任务均安排至距离消费者最近的门店仓库进行后续配送。通过这种方式，可以节省仓库直接配送的人力和财力成本，缩短配送时间，并且能够更好地管理销售和配送人员。该模式更适合像超市这样面积较大的商店。例如，永辉超市通过将线下销售与线上 App 相结合，能够更高效地为附近消费者配送线上下单的商品。

（3）线上线下融合的展示与配送模式。这种模式将线上销售与线下门店相结合，线下门店主要负责商品展示，消费者在店内选择商品并进行登记，随后由仓库负责配送。门店无须储存待销售商品，从而节省储存成本。这种模式适合商品体积较大、客户需求不急迫的情况。

（4）完全线上销售与线下配送模式。商家通过开设网店进行商品销售，仅面向线上客户提供商品，但需对仓库进行有效管理，并严格把控商品价格与质量。

应用案例

国药控股再造社区药品配送全流程

自 2022 年 3 月中旬以来，国药控股作为在沪医药央企及上海市疫情防控医用物资保供重点企业，其承接的互联网医院处方 C 端配送量较疫情前增长了近 9 倍。

针对疫情中暴露出的问题，国药控股所属在沪企业迅速研究并制订新的解决方案，决定启用国药控股零售门店作为前置服务点，配合信息系统平台，为附近社区居民提供末端配送与服务，以提升购药体验，即"国药驿站"零售定点解决方案。

"国药驿站"解决方案实现了物流中枢、配送前端和零售终端的全面打通。该方案利用国大药房作为前置仓和前置服务点，门店收到药品后主动与患者联系，患者可根据自身情况选择上门自提或由居委、志愿者送药等多种方式，从而快速将药品送达患者手中。同时，国药控股迅速开发出信息平台，实现了药品配送各环节全流程的闭环和透明管理。

"国药驿站"方案实施两周的实践表明，与之前的互联网处方药品配送相比，这种模式在物流能力、配送效率、信息透明度、服务体验等各方面均有显著提升，从根本上解决了互联网医院处方配送"最后一百米"的问题，最大限度地提高了用药的可及性。

7.2.4 配送管理模式的选择

一般来说，企业配送管理模式的选择是企业物流管理及配送管理领域的一项重要决策。其决策过程可以采用定性分析法和定量分析法中的一些具体方法，而这些方法同样适用于仓储管理模式的选择。以下将重点介绍矩阵图决策法和比较选择法。

1．矩阵图决策法

矩阵图决策法主要是通过两个不同因素的组合，利用矩阵图来选择配送管理模式的决策方法。其基本思路是选择决策因素，然后通过其组合形成不同区域或象限再进行决策。

这里主要围绕配送对企业的重要性及企业配送能力来进行分析，如图 7-11 所示。

在实际经营过程中，企业根据自身的配送能力和配送对企业的重要性确定在图中所示的相应区域。一般来说，企业可按以下思路来进行选择和决策。

在状态Ⅰ下，配送对企业的重要性较高，且企业自身具备较强的配送能力。当配送成本较低、地理区域较小但市场相对集中时，企业可选择自营配送模式，以提升客户满意度和配送效率，确保与营销策略的一致性。

在状态Ⅱ下，尽管配送对企业的重要性较高，但企业的配送能力较弱。此时，企业可通过寻求配送合作伙伴来弥补自身配送能力的不足。可供选择的模式包括：第一种，加大投入，完善配送系统，提升配送能力，采用自营配送模式；第二种，进行适度投入，强化配送能力，采用共同配送模式；第三种，选择第三方配送模式，将配送业务完全委托给专业的配送企业。

一般来说，在市场规模较大且相对集中、投资量较小的情况下，企业可选择自营配送模式；反之，若市场规模分散或投资量较大，则可选择第三方配送模式。

在状态Ⅲ下，配送在企业战略中并非核心地位，但企业本身具备较强的配送能力。此时，企业可以向外拓展配送业务，以提高资金和设备的利用率。企业可以选择共同配送模式或互用配送模式。如果企业在配送方面具有显著的竞争优势，还可以适当调整业务方向，向社会化物流转型，发展成为专业的配送企业。

在状态Ⅳ下，企业的配送能力较弱，且配送需求不大。此时，企业宜采用第三方配送模式，将配送业务完全或部分委托给专业的配送企业，从而将主要精力集中在企业擅长的生产经营活动上，专注于提升核心竞争力，以获取更大的收益。

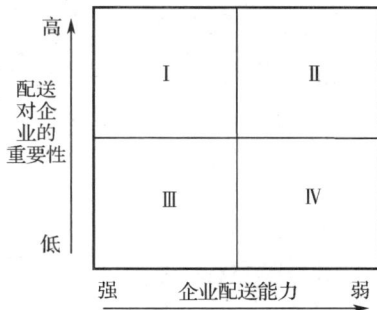

图 7-11　矩阵图决策法

2．比较选择法

比较选择法是企业通过对比配送活动的成本和收益等因素，从而选择配送管理模式的一种方法，通常包括确定型决策、非确定型决策和风险型决策等。

（1）确定型决策。确定型决策是指一个配送管理模式只有一种确定的结果。通过比较各个方案的结果，即可做出选择何种配送管理模式的决策。

【例 7-1】某企业为扩大生产销售，现有 3 种配送管理模式可供选择。各配送管理模式所需的配送成本与可能实现的销售额如表 7-1 所示。

表 7-1　各配送管理模式所需的配送成本与可能实现的销售额

配送管理模式	配送成本/万元	可能实现的销售额/万元
自营配送模式	10	220
互用配送模式	8	180
第三方配送模式	5	140

这类问题一般为单目标决策，此时企业可以运用价值分析来进行选择，即直接利用下面的公式来计算各种配送管理模式的价值系数：

$$V = \frac{F}{C}$$

式中，V 为价值系数；F 为功能（此例为可能实现的销售额）；C 为配送成本。

根据计算结果，某种配送管理模式的价值系数越大，则说明该种模式的配送价值就越大，是企业最佳的配送管理模式或满意模式。

此例中，自营、互用、第三方配送模式的价值系数分别为 22、22.5、28，企业应采取第三方配送模式。

在实际经营过程中，企业选择配送管理模式时往往需要综合考虑多方面的因素，因此需要进行多目标决策。此时，评价配送管理模式的标准是各模式的综合价值，通常可以通过计算综合价值系数来确定。某一模式的综合价值系数越大，说明该模式的综合价值越高，这种模式就是企业应选择的配送管理模式。综合价值系数可通过以下公式计算：

$$V = \sum M_i F_i$$

式中，V 为综合价值系数；F_i 为各因素的权数；M_i 为各因素评价分数规范化之后的属性值。对于收益类因素，$M_i = X_i / \max\{X_i\}$；对于成本类因素，$M_i = \min\{X_i\} / X_i$。

【例 7-2】某企业在选择配送管理模式时主要考虑 4 个方面的目标，如表 7-2 所示。

表 7-2　某企业在选择配送管理模式时主要考虑的目标

配送管理模式	配送成本/万元	可能实现的销售额/万元	利润总额/万元	客户满意度/%
权数	0.1	0.3	0.4	0.2
自营配送模式	10	220	25	98
互用配送模式	8	180	17	97
第三方配送模式	5	140	15	99

根据表中资料计算，各模式的综合价值系数分别为：

$$V_{自营} = \frac{5}{10} \times 0.1 + \frac{220}{220} \times 0.3 + \frac{25}{25} \times 0.4 + \frac{98}{99} \times 0.2 = 0.95$$

$$V_{互用} = \frac{5}{8} \times 0.1 + \frac{180}{220} \times 0.3 + \frac{17}{25} \times 0.4 + \frac{97}{99} \times 0.2 = 0.76$$

$$V_{第三方} = \frac{5}{5} \times 0.1 + \frac{140}{220} \times 0.3 + \frac{15}{25} \times 0.4 + \frac{99}{99} \times 0.2 = 0.73$$

可以看出，自营配送模式的综合价值系数最大，是企业所要选择的配送管理模式。

需要注意的是，在利用确定型决策选择配送管理模式时，需明确以下几方面问题：一是决策目标要明确；二是至少要有两个可供选择的配送管理模式；三是未来存在一个确定的自然状态或一组确定的约束条件；四是各备选方案在自然状态或约束条件下的效益值可以确定。

（2）非确定型决策。非确定型决策是指一个配送管理模式可能出现几种结果，而又无法知道其概率时所进行的决策。其条件是：决策者期望的目标明确，存在着不以决策者意志为转移的两种以上状态，具有两个或两个以上可供选择的配送管理模式，不同模式在不同状态下相应的损益值可以获得。非确定型决策作为一种决策方法，虽带有较大的主观随意性，但也有一些公认的决策准则可供企业在选择模式时参考。下面通过实例来说明非确定型决策的不同决策准则以及企业对配送管理模式的选择方法。

【例 7-3】某企业计划通过提升配送效率，满足客户对配送的需求，从而扩大经营规模。目前可供选择的配送管理模式有三种。由于在未来几年内，企业无法准确预测客户对配送需求的程度，只能大致估计为三种情况，并已估算出在三种自然状态下，三种配送管理模式在未来几年内的成本费用（见表 7-3）。然而，企业并不清楚这三种情况的发生概率。在这种情况下，企业应如何进行决策？

表 7-3　某企业在三种自然状态下三种配送管理模式的成本费用

单位：万元

自 然 状 态	配送管理模式		
	自 营 配 送	互 用 配 送	第 三 方 配 送
配送要求程度高	90	70	65
配送要求程度一般	50	35	45
配送要求程度低	10	13	30

第一种方法：乐观主义决策准则。

乐观主义决策准则适用于决策者在面临不确定情况时，持有乐观且敢于冒险的态度，以"争取最好结果"的心态选择决策策略。具体操作为：首先从每种配送管理模式中找出最低成本，将其视为可能发生的最有利自然状态；然后在这些最低成本中，选择成本最低的模式作为最终方案。在本例中，三种配送管理模式的最低成本分别为 10 万元、13 万元和 30 万元。其中，自营配送模式的成本最低，因此可作为企业满意的方案。这种决策方法通常适用于把握较大且风险较小的情况。

第二种方法：悲观主义决策准则。

悲观主义决策准则，也称保守主义决策准则，决策者从最不利的角度出发考虑问题。具体操作为：首先从每种配送管理模式中选择一个最大成本（或最小收益）作为评价模式的基础，实际上是对每个局部模式持保守态度，从最不利的角度出发，将最大成本（或最小收益）视为必然发生的自然状态，从而将非确定型决策问题转化为确定型决策问题来处理。然后，再从这些最大成本（或最小收益）中选择成本最小的模式（或收益最大的模式）。在本例中，三种模式的最大成本分别为 90 万元、70 万元、65 万元。其中，第三方配送模式的成本最小，因此可作为企业满意的方案。在现实经济生活中，这种决策方法通常适用于把握性较小且风险较大的情况。

第三种方法：折中准则或赫维斯准则。

赫维斯认为，决策者不应极端行事，而应在两种极端情况中求得平衡。具体的方法是根据决策者的估计，确定一个乐观系数 α，α 的取值范围为 $0<\alpha<1$。给最好的结果和最坏的结果分别以相应的权数 α 和 $(1-\alpha)$，中间结果不予考虑。本例是计算折中成本值，其计算公式为：

$$折中成本值=\alpha\times最小成本值+(1-\alpha)\times最大成本值$$

在决策中，决策者根据分析，估计客户对配送程度要求高的大概占 40%，客户对配送要求程度低的占 60%，即乐观系数为 0.6。此时三种模式的折中成本值分别为 42 万元、35.8 万元、44万元。根据计算结果可以看出，互用配送模式的成本最低，可作为企业选择的模式。

第四种方法：等概率准则或拉普拉斯准则。

拉普拉斯认为，在非确定型决策中，由于各种自然状态发生的概率未知，单纯依据最好或最坏的结果进行决策均缺乏充分依据。解决方法是：给每种可能出现的结果赋予相同的权重，若存在多种自然状态，则每种状态发生的概率相等，且总和为1。接着，计算各个方案（配送管理模式）在各种自然状态下的加权平均值，再根据决策指标的性质进行决策。

在本例中，假设各种自然状态发生的概率相等，经计算，三种配送管理模式的成本加权值分别为50万元、39.3万元和46.7万元。由此可见，互用配送模式的加权成本值最小（39.3万元），因此可作为企业选择的配送管理模式。

第五种方法：最小后悔值准则。

这种决策方法以每种配送管理模式在不同自然状态下的最小成本值作为理想目标。若在某一状态下未选择理想模式而选择了其他模式，会导致成本增加，从而产生"后悔"。每个自然状态下的其他模式成本值与理想值之差形成的损失值称为"后悔值"。具体操作为：先按模式选出最大后悔值，再从这些最大后悔值中选出后悔值最小的成本值，其对应的模式为企业所要选择的模式。这种决策方法较为保守，能有效降低风险。

根据此例所给的资料，计算出企业在三种自然状态下各配送管理模式的后悔值，如表7-4所示。

表7-4　企业在三种自然状态下各配送管理模式的后悔值

单位：万元

自然状态	配送管理模式		
	自营配送	互用配送	第三方配送
配送要求程度高	90（90-65=25）	70（70-65=5）	65（65-65=0）
配送要求程度一般	50（50-35=15）	35（35-35=0）	45（45-35=10）
配送要求程度低	10（10-10=0）	13（13-10=3）	30（30-10=20）

根据表7-4的计算结果可以看出，三种配送管理模式的最大后悔值分别为25万元、5万元和20万元。其中互用配送模式的后悔值最小，此时企业可选择该模式为满意的模式。

从上述介绍的5种方法可以看出，针对同一问题，依据不同的决策准则进行决策，其结果往往存在差异。因此，企业在运用不确定型决策方法选择配送管理模式时，还应综合考虑其他相关因素。

（3）风险型决策。风险型决策是指在目标明确的情况下，基于对不同自然状态下结果及其出现概率的预测所进行的决策。由于自然状态并非决策者所能控制，因此决策结果在客观上存在一定风险，这也是其被称为风险型决策的原因。风险型决策通常采用期望值准则，即先根据预测结果及其概率计算期望值，再根据指标的性质及期望值结果进行决策。

对于产出类性质的指标，一般选择期望值较大的方案；而对于投入类性质的指标，则通常选择期望值较小的方案。

【例7-4】某企业在制定未来配送规划时，需要在三种配送管理模式中做出选择。这三种配送管理模式在不同需求情况下的概率及可能的销售量如表7-5所示。请问企业应选择哪种配送管理模式？

表 7-5　三种配送管理模式在不同需求情况下的概率及可能的销售量

单位：万元

未来市场需求规模	概　　率	销　售　量		
		自营配送	互用配送	第三方配送
大	0.4	800	1000	1200
一般	0.3	600	600	1000
小	0.3	400	300	300

根据所给资料，计算如下：

S_1=0.4×800+0.3×600+0.3×400=320+180+120=620（万元）

S_2=0.4×1000+0.3×600+0.3×300=400+180+90=670（万元）

S_3=0.4×1200+0.3×1000+0.3×300=480+300+90=870（万元）

通过计算可知，三种配送管理模式的销售量期望值分别为 620 万元、670 万元和 870 万元。第三方配送管理模式的期望值最大，所以应该选择该模式。

7.3　仓储与配送服务营销

一般来说，仓储、配送及运输是物流的基本功能，企业为客户提供的仓储和配送服务属于基础物流服务。因此，企业仓储和配送服务营销通常与物流市场营销紧密结合，是物流市场营销的重要组成部分。本节从物流企业的视角出发，结合物流市场营销理论，进一步探讨仓储与配送服务营销的具体内容。

7.3.1　仓储与配送服务营销的含义及内容

仓储与配送服务营销是物流企业针对仓储、配送及相关服务所开展的综合性市场营销活动，属于物流企业市场营销的重要组成部分。物流市场营销则是物流企业通过对物流市场施加影响，促使潜在客户转化为现实客户，以满足客户对物流产品及服务的需求和期望的过程。因此，仓储与配送服务营销本质上属于服务营销范畴，具备服务营销的基本特征，并遵循物流市场营销的一般规律。在实际营销活动中，应深入理解和准确把握仓储与配送服务营销的若干关键要素。

1. 营销战略

仓储与配送服务营销战略通常融入企业的物流市场营销战略之中。市场营销战略是指企业在现代市场营销理念的指导下，为实现其经营目标，对一定时期内市场营销发展的总体构想和规划。在营销理论中，市场细分、目标市场与市场定位是构成企业营销战略的三大要素，合称为 STP（Segmenting，Targeting，Positioning）营销。企业需依据细分市场明确自身的目标市场，并进一步确定自身的市场定位。一家物流公司必须清晰地认识到自身的竞争优势，并依据这些优势开展自身擅长的业务领域。

2．营销目标

在企业仓储与配送服务营销的规划制定、内容确定及流程设计等活动中，必须明确营销目标，并确保该营销目标与企业的整体战略目标及物流管理战略目标保持一致。

3．营销核心

企业仓储与配送服务营销的核心在于为客户创造价值，如提供优质的货物保管、货物包装及按时送货服务；若客户需要随时了解货物的存储状态或运输状态，可借助信息系统实时查询相关信息。

4．营销基础

仓储与配送服务营销基础是建立服务体系，保证服务质量。例如，企业建立仓库设施、车辆工具、信息系统、管理制度等配送体系，为客户提供进货、保管、加工、配送等多方面、多层次的一条龙服务。

5．营销重点

仓储与配送服务营销的重点是关系营销，即与客户建立良好的合作关系。关系营销是通过实施一系列营销策略，吸引和开发客户，持续维护并深化与客户的关系，以实现长期合作与互利共赢。

6．营销策略

市场营销策略是指企业根据自身的内部条件和外部竞争状况，确定的关于选择和占领目标市场的系统性策略。物流企业应依据营销策略理论，结合市场环境以及仓储、配送业务的实际需求，制定相应的营销策略，如4Ps组合策略、4Cs组合策略、"一对一"营销策略等。

7.3.2　4Ps 和 4Cs 组合策略

4Ps 和 4Cs 组合策略均为企业重要的市场营销策略，物流企业应将其融入仓储与配送营销活动之中。

1．4Ps 组合策略

（1）产品策略。产品策略涵盖产品组合策略、差异化策略、品牌策略、产品质量策略及新产品开发策略等。例如，物流企业应根据市场需求，分析并确定仓储服务的设计方案，精准定位仓储市场，明确创立何种服务品牌，构建服务质量体系等。

（2）价格策略。制定价格策略时，应综合考虑企业的营销战略、产品的市场地位及产品生命周期等因素，灵活运用多种定价方法，如差别定价法、折扣定价法和产品组合定价法等。

（3）渠道策略。例如，合理规划网点布局，选择合适的运输配送合作伙伴，确定中转仓库及运输路线等。

（4）促销策略。企业需开展多样化的传播活动，包括广告宣传、促销活动和公共关系管理等，以快速、准确地将有效信息传递至市场，尽快吸引客户关注并获得社会认可，从而为企业创造更多效益增长机会。

2．4Cs 组合策略

20 世纪 80 年代，美国学者劳特朋提出了 4Cs 营销理论，并由此形成了 4Cs 营销组合策略，物流企业可将其应用于服务营销管理中。4Cs 营销组合策略以客户需求为导向，注重客户愿意承担的成本，具有显著优势，尤其适合物流企业。

（1）瞄准消费者需求（Consumption）。物流企业应首先了解、研究并分析消费者的实际需求与期望，明确应提供何种物流服务，而非仅着眼于企业自身的大规模物流中心或配送中心建设。

（2）消费者愿意支付的成本（Cost）。物流企业应首先明确物流需求主体为满足其物流需求愿意支付的成本金额，而非单方面为自身物流服务定价。因此，需基于对目标客户需求的分析，为其量身定制个性化的物流方案。

（3）消费者的便利性（Convenience）。此策略要求物流企业始终从客户角度出发，考虑物流服务为客户带来的效益，如节约时间、减少资金占用、增强核心业务能力以及提升市场竞争能力等。

（4）与消费者沟通（Communication）。此策略要求物流企业以客户为中心，通过互动与沟通等方式，将物流企业的服务与客户的物流需求有机结合，从而无形中整合客户与物流企业双方的利益，为用户提供一体化、系统化的物流解决方案。

在市场经济快速发展的背景下，国际化、全球化、市场多元化以及服务个性化的要求日益提高。物流企业单纯依赖 4Ps 或 4Cs 营销策略往往难以满足市场需求，需引入新的市场营销理念进行创新，对 4Ps、4Cs 营销策略进行拓展，制定并实施新的营销策略，如关系营销、"一对一"营销策略等。

知识链接

"一对一"营销策略

"一对一"营销主要属于整合营销模式，其核心思想是以"客户份额"为中心，通过与客户的互动对话实现"定制化"服务。企业应从关注市场占有率转变为关注个体客户的"客户份额"，即关注本企业产品在客户所拥有的同类产品中的占比，并努力提升这一占比。"一对一"营销的实施基于定制化利润高于定制化成本的前提，这要求企业内部的营销部门、研发部门、制造部门、采购部门和财务部门之间密切协作。营销部门需确定满足客户需求所需的定制化程度；研发部门需对产品进行最有效的重新设计；制造与采购部门必须确保原材料的有效供应和生产的顺利进行；财务部门则需及时提供生产成本状况与财务分析。

应用案例

联邦快递在华营销策略

多年来，联邦快递始终站在客户的角度，以市场需求研究为出发点，制定了一系列营销策略。

1．满足客户个性化服务需求，与客户形成互助结合体

联邦快递专门针对不同背景和行业的客户，设立了名为"FedEx Service"的部门，为每位客户提供量身定制的物流解决方案。

2. 通过创新服务，增强企业与客户的关联性

联邦快递高度重视客户需求的变化，持续进行服务创新。联邦快递在中国市场推出国内限时服务，包括"次早达""次日达""隔日达"服务。

3. 建立呼叫中心，及时倾听客户需求

联邦快递呼叫中心的员工，除接听电话外，还需主动联系客户，收集客户信息。公司每月从每位员工负责的客户中随机抽取5人，进行电话回访，了解他们对服务品质的评价以及潜在需求和建议。

4. 追求市场回报

联邦快递通过缩短运送时间、减少库存、降低客户成本来实现市场回报。例如，一家半导体公司分别在不同地点进行制造、测试、组装和分销。过去，产品从制造到运抵分销中心需要60～120天，到达分销中心后还需等待客户订单，订单处理时间约为45天。如今，通过联邦快递的服务，从制造、测试、组装到运抵分销中心的时间已缩短至不到30天。由于客户可以通过联邦快递的网页实时查看产品状态，产品到达后无须再等待订单，从而有效减少了库存，降低了客户成本，同时也赢得了客户和市场份额。

本章实训

（1）实训项目：企业配送模式的调查。

（2）实训目的：通过调查，了解企业配送模式实际状况，并能够运用所学知识分析企业配送模式存在的问题，并提出改进的建议。

（3）实训内容：①选择一家物流企业或制造企业，调查企业配送方面的资料；②对调查资料进行汇总、整理，描述企业所使用的配送模式，分析其优点与缺点；③讨论优化配送模式的方法。

（4）实训要求：明确实训活动的目的及任务；学生按4～6人进行分组；每组制订实训活动计划方案；确定实训活动的进度安排。

（5）实训考核：要求每组写出实训活动报告；对各组实训情况进行评价。

复习思考题

1. 单项选择题

（1）（　　）是指存货人将一定品质和数量的货物交付给物流企业进行储存；在储存保管期限届满时，物流企业只需返还相同种类、相同品质、相同数量的替代物即可。

A. 保管仓储　　　　B. 混藏仓储　　　　C. 消费仓储　　　　D. 仓库租赁

E. 融通仓

（2）（　　）是指存货人将货物交付给物流企业储存，并支付仓储保管费的仓储经营方法。

A. 保管仓储　　　　B. 混藏仓储　　　　C. 消费仓储　　　　D. 仓库租赁

E. 融通仓

（3）（　　　）是指存货人将一定数量和品质的货物交付给物流企业进行储存，并与物流企业约定，将货物的所有权转移至物流企业。在合同期限届满时，物流企业需以相同种类、相同品质、相同数量的替代物返还给存货人。

A. 保管仓储　　　　　B. 混藏仓储　　　　　C. 消费仓储　　　　　D. 仓库租赁

E. 融通仓

（4）（　　　）经营人的收益主要来自对仓储物消费的收入，当该消费的收入大于返还仓储物时的购买价格时，物流企业获得了经营利润。

A. 保管仓储　　　　　B. 混藏仓储　　　　　C. 消费仓储　　　　　D. 仓库租赁

E. 融通仓

（5）（　　　）借助先进的通信设备和信息技术，将多个仓库整合在一起，形成一个可以随时调配所需物资的虚拟仓储系统。

A. 保管仓储　　　　　B. 融通仓　　　　　C. 网络仓库　　　　　D. 仓库租赁

E. 混藏仓储

（6）（　　　）是对物流、信息流和资金流进行综合管理的创新模式，其内容涵盖物流服务、金融服务、中介服务及风险管理服务，还包括这些服务之间的组合与互动。

A. 网络仓库　　　　　B. 融通仓　　　　　C. 保管仓储　　　　　D. 仓库租赁

E. 混藏仓储

2. 多项选择题

（1）保管仓储的经营特点是（　　　）。

A. 保管对象是特定物　　　　　　　　　B. 仓储物所有权不转移

C. 仓储物所有权转移　　　　　　　　　D. 仓储过程由物流企业操作

E. 收入主要来自仓储保管费

（2）混藏仓储的经营特点是（　　　）。

A. 保管对象是特定物　　　　　　　　　B. 保管对象是种类物

C. 仓储物所有权转移　　　　　　　　　D. 仓储过程由物流企业操作

E. 替代物返还

（3）消费仓储的经营特点是（　　　）。

A. 保管对象是特定物　　　　　　　　　B. 保管对象是种类物

C. 仓储物所有权转移　　　　　　　　　D. 仓储过程由物流企业操作

E. 替代物返还

（4）仓库租赁（　　　）。

A. 可以出租仓库、场地　　　　　　　　B. 可以出租仓库设备

C. 可以整体出租　　　　　　　　　　　D. 可以部分出租

E. 仓储过程由物流企业操作

（5）自营的优势主要包括（　　　）。

A. 降低交易成本　　　　　　　　　　　B. 掌握控制权

C. 具有业务优势　　　　　　　　　　　D. 避免商业秘密的泄露

3．问答题

（1）试述自营仓储管理模式的优势与劣势。

（2）简述第三方物流企业选择的一般过程。

（3）如何用矩阵图决策法进行配送管理模式选择？

（4）仓储与配送服务营销的内容主要包括哪些方面？

4．计算题

（1）某企业在制定销售规划时，考虑从下面三种配送管理模式中选择一种。已知三种配送管理模式的配送成本与可能实现的销售额如表 7-6 所示。要求通过计算确定最佳的配送管理模式。

表 7-6　三种配送管理模式的配送成本与可能实现的销售额

配送管理模式	配送成本/万元	可能实现的销售额/万元
自营配送模式	12	240
互用配送模式	10	260
第三方配送模式	5	120

（2）某企业为了扩大市场销售，拟在三种配送管理模式中选择最佳的一种模式。各种配送管理模式资料如表 7-7 所示，企业应选择哪种配送管理模式？

表 7-7　三种配送管理模式资料

单位：万元

市场需求规模	概　率	销　售　量		
		自营配送	互用配送	第三方配送
大	0.5	1000	1200	1500
一般	0.3	800	700	1090
小	0.2	500	400	300

第 8 章
仓储及配送服务质量和成本管理

企业仓储和配送等物流活动的核心任务是为客户（包括企业内部客户）提供仓储、配送等服务。这些服务的质量直接影响企业能否吸引并留住客户，进而决定企业经营管理的成败。企业为提供仓储、配送等物流服务需付出一定成本，而成本的高低及其控制效果则直接关系到企业经营收益的高低，关乎企业的发展。由于物流服务与服务成本之间存在二律背反规律，企业必须通过质量管理和成本管理，从全局和综合的角度出发，在为客户提供满意服务的同时，努力降低服务成本。

本章学习目标

1. 了解仓储及配送服务质量管理的含义；
2. 掌握仓储及配送服务质量指标体系的内容及具体作业质量指标；
3. 掌握仓储及配送服务质量管理方法；
4. 了解仓储及配送服务质量评价方法；
5. 了解企业仓储成本的构成；
6. 掌握降低仓储成本的措施；
7. 了解企业配送成本的构成；
8. 掌握配送成本控制措施；
9. 掌握降低配送成本的策略。

让城市货运配送高效环保

2021 年 8 月，交通运输部网站发布《交通运输部 公安部 商务部关于命名天津市等 16 个城市"绿色货运配送示范城市"的通报》，安阳市与天津市、石家庄市、深圳市等 16 座城市共同荣获全国"绿色货运配送示范城市"称号，成为河南省首个获此殊荣的城市。

自国家启动"绿色货运配送示范城市"创建工作以来，在河南省交通运输厅的大力指导下，安阳市于 2018 年 2 月启动申报工作，并于当年 6 月被交通运输部、公安部、商务部确定为第一批"绿色货运配送示范工程"创建城市。

　　在两年多的创建过程中，安阳市通过联动上下游供应链产业，构建了一站式供应链服务体系，同时形成了共同配送、夜间配送、集中配送等多种配送模式并存的格局，实现了模式创新。企业物流费用占商品流通费用的比率下降超过 2 个百分点，配送企业的平均配送成本降低超过 13%，降本增效效果显著。

　　为推广先进配送模式，打造绿色配送市场主体，安阳市注册成立了 16 家城市绿色货运配送企业，拥有 1400 多辆微面、轻卡、厢式等新能源货车。通过统一规划运输线路、统一调配运输车辆、统一组织共同配送的方式，基本承担了城市中心商超、批发市场中快消品和生活物资的配送任务，使中心城区配送车辆的电动化率达到 90%以上。

　　经过两年多的示范创建，安阳市的城市配送体系逐步完善，市场主体不断健全，新能源装备得到广泛应用，信息化水平稳步提升，各项工作取得了初步成效。

？ 案例思考题

　　结合案例说明共同配送模式在降低企业物流成本、提升城市配送效率方面所发挥的作用。

8.1　仓储及配送服务质量管理

　　鉴于企业提供的仓储和配送服务是物流服务的核心组成部分，其在质量管理的基本原则、主要内容及控制与评价方法等方面，与物流服务保持一致。本节将从物流企业的角度出发，结合物流服务质量管理的相关理论，进一步阐述仓储和配送服务质量管理的主要内容。

8.1.1　仓储及配送服务质量管理认知

　　仓储及配送服务质量管理受到多种因素的影响，企业应通过质量策划、质量控制、质量保证和质量改进以及全面质量管理等措施，提高企业仓储及配送服务质量水平。

1. 仓储及配送服务质量管理的含义

　　仓储及配送服务质量管理是指物流企业为客户提供仓储、配送及其他物流服务时，客户对服务过程和服务结果的满意程度，这一指标反映了物流企业服务水平的高低。消费者在评价服务质量时，不仅关注服务的结果，还关注服务的全过程。仓储及配送服务质量的内涵包括服务的安全性、适用性、有效性和经济性等一般要求。

　　仓储及配送服务质量管理是指运用科学的管理方法和手段，以质量为中心，对整个服务过程进行系统管理。其内容包括为保证和提高服务产品质量和工作质量而开展的计划、组织、控制等各项工作，其目的在于以高效、经济的方式向客户提供符合其需求的服务。

知识链接

关于质量管理的解读

通常而言，质量管理是指确定质量方针和质量目标，并通过质量体系中的质量策划、质量控制、质量保证和质量改进来使其实现的全部活动。

（1）质量方针和质量目标。质量方针是指由组织的最高管理者正式发布的该组织的总质量宗旨和质量方向。质量目标是组织在质量方面所追求的具体目的，是质量方针的细化和体现。

（2）质量策划。质量策划致力于制定质量目标，并规定必要的运行过程及相关资源，以确保质量目标的实现。

（3）质量控制。质量控制是设定标准（依据质量要求）、测量实际结果，并判定是否达到预期要求的过程。若发现问题，需采取措施进行纠正，并防止问题再次发生。

（4）质量保证。质量保证的核心在于"信任"，即为组织达到预期质量要求的能力提供足够的信任。质量保证分为内部质量保证和外部质量保证两种：内部质量保证是组织向自身管理者提供信任，外部质量保证则是组织向客户或其他相关方提供信任。

（5）质量改进。质量改进致力于增强组织满足质量要求的能力，其目的是通过持续改进，提升组织的整体质量管理水平。

2．仓储及配送服务质量管理的影响因素

（1）人的因素。员工的知识水平、专业能力、职业素养、耐心及责任心等，都会直接影响仓储及配送服务的各个环节，如订单处理、货物搬运、仓储保管及送货上门等。

（2）设施设备因素。设备的先进性、维护保养状况、信息系统的完善程度及信息技术的应用水平等，都直接关系到物流服务能否高效完成。

（3）环境因素。良好的政策制度环境和经济环境能够促使企业获得更多优惠政策，吸引更多人才和资金的投入，这对于提升企业的服务水平具有重要意义。

3．全面质量管理

全面质量管理以质量为核心，以全员参与为基础，旨在通过让客户满意，并使组织所有者、员工、供应商、合作伙伴及社会等相关方受益，从而实现长期成功的一种管理方式。

全面质量管理可以从以下几个方面理解：它是对组织进行管理的一种方式；"全面质量"不仅包括提升组织的产品质量，还包括缩短周期（如生产周期、物资储备周期）及降低生产成本等内容；其基本思想是以全面质量为中心，以全员参与为基础，通过对组织活动全过程的管理，追求组织的持续成功。

8.1.2　仓储及配送服务质量的指标

为科学衡量仓储配送服务的质量，并对服务质量的不足之处进行量化比较与判断，需建立相应的质量指标体系予以明确。

1．质量指标体系的内容

仓储企业建立质量指标体系需要围绕人员管理质量、基础设施设备质量和作业流程质量方面展开。

（1）人员管理质量。需对员工的服务质量进行管理，以提供长期稳定且持续优化的仓储服务，满足客户不断变化的需求。

（2）基础设施设备质量。其一般要求包括：仓储设施设备应完备；具备完善的管理制度；对设施设备进行使用与维护保养，避免因人为因素导致设备作业质量与安全问题。

（3）作业流程质量。这是质量指标体系的重要内容，涵盖货物进出库、在库管理、配送及相关信息处理等各个环节。

2．具体作业质量指标

（1）出库差错率。出库差错率是指在考核期内发货累计差错件数占发货总件数的比率。其计算公式为：

$$出库差错率 = \frac{发货累计差错件数}{发货总件数} \times 100\%$$

（2）责任货损率。责任货损率是指在考核期内，由于作业不善造成的货物霉变、残损、丢失和短少等损失的件数占期内库存总件数的比率。其计算公式为：

$$责任货损率 = \frac{期内残损件数}{期内库存总件数} \times 100\%$$

（3）账货相符率。账货相符率是指经盘点，和库存货物账货相符的笔数与储存货物总笔数的比率。其计算公式为：

$$账货相符率 = \frac{账货相符笔数}{储存货物总笔数} \times 100\%$$

（4）订单按时完成率。订单按时完成率是指在考核期内按时完成客户订单数占订单总数的比率。其计算公式为：

$$订单按时完成率 = \frac{按时完成客户订单数}{订单总数} \times 100\%$$

（5）紧急订单响应率。紧急订单响应率是考核紧急订单完成情况的指标。其计算公式为：

$$紧急订单响应率 = \frac{未超过24小时出货订单数}{订单总数} \times 100\%$$

（6）配送延迟率。配送延迟率是考核配送服务是否及时的指标。其计算公式为：

$$配送延迟率 = \frac{配送延迟车次}{配送总车次} \times 100\%$$

（7）单据与信息传递准确率。单据与信息传递准确率是指在考核期间向客户传递的单据信息的准确次数占传递的单据、数据总次数的比率。其计算公式为：

$$单据与信息传递准确率 = \frac{传递准确次数}{传递总次数} \times 100\%$$

（8）数据与信息传输准时率。数据与信息传输准时率是指在考核期间准时向客户传输数据、信息的次数占传输总次数的比率。其计算公式为：

$$单据与信息传输准时率 = \frac{传输准时次数}{传输总次数} \times 100\%$$

（9）有效投诉率。有效投诉率是指在考核期间客户有效投诉涉及订单数占订单总数的比率。其计算公式为：

$$有效投诉率 = \frac{有效投诉涉及订单数}{订单总数} \times 100\%$$

8.1.3　仓储及配送服务质量管理方法

仓储及配送服务质量管理方法通常包括 PDCA 循环法、过程方法、主次因素排列图法、相关图法、因果分析图法等基本工作方法，以及基于数理统计、价值分析、运筹学等数学原理的多种科学管理方法。

1. PDCA 循环法

企业的每一项业务活动都包含计划、执行、检查和处理的过程，PDCA 循环法正是基于这一规律的质量管理工作方法。PDCA 代表工作的四个阶段：计划（Plan）、实施（Do）、检查（Check）、处理（Action），按照这四个阶段循环往复地开展工作，即 PDCA 循环。

PDCA 循环法具有以下特点：①大环套小环，小环推动大环，相互促进，共同推动整体循环；②循环呈螺旋式上升，每完成一次循环，质量便提升一步；③循环的关键在于巩固成果，即总结经验、巩固成绩、防止错误重复发生，并持续改进。

PDCA 循环法分为 4 个阶段、8 个工作步骤：①计划阶段（P 阶段），包括四个步骤：一是分析现状；二是分析产生质量问题的因素；三是找出产生质量问题的主要因素；四是制订措施计划；②实施阶段（D 阶段，实施步骤）；③检查阶段（C 阶段，检查步骤）；④处理阶段（A 阶段），包括两个步骤：一是总结经验教训；二是将未解决的问题转入下一个循环。

📖 应用案例

PDCA 循环法在医院药房中的应用

为提高自动化药房药品库存的准确性，某医院药房工作人员采用 PDCA 循环法，以"降低自动化药房药品库存差错率"为主题开展管理活动，并取得了显著成效。

首先，依据 PDCA 步骤中 30%、40%、20%、10%的时间分配原则，运用甘特图制定活动计划表。

其次，通过鱼骨图分析自动化药房库存差错的原因，并依据 80/20 原则，确定药品投药、药品上架、药品盘点和疗区退药等环节是主要原因。

最后，结合自动化药房库存差错的主要原因、实际情况及可行性，从工作制度和工作流程等方面拟定相关对策。例如，针对药品出库上架、自动化药房投药、投药二级核对等关键环节，结合医院药品管理部门的相关制度，制定相应规范和流程，并督促工作人员严格执行；加强对快速发药机和智能发药机的维护，定期清理智能发药机，确保药槽与所装药品准确对应；开展自动化药房库存跟踪，整理分析差错药品的种类和数量，及时制定解决对策；建立自动化药房库存差错表，登记差错原因，每月汇总分析，纠正差错并优化管理方法，进一步降低库存差错率。

通过实施 PDCA 循环法，该院自动化药房库存差错率从 9.26% 降至 3.77%，改善后的差错率低于目标设定值。

2. 过程方法

过程是指利用资源将输入转化为输出的活动。例如，在仓储服务过程中，输入包括仓储资源、信息、仓储作业流程及方法，输出则是仓储服务。其转化过程涵盖一系列相互关联的仓储作业活动，前一活动的成果成为后一活动的基础，每个过程均按照预期要求增加价值，各相关过程环环相扣，形成一个完整的系统。例如，在仓储作业中，只有严格按照相关要求进行单据审核，并针对入库货物做好充分准备，才能确保入库作业顺利高效开展；符合要求的入库商品才能进行在库堆码与管理；良好的在库管理则能保障出库商品的质量。

过程方法包含 4 个要点：①系统地识别企业组织内的所有过程；②具体识别每个过程；③识别并确定各过程之间的相互作用；④对过程及其相互作用进行管理。

过程方法可与 PDCA 循环法相结合，即所有过程均可按照 PDCA 循环进行计划、实施、检查和处理。

3. 主次因素排列图法

质量管理学家朱兰将 ABC 分类法应用于质量管理领域，提出了主次因素排列图法。依据 ABC 分类法原理，在排列图中，横坐标表示影响质量的各个因素，并按照影响程度从大到小依次排列；左侧纵坐标表示频数（如件数、金额等），右侧纵坐标表示频率；直方形的高度表示某个因素的影响大小，曲线则表示各影响因素的累计百分数，这条曲线被称为帕累托曲线。通常根据累计百分数将影响因素分为 3 类：累计百分数在 0～80% 的为 A 类，这些因素是主要因素；累计百分数在 80%～90% 的为 B 类，属于次要因素；累计百分数在 90%～100% 的为 C 类，属于一般因素。

例如，某仓库对因货品丢失、损坏等质量事故所产生的赔偿费用进行了统计，各类赔偿费用的相关数据如表 8-1 所示，其排列情况如图 8-1 所示。

表 8-1 各类赔偿费用的相关数据

赔偿费类别	代号	赔偿金额/千元	单项百分比/%	累计百分比/%
金属锈蚀降价	A	7.5	32.6	32.6
装卸损坏	B	6	26.1	58.7
差错事故损失	C	5	21.7	80.4
丢失	D	3	13.1	93.5
其他	E	1	6.5	100.0
合计		22.5	100.0	

通过排列图可以清晰地看出，影响储存货品质量的主要因素是金属锈蚀、装卸损坏和差错事故损失。这 3 种因素的累计百分数达到 80.4%，因此可以确定它们是影响该仓库质量问题的主要因素。针对这些因素，应立即采取有效措施，进行重点控制。

4. 相关图法

相关图，也称散布图，是一种用于表示两个变量之间关系的图形，主要用于分析两个测定值之间的相关性。通过将两种相关数据列出，并以坐标点的形式标记在坐标上，可以直观地观察和分析数据之间的相关性，从而确定影响因素与质量之间的关系程度。这种关系程度及类型通常包括：强正相关、弱正相关、不相关、弱负相关、强负相关以及非线性相关。

例如，在仓储和配送管理中，进出库成本与作业量之间、仓储成本与维护量之间、空气温度与易挥发货物损耗之间、配送成本与配送量之间，通常存在较强的相关关系。

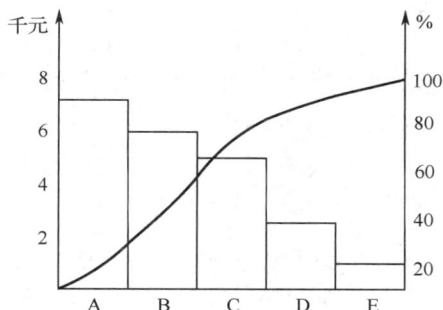

图 8-1　某仓库赔偿费排列图

5. 因果分析图法

因果分析图，又称特性因素图、5M 因素法、石川图、树枝图或鱼刺图。一般来说，服务质量出现问题通常是多种因素综合作用的结果。通过此方法，可以对影响问题的较重要因素进行分析和分类，明确因果关系。

因果图的绘制步骤如下：

（1）确定待分析的质量问题，并将其写在右侧方框内，绘制主干，箭头指向右侧。

（2）确定影响该质量问题的原因分类项目。

（3）将各分类项目分别展开，每个中枝代表该项目中导致质量问题的一个原因。

（4）进一步展开原因，绘制小枝，小枝是导致中枝原因的更深层次因素，依次展开，直至细化到可以采取具体措施为止。

（5）检查图中标注的原因是否完整，找出主要原因，并用方框标出，作为质量改进的重点。

（6）注明因果图的名称、绘制人、绘制时间及参与分析的人员等信息。

例如，某仓库金属锈蚀的因果分析情况如图 8-2 所示。

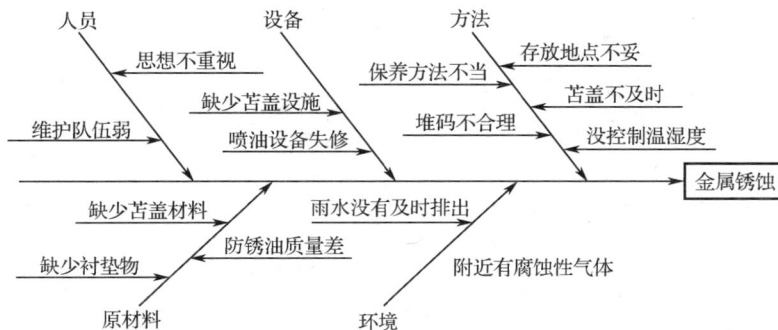

图 8-2　某仓库金属锈蚀的因果分析情况

8.1.4　仓储及配送服务质量的评价

服务质量评价是依据特定的标准与规则，运用既定的工具和方法，对服务质量进行客观评价与衡量的活动过程。服务质量涵盖多个要素，因此需要构建服务质量评价体系，并选择恰当的评价方法。

服务质量评价体系是由一系列相互关联、相互制约且相互作用的多种要素构成的科学且完整的体系，其基本构成要素包括评价目标、评价原则、评价内容和评价方法，其核心理念是以人为本。

仓储及配送服务质量评价存在多种方法，以下介绍几种目前较为成熟的服务质量评价方法。

1. SERVQUAL 评价方法

SERVQUAL 评价方法是通过建立 SERVQUAL 评价模型，并确定包含的 5 个维度，即有形性、可靠性、反应性、保证性和移情性，进而对服务质量进行评价。这 5 个维度的具体表述如下：

（1）有形性（Tangibles）：实体工具、设备的外观，以及销售人员和通信工具。

（2）可靠性（Reliability）：能够可靠、准确地履行承诺的服务。

（3）反应性（Responsiveness）：愿意帮助客户并提供及时的服务。

（4）保证性（Assurance）：员工所具备的礼仪、学识以及所展现的能力。

（5）移情性（Empathy）：公司为客户提供善意的行为及个性化服务。

基于这 5 个维度，构建用于衡量服务质量的 SERVQUAL 量表，重点在于针对最终购买者的分析。该量表共包含 22 个分指标，具体内容如表 8-2 所示。

表 8-2　SERVQUAL 量表具体内容

维　　度	指　　标
有形性	现代化技术设施的水平
	服务设备对客户的吸引力
	服务人员仪容服装的整洁程度
	公司设备所能提供的信息或服务
可靠性	承诺事项按时完成的程度
	在处理客户问题时提供帮助的能力
	企业的可信度及声誉
	在承诺时间内履行服务的能力
	公司信息的完整性
反应性	向客户告知每项服务的准确时间
	提供准时服务的能力
	工作人员主动帮助客户的意愿
	工作人员不会因忙碌而忽视服务
保证性	工作人员的可信度
	交易过程中客户的安全感
	工作人员的礼貌程度
	工作人员从企业获得支持以提供更好的服务

维　度	指　标
移情性	公司为不同客户提供个性化服务的能力
	服务人员对客户的个别关怀
	了解客户个别需求的能力
	注重客户利益的程度
	公司营业时间的便利性

SERVQUAL 评价方法也存在一定的局限性。由于其研究对象主要集中在金融、制造等行业，因此从这些行业得出的结论未必具有普遍适用性。

2．模糊层次评价方法

模糊层次评价方法是将模糊数学理论与层次分析法相结合的一种综合评价方法。该方法以模糊数学的隶属度理论为理论基础，将定性评价转化为定量评价，即运用模糊数学对受多种因素制约的事物或对象进行总体评价。它具有系统性强、结果清晰的特点，能够较好地解决难以量化、模糊的问题，适用于各类非确定性问题。

3．数据分析评价方法

数据分析主要包括因子分析和结构方程模型分析两种。

（1）因子分析。因子分析（Factor Analysis）是一种用于分析影响变量的共同因子数量及其本质的统计方法，旨在考察一组变量之间的协方差或相关系数结构，并解释变量与较少因子之间的关联。因子分析分为探索性因子分析（Exploratory Factor Analysis，EFA）和验证性因子分析（Confirmatory Factor Analysis，CFA）。探索性因子分析是在未知影响因素的情况下，完全依据数据资料，利用统计软件按照一定原则进行因子分析，最终提取因子的过程；而验证性因子分析则是在已知因子的情况下，检验所收集的数据是否符合事先假设的结构关系。

（2）结构方程模型分析。结构方程模型分析是一种用于建立、估计和检验因果关系模型的方法。该模型既包含可观测的显在变量，也可能包含无法直接观测的潜在变量。结构方程模型能够替代多重回归、通径分析、因子分析、协方差分析等方法，清晰地分析单项指标对总体的作用及单项指标之间的相互关系。若个别指标未达到接受水平，则可逐步调整，以优化模型。

8.2　企业仓储成本管理

仓储成本是指仓储企业在开展仓储业务活动中，各种要素投入的货币价值总和。仓储成本管理的任务是通过最低的费用，在合适的时间和地点保持适当数量的存货。物流企业若要获取经营收益，就必须强化对仓储成本的管理。

8.2.1　仓储成本的构成

了解企业仓储成本的构成，能够为制订合理的仓储计划、确定科学的仓储费率及控制企业的经营成本提供重要依据。专门从事仓储的企业与持有库存的生产型及销售型企业在考察仓储成本时的角度存在差异。

1．仓储型企业成本构成

对于专业仓储型企业而言，仓储成本是因存储货物而产生的成本，可分为固定成本和变动成本。固定成本是指不随存储货物数量变化而变化的成本，包括仓库及仓储设备的折旧、仓储设施与设备的大修基金、仓储管理人员的薪酬及福利等。变动成本则会随存储量的变化而变化，包括仓储保管成本、货物搬运成本、流通加工成本、电力及燃料费用、货物仓储保险费、资金利息、设备修理费、外协费、营销费、劳动保护成本及营业税金等。

2．生产型及销售型企业成本构成

对于生产型或销售型企业而言，仓储成本除了包括前述的仓储持有成本、订货成本、缺货成本、安全库存成本、在途库存成本，还包括生产准备成本等。生产准备成本是指企业在生产加工半成品过程中所产生的成本。其中，更换模具、增添专用设备等成本属于固定成本，而与生产数量相关的材料费、人工费等则属于变动成本。

8.2.2 降低仓储成本的措施

企业成本管理是企业通过科学的管理方法控制成本以提升收益的行为。一些基本的成本管理方法可用于仓储与配送的成本管理。除此之外，企业应针对具体的仓储活动，采取相应的措施以控制和降低仓储成本。由于仓储成本的构成要素较多且较为复杂，并且这些因素往往存在相互制约的现象，因此，降低仓储成本应在确保物流总成本最低且不降低企业整体服务质量和目标水平的前提下进行。降低仓储成本应遵循经济性原则（包括节约原则和成本效益原则）、全面性原则、利益协调性原则及例外管理原则。

🔍 知识链接

成本管理方法

成本管理方法主要包括四种：计划成本法、标准成本法、作业成本法以及目标成本法。

（1）计划成本法。计划成本法以近年来的市场经营情况为数据基础，对本年度企业生产的计划成本进行大致估算，精准核算企业在正常生产运行过程中产生的一系列收支，并全面比较实际成本与计划成本，分析差额产生的原因，通过调整产品的价值，实现计划成本与实际成本的有效结合与统一。

（2）标准成本法。标准成本法的关键在于将生产运行过程中的实际成本与预先设定的标准成本进行全面对比，细致分析差额产生的原因，找出问题根源，并采取针对性措施进行管控与调整。

（3）作业成本法。作业成本法的突出优势在于能够为企业提供更精准的成本信息。在应用作业成本法时，企业首先划分作业中心，将各项资源的消耗费用归集其中，获取作业成本，再依据作业动因将成本费用分配到产品中。

（4）目标成本法。目标成本法以企业经营的预期目标为导向，以目标成本测定为基础，对企业的目标成本进行分析。管理者依据目标成本分析的结果，对成本管理工作进行控制、考核与评价。

1．分析和确定成本高的原因

要控制和降低成本，必须首先进行分析，确定仓储成本过高的具体原因。一般来说，导致仓储成本过高的主要原因包括以下 4 个。

（1）库存时间过长。库存时间过长会导致有形或无形的损耗增加，同时，库存的总效用会随着时间的推移而降低或出现周期性波动。

（2）库存数量不合理。库存数量过高或过低都会影响仓储管理的效果。库存数量过高会增加仓储持有成本，而库存数量过低则会削弱企业供应、生产和消费的保障能力，由此造成的损失可能超过因减少库存而节省的成本。

（3）仓储条件不合理。如仓储设施简陋、仓储设施不足、维护保养手段及措施不佳等，这些情况会加速仓储损耗，造成不必要的损失。

（4）仓储结构失衡。仓储结构失衡是指仓储货物的品种、规格不协调，各品种之间的仓储期限、仓储数量不匹配，以及仓储地点选择不合理。例如，组装产品的配件数量不匹配，可能导致工人无法完成组装任务，从而影响工作效率。

2．科学合理地进行仓储规划

应对仓库进行合理的功能分析，做好平面布局规划，确定科学的库存规模，并设计合理的货物移动路线。这样不仅能够节约库内作业时间、提高作业效率，还能有效降低作业成本。

3．对仓库货物进行分区分类管理

可根据货物特性、客户特点等因素，对货物进行分区管理。此外，还可采用 ABC 分类控制法，将货物分为 A、B、C 三类，并针对各类存货采取不同的管理控制方法。

4．采用"先进先出"方式

实现"先进先出"方式主要有以下 3 种措施：（1）利用重力式货架系统。通过在货架每层形成贯通的通道，从一端存入物资，从另一端取出物资，使物资在通道中按先后顺序自行排队，避免越位等现象。

（2）采用"双仓法"储存。为每种库存货物设置两个仓位或货位，通过轮换存取的方式实现"先进先出"。

（3）使用计算机存取系统。在取货时，计算机可根据时间顺序给予指示，从而确保物资的"先进先出"。

5．提高储存密度

提高储存密度的主要目的是提升单位存储面积的利用率，具体方法包括：采用高垛、高层货架仓库或集装箱等；缩小库内通道宽度以增加有效储存面积；减少库内通道数量以增加有效储存面积。

6．采用有效的储存定位方法

选择有效的储存定位方法，能够显著提高仓储作业效率。常用的定位方法包括人工指派、计算机辅助指派和计算机全自动指派。企业应根据货物特性、仓储设备、信息技术水平及人员配备等情况，选择适宜的定位方法。

7．采用有效的监测清点方式

监测清点的有效方式主要包括：采用"五五化"堆码方法；使用光电识别系统；利用计算机监控系统，如通过计算机管理系统和条形码技术实现货物存取及日常监测。

8．提高库存货物周转率

提高库存货物周转率的具体措施包括：采用单元集装存储、建立快速分拣系统、缩短客户订货提前期及减少货物库存时间。

9．加强劳动管理

仓储相关人员的工资是仓储成本的重要组成部分，合理使用劳动力是控制人员工资的基本原则。应加强劳动管理，避免出现人员冗余、出工不出力或效率低下的问题。

10．降低经营管理成本

经营管理成本是指企业在经营活动和管理活动中发生的费用和成本支出，包括管理费、业务费、交易成本等。加强此类成本的管理，减少不必要的支出，能够有效降低仓储成本。

应用案例

永川人人乐超市降低物流仓储成本的措施

人人乐超市自进驻永川一年多以来，在降低物流仓储成本方面表现突出。其主要措施包括：

（1）采用 ABC 分类管理与 CVA 分类法相结合的方式，降低仓储成本。首先对货物进行 ABC 分类分析，对 A 类商品进行重点管理，B 类商品进行常规管理，C 类商品进行一般管理。同时，运用 CVA 分类法对 C 类商品进行管理，按照最高优先级、较高优先级、中等优先级、较低优先级四个等级确定缺货程度。

（2）采用"先进先出"方式，降低仓储商品的保管风险。为每类商品分别设置两个仓位（一号仓位和二号仓位），并采用"双仓法"进行管理。

（3）建立以信息技术和计算机技术为基础的快速反馈机制，准确进行销售预测分析。利用定期订货法低订单处理成本的优势，弥补定量订货法过于机械、不灵活、受单一订货限制的不足。

（4）与超市固定的供应商建立长久的合作关系，降低订购成本。

8.3　企业配送成本管理

一般而言，配送过程涵盖备货、储存、分拣、配货、配装、送货、送达服务以及配送加工等环节。配送成本是指在配送各环节中所发生的各项费用的总和，是配送过程中所消耗的活劳动与物化劳动的货币化表现。配送成本管理是指通过采取相应的策略与方法，对配送活动进行管理，以实现控制和降低配送成本的目标。本节将从物流企业的角度对配送成本管理进行阐述。

8.3.1　配送成本的构成

按照配送过程的各个环节，配送成本包括配送运输费用、分拣费用、包装费用、流通加工费用及装卸搬运费用。

1．配送运输费用

配送运输费用通常包括：运输车辆在配送过程中产生的各项费用，以及企业运营过程中不能直接计入各成本计算对象的费用，如站点人员工资及福利费、办公费、水电费、折旧费等。配送费用在物流费用中占比较大，而运费在配送成本中占据主要地位，是影响配送成本的关键因素。

2．分拣费用

分拣费用通常包括：分拣人工费用，即从事分拣工作的人员及相关人员的工资、奖金及福利费用等；分拣设备费用，即分拣设备的折旧费用和修理费用等。

3．包装费用

包装费用一般是指为便于销售或配送而进行的再包装所产生的费用，其主要项目包括包装材料费用、包装机械费用、包装技术费用、包装辅助费用、包装人工费用等。

4．流通加工费用

流通加工费用通常包括流通加工设备费用、流通加工材料费用、流通加工劳务费用、流通加工其他费用等。

5．装卸搬运费用

装卸搬运作业主要包括货物在储存区、临时储存区、理货区、装卸区等区域之间的移动，以及装卸作业、车辆货物配装等。装卸搬运费用一般包括人工费用、配装材料费用、装卸设备费用及其他费用。

8.3.2　配送成本的控制

配送成本的控制是指在配送过程中，对形成配送成本的各种因素，依据事先拟定的标准进行严格监督。一旦发现偏差，及时采取措施加以纠正，从而将配送过程中各项资源的消耗和费用开支控制在标准范围之内。

1．分析影响配送成本的因素

企业应从多个方面分析影响配送成本的因素。

（1）与货物相关的因素，主要包括配送货物的数量和重量、货物种类及作业流程、利用外部资源的成本等。

（2）与市场相关的因素：①时间因素，配送时间的延长会持续占用企业的仓储和配送资源，从而带来机会成本；②距离因素，过长的配送距离会导致运输费用以及设备、人员费用的增加，进而提高配送成本。

（3）与配送服务相关的因素，如订单按时完成率、紧急订单响应率、配送延迟率、及时送达率等服务指标。通常，较高的服务水平意味着较高的配送成本。

2. 配送成本控制措施

企业除了采取一般的成本控制方法，还可以针对企业具体配送活动采取多种控制措施。

（1）加强配送的计划性。应科学制订配送计划，减少或消除临时配送、紧急配送及无计划的随时配送等现象。例如，针对零售商店，可实行订货申请制度，在尽量减少零售店存货、尽量减少缺货损失的前提下，相对集中各零售店的订货。

（2）确定合理的配送路线。确定配送路线可采用各种数学方法以及基于数学方法发展而来的经验方法，但无论采用何种方法，都必须满足一定的约束条件，如配送点对商品特性、配送时间的要求，车辆容积及载重量的限制，配送中心运力条件、交通条件等。

（3）进行合理的车辆配载。根据不同货物的特点进行合理搭配，既能使车辆满载，又能充分利用车辆的有效体积。

（4）量力而行地建立计算机管理系统。在拣货、配货环节运用计算机管理系统，可实现拣货快速、准确，配货简单、高效，从而提高生产效率，节省劳动力，降低物流成本。

（5）制定配送成本标准，作为配送成本控制的依据。配送成本标准应涵盖配送成本预算中规定的各项指标。

（6）监督配送成本的形成。应依据配送成本控制标准，对配送成本形成的各个项目进行经常性检查、评比和监督。

（7）及时纠正偏差。对于配送成本指标出现的偏差，应查明原因及责任者，提出改进措施并加以贯彻执行。

应用案例

某烟草公司物流配送成本的控制策略

某烟草公司物流中心的物流配送费用分为四个部分，其中配送费用占比最高，达38%。针对配送成本较高、配送费用居高不下的问题，该公司在全面分析物流配送成本控制存在的问题后，从创新物流运作模式、强化物流信息技术、优化物流配送线路等方面加强了配送成本控制。同时，为更有效地控制配送成本，公司调整了物流配送管理方式，采用企业自行配送与第三方物流公司配送相结合的配送模式，以有效降低配送成本。具体做法如下：

（1）划分配送区域。该公司根据辖区内零售客户的地理位置和道路状况等客观因素，对配送区域进行划分。将面积较小、距离分散、客户数量较少的区域交由第三方物流配送公司负责配装运输；而面积较大、距离集中、客户数量较多的区域则由企业自行配送。

（2）优化配送体制流程。采用外包配送与混合配送相结合的区域配送中心模式，可大幅减少存储空间，甚至无须设立储存库区和存货场地，仅需配备临时配装作业的配送区域。这种配送方式为解决仓储资源紧张问题提供了有效可行的方案。

8.3.3 降低配送成本的策略

物流企业在配送业务运作中，可能因某些原因导致配送成本较高，从而影响企业的经营收益和市场竞争力。因此，企业必须采取相应的策略以降低配送成本。

1. 混合策略

混合策略是指配送业务部分由企业自身完成，部分外包给第三方物流。这种策略的基本思想是，尽管纯策略（配送活动全部由企业自身完成或完全外包给第三方物流）易于形成规模经济并简化管理，但由于产品品种多变、规格不一、销量不稳定等情况，超出一定限度的纯策略配送不仅无法实现规模效益，反而可能导致规模不经济。而采用混合策略，合理安排企业自身配送与外包配送的比例，能够有效降低配送成本。

2．差异化策略

当拥有多种产品线时，企业不应采用统一的客户服务水平进行配送，而应根据产品的特点、销售水平设置不同的库存、运输方式及储存地点。

3．合并策略

合并策略包含两个层次：一是配送方法上的合并，二是多方共同配送。

配送方法上的合并是指企业在安排车辆完成配送任务时，充分利用车辆的容积和载重量，实现满载满装。例如，通过合理的轻重货物搭配、不同容积货物的组合装车，甚至借助计算机计算货物配车的最优方案，以提高运输效率。

4．延迟策略

延迟策略的基本思想是尽可能推迟对产品的外观、形状及其生产、组装、配送的确定，直到接到客户订单后再进行。

实施延迟策略通常采用两种方式：生产延迟（或称形成延迟）和物流延迟（或称时间延迟）。在具体操作中，常见于贴标签（形成延迟）、包装（形成延迟）、装配（形成延迟）和发送（时间延迟）等环节。

5．标准化策略

配送标准化是指企业针对配送作业和配送管理业务中已经出现或潜在的成本问题，完善、制定、发布并实施配送管理标准的过程。企业配送标准化的实施通常与物流标准化、仓储标准化协调一致，共同推进。

知识链接

物流标准化

物流标准化是指将物流作为一个大系统，制定系统内部设施、机械装备、专用工具等各个分系统的技术标准；制定系统内各分领域（如包装、装卸、运输等）的工作标准；以系统为出发点，研究各分系统与分领域中技术标准与工作标准的协调性，统一整个物流系统的标准；研究物流系统与其他相关系统的配合性，进一步实现物流大系统的标准统一。

物流标准的种类可分为物流统一标准和统一技术标准。其中，物流统一标准包括基础编码标准、物流基础模数尺寸标准、物流建筑基础模数尺寸标准、集装模数尺寸标准、物流专业名词标准、物流单据与票证标准、标志与图示及识别标准、专业计量单位标准等；统一技术标准则主要包括运输车船标准、作业车辆标准、传输机具标准、仓库技术标准、包装标准、托盘标准、集装箱标准等。

本章实训

（1）实训项目：企业仓储和配送服务质量管理方法。

（2）实训目的：熟悉企业仓储和配送服务质量管理的方法（主次因素排列分析法），能够分析企业实际服务质量问题，并提出改进的建议。

（3）实训内容：①选择一家物流企业，调查企业仓储或配送方面的资料，并进行汇总、整理；②根据调查资料，运用主次因素排列分析法，分析企业仓储或配送服务质量方面现状及存在的问题；③讨论解决企业仓储或配送服务质量问题的方法。

（4）实训要求：明确实训活动的目的及任务；学生按 4～6 人进行分组；每组制订实训活动计划方案；确定实训活动的进度安排。

（5）实训考核：要求每组写出实训活动报告；对各组实训情况进行评价。

复习思考题

1. 单项选择题

（1）仓储及配送与物流服务一样，其服务质量本质上是以（　　　）为目的，是客户实际感知物流服务的好坏程度。

A. 提高服务质量
B. 满足客户需求
C. 加强服务质量管理
D. 提高服务效率

（2）（　　　）是指仓储企业在开展仓储业务活动中，各种要素投入的以货币形式计算的总和。

A. 仓储作业
B. 仓储业务
C. 仓储成本
D. 物流成本

（3）（　　　）的任务是通过最低的费用，在合适的时间和地点保持适当数量的存货。

A. 仓储服务管理
B. 企业库存管理
C. 企业物流管理
D. 仓储成本管理

（4）配送成本管理是通过（　　　）约束条件来管理（分析、评价、控制）配送活动，使其具有合理性、合法性及效益性。

A. 成本
B. 作业
C. 流程
D. 技术

（5）（　　　）是指企业在安排车辆完成配送任务时，充分利用车辆的容积和载重量，实现满载满装。

A. 共同配送
B. 配送方法上的合并
C. 配送订单合并
D. 配送路线的合并

2. 多项选择题

（1）仓储及配送服务质量内涵包括服务的（　　　）等一般要求。

A. 适用性
B. 安全性
C. 经济性
D. 有效性

（2）仓储及配送服务质量管理的影响因素主要有（　　　）。

A. 法律法规
B. 设施设备因素
C. 人的因素
D. 环境因素

（3）对于生产型或销售型企业，仓储成本一般包括（　　　）。

A. 在途库存成本　　　　B. 缺货成本　　　　　C. 生产准备成本　　　　D. 持有成本

（4）一般来说，导致仓储成本过高的主要原因有（　　　）。

A. 库存数量较多　　　　　　　　　　　　B. 仓储结构失衡

C. 库存时间过长　　　　　　　　　　　　D. 仓储条件不合理

（5）采用先进先出方式主要有三种措施，即（　　　）。

A. 利用重力式货架系统　　　　　　　　　B. 使用计算机存取系统

C. 使用先进设备　　　　　　　　　　　　D. "双仓法"储存

（6）按照配送过程的各个环节，配送成本包括（　　　）等。

A. 配送业务费用　　　　B. 分拣费用　　　　　C. 流通加工费用　　　　D. 配装费用

3. 问答题

（1）简述仓储及配送服务质量管理的影响因素。

（2）仓储和配送的具体作业质量指标包括哪些指标？

（3）简述 PDCA 循环法。

（4）简述 SERVQUAL 评价方法。

（5）仓储型企业成本构成包括哪些方面？

（6）生产型及销售型企业成本构成包括哪些方面？

（7）降低仓储成本的措施是什么？

（8）配送成本控制措施包括哪些方面？

（9）试述降低配送成本的策略。

第 9 章

仓储和配送战略管理

一般来说，无论是制造企业、商业企业还是物流企业，都需要考虑如何为企业的仓储和配送活动确定未来的发展方向和长远目标，这正是企业仓储和配送战略管理的核心问题。企业一旦明确了未来的战略方向和目标，所有相关的经营活动便有了明确的依据和基础。就仓储和配送活动而言，企业应首先制定仓储和配送战略，随后研究并制定相关的决策及策略，如仓储和配送服务营销策略、库存控制策略、配送计划与决策、仓库布局规划等。本章将重点阐述一般仓储和配送战略的制定方法，以及几种重要战略的相关知识。

本章学习目标

1. 了解仓储和配送战略的含义及类型；
2. 熟悉仓储和配送战略制定的程序和方法；
3. 熟悉仓储配送一体化战略的模式及实施；
4. 熟悉集中库存的优势、劣势；
5. 熟悉仓储网络规划的原则、内容及方法；
6. 熟悉配送网络规划的原则、内容及方法；
7. 掌握重心法选址方法。

导入案例

A 公司的现行战略

A 公司起初是一家仅有十几人的小型仓储企业，但经过多年的发展，通过与多家知名物流企业开展战略合作，以合资方式成立了若干子公司，逐步发展成为区域领先的大型国际化物流企业。

A 公司高度重视战略管理。自成立之初，公司便汇聚了一批富有远大抱负和拼搏精神的核心成员，将战略目标明确为"成为保税港区规模最大的保税物流企业"。在每次进行战略层面的分析与制定时，公司均以经营硬性指标为依据，以扩大公司规模和提升区域市场占有率为宗旨。因此，公司的战略管理体系一直以来主要由一系列中短期经营战略组成。

基于既定战略定位，A 公司历经多年发展，依托橡胶、棉花贸易市场的周期性繁荣，从最初仅拥有数千平方米仓储空间的小型企业，逐步发展成占地十万平方米的大型保税仓储物流企业，其基础设施规模与经营业绩均实现显著提升。为达成规模扩张的战略目标，A 公司制定了差异化竞争战略。面对激烈的市场竞争与数次经济波动，公司通过适时设立子公司来增强市场适应能力、提升竞争优势并扩大市场份额。在形成规模效应后，A 公司凭借充足的仓储容量承接大宗订单，并以综合成本优势获得客户认可。

棉花与橡胶两大宗商品贸易始终是 A 公司的核心业务。其战略决策主要基于市场供需分析，在行情向好时通过仓库扩建与人才引进实现规模扩张，力图以体量优势和价格竞争力抢占市场份额。在初创的前五年，受益于行业成长期的市场红利，面对有限的同业竞争，A 公司实现了快速成长与可观盈利。

然而，近年来的市场繁荣催生了大量同业竞争者，新建的传统保税仓储物流企业均聚焦于棉花与橡胶领域。在高度同质化的市场竞争环境下，大宗商品仓储服务逐渐呈现供过于求的态势，行业竞争日趋白热化，甚至出现恶性价格战，导致企业利润率持续走低。

由于既往经营业绩良好，公司管理层对市场变化反应迟缓，既未建立有效的信息反馈机制，也未针对市场趋势调整既定战略。目前，公司已陷入发展困境：业务结构单一导致转型困难，客户流量显著减少，仓储利用率持续下滑，员工效能降低，主要经营指标呈现恶化趋势。行业分析表明，这一下行周期仅初现端倪，市场复苏时点尚难预期。

? 案例思考题

（1）结合案例分析，A 公司现有的竞争战略是什么？

（2）从企业竞争战略角度看，A 公司为什么出现后来的危机？

9.1　仓储和配送战略管理概述

仓储和配送战略对于企业的物流业务乃至整体企业管理具有极为重要的意义，企业必须对此保持清醒的认识，并明确在制定仓储和配送战略时，应选择何种类型的战略，以及采用何种步骤和方法。

9.1.1　仓储和配送战略管理认知

企业制定仓储和配送战略，需要深刻理解其重大意义，明确企业应聚焦哪些领域，以及应避免涉足哪些领域，并熟悉企业战略的类型和战略管理的内容。

1. 仓储和配送战略的含义

关于仓储和配送的战略问题，依据企业战略理论，可以从以下三个层次进行理解。

第一，仓储和配送是企业整体战略的重要组成部分。随着经济的发展和市场环境的变化，企业间的竞争日益激烈，仓储和配送对企业经营成本和效率的影响愈发显著。越来越多的企业将物流以及仓储和配送问题提升到企业整体战略的高度加以考量。例如，一家企业进行战略调整以开拓国际市场，在研究市场范围、营销策略等问题的同时，还需研究国外的物流问题，如产品运输、仓储和配送等；同时，企业需要考虑仓储和配送对新战略的影响，以及如何围绕开拓国际市场的目标，明确仓储和配送的地位与作用。

第二，仓储和配送战略是企业的一种经营战略。作为企业总战略的子战略之一，仓储和配送战略是物流企业为实现中长期经营目标、获取持久竞争优势，针对仓储和配送环节所制定的全局性规划与策略。它涵盖各经营单位、事业部或子公司的经营方针、目标、任务、战略重点以及资源配置方案等。例如，企业通过实施集中库存战略，降低库存成本，从而以低成本优势提升企业产品的竞争力。

第三，仓储和配送战略也是企业职能战略的重要组成部分。对于物流企业而言，若要开拓仓储或配送服务市场，需制定相应的服务营销战略和服务开发战略等，这些均属于物流企业的职能战略范畴。而对于制造企业或贸易企业来说，为确保生产经营或贸易活动的顺利开展，需考虑如何获取原材料及如何储存产品以保障供应。

知识链接

企业战略

企业战略是对企业各类战略的总称，它们共同构成一个完整的战略体系。按照较为普遍的观点，企业战略包含三个层次的战略，即公司战略、经营战略和职能战略。

（1）公司战略，即公司层战略或企业总战略，是企业最高层指导和控制企业一切行为的最高行动纲领。

（2）经营战略，即企业竞争战略或事业部战略，是公司战略之下的子战略，主要研究产品和服务在市场上的竞争问题。

（3）职能战略，是为贯彻、实施和支持公司战略与竞争战略而在企业特定的职能管理领域制定的战略，如研究与开发战略、财务战略、供应战略、生产战略、营销战略等。

2. 仓储和配送战略类型

作为企业的经营战略，仓储和配送战略主要包括三种基本类型：总成本领先战略、差异化战略和目标集聚战略。

（1）总成本领先战略。总成本领先战略也称低成本战略，是指企业在提供相同产品或服务时，通过一系列降低成本的措施，以最低的总成本在行业竞争中获得竞争优势和较高的市场份额。实施总成本领先战略要求物流企业建立符合规模经济要求的基础设施，严格控制各环节成本，最大限度地减少研发、服务、营销、广告和管理等方面的费用。

在实施总成本领先战略时，物流企业需要具备由相当规模客户形成的稳定业务量、广泛覆盖的仓储业务网点、高度信息化的仓储服务平台，并保持多样化的产品系列以分散成本和费用，同时通过批量采购的价格优势为客户提供更具竞争力的服务。

应用案例

调整仓库布局降成本

　　某经营海鲜产品的公司，面对当地同行众多、竞争激烈的局面，决定以降低成本、降低服务价格为目标，调整仓库布局战略。该公司原先在某地设有三处仓库，分别负责周边区域客户的配送。经过调查与改革，公司淘汰了两处仓库，保留了位于市区与港口之间的仓库，并对其进行扩容改造，使其集中储存所有产品，并负责本地区所有客户的配送。改革后，仓储、配送等方面的总成本降低了约 15%。

　　（2）差异化战略。差异化战略也称标新立异战略，是指企业通过提供与众不同的产品或服务，在全行业中形成独特性，为客户创造独特的价值。差异化战略的实施方式多种多样，包括在品牌形象、技术特点、外观设计、经销网络和服务方式等方面打造独特性。

　　在物流行业，企业可以通过在某一区域内提供独一无二的仓储服务，覆盖整个区域范围，以高订单满足率、快速的仓储周转率、高素质的仓储从业人员和优化的内部管理流程等软性手段来实现差异化。同时，企业也可以利用独特的仓储配送设施设备和高效的仓配信息系统等硬件手段来提升竞争力。对于中小型仓储企业而言，由于技术和专利方面的劣势，它们只能在服务和质量上标新立异，开发灵活、快速的增值服务，从而形成自己的竞争优势。

　　（3）目标集聚战略。目标集聚战略是指专注于某一特定客户群体、某一产品系列的细分市场或某一地区市场。该战略的核心是围绕某一特定目标展开的。其前提是：企业能够以更高的效率和更好的效果为某一狭窄的市场服务，从而超越更广泛范围内的竞争对手。

　　物流企业实施目标集聚战略，需精准定位某一细分的仓储或配送市场，并为其量身定制服务，从而形成自身竞争优势。可通过以下方式实现该战略：服务对象集聚：选择既有市场潜力且自身具备一定资源的物流市场，如冷链、家电、服装、机电产品等的仓储或配送，将其中一种作为细分市场；流程集聚：为需要特殊物流作业流程的货物或企业提供专业化的仓储流程服务；功能集聚：除了提供传统的仓储和配送服务，还提供新兴的仓配服务，如二次转运、逆向物流、电子商务配送、专业化流通加工、物流咨询与教育、融通仓等。

3. 仓储和配送的具体战略

　　在企业管理实践中，前述三种基本战略通常体现在一些具体的战略中。例如，部分企业采用仓配一体化战略，其目的是通过仓储与配送的整体化和同步化运作，实现物流环节的有效衔接，从而获得低成本优势，这种战略属于低成本战略。再如，一些企业根据市场变化优化仓配网络，重新设计仓库布局，采取集中库存与分散库存相结合的战略，利用集中库存和分散库存适应不同市场需求的特点，为客户提供差异化服务，这种战略属于差异化战略。

　　此外，企业仓储和配送战略还包括一些其他具体战略，如仓配自营与外包、绿色仓储、企业战略合作等。

　　（1）仓配自营与外包，即企业仓储业务和配送业务由企业自身经营或外包给第三方物流企业。当企业面临仓储和配送的重大项目或业务变化时，特别是在企业设立之初，需要做出仓储和配送业务自营或外包的重大决策。如果企业选择仓配业务自营，则需涉及长远的仓储和配送规划、设施设备及技术方面的长期和大量资金投入，以及配备较大规模的组织机构和人员等战略问题。如果企业选择仓配业务外包，则基本不涉及上述问题，但需关注外包企业的选择与管理以及长期合作的相关事宜。因此，仓配业务自营与外包应纳入企业企业仓储和配送的总体战略中统筹考虑。

（2）绿色仓储。绿色仓储是指以环境污染小、货物损失少、运输成本低等为特征的仓储模式。仓储活动本身可能会对周围环境产生影响。例如，保管或操作不当可能导致货品损坏、变质或泄漏；仓库布局不合理也可能导致运输次数增加或运输路线迂回。绿色仓储能够减少或消除这些负面影响。

对于正在运营的企业而言，实施绿色仓储需要进行重大变革，例如，优化仓储网络，对仓库等基础设施进行绿色化改建或扩建，优化库区和库内布局，购置新型设备，优化管理工作及作业流程，以及调整和完善管理组织机构和管理制度等。这些变革涉及面广、资源投入多、影响深远，需要企业进行战略性研究和规划。

对于新设立的企业，与传统仓储相比，绿色仓储在仓储网络、基础设施建设、库内布局、设备技术配置、作业流程、管理机构与制度以及资源投入等方面存在显著差异，这也要求企业做出长远的战略决策。

（3）企业战略合作。战略合作是企业基于长期共赢目标，建立在共同利益基础上的深度合作模式。物流企业与客户建立长期战略合作伙伴关系，以实现企业间长期战略合作，其意义主要体现在以下5个方面：一是实现企业战略目标。企业根据自身需求，通过战略合作伙伴关系，选择具备仓储设施、运输车辆、货源等资源的企业作为合作伙伴，从而有效实现仓储和配送战略，乃至企业总体战略目标。二是提升企业竞争力。通过战略合作伙伴之间在仓储和配送各环节的紧密衔接，实现各环节的低成本和高效率，消除不增值的流程和时间浪费，为企业赢得更大的竞争优势。三是促进企业间的合作研究与开发。通过合作开发新产品，扩大市场份额。四是通过企业联合，消除各环节的不利因素，提升服务质量和水平。五是通过战略合作，物流企业能够获得稳定的货源，降低市场需求的不确定性风险，保障企业的正常经营。

4．仓储和配送战略管理的含义

根据企业战略管理理论，仓储和配送战略管理是企业为实现经营目标而制定并实施战略过程中所进行的一系列决策与行动。

企业仓储和配送战略管理不仅涉及战略的制定与规划，还包含将制定的战略付诸实施的管理过程，因此是一个涵盖全过程的管理活动。战略管理的目的是通过战略制定、战略实施以及日常管理，在保持动态平衡的条件下，实现企业的战略目标。例如，公司未来5年希望达到的市场占有率、在竞争中所处的地位，以及改进和发展新产品、提供新型的和领先的仓储和配送服务等目标。

5．仓储和配送战略管理的任务

（1）明确企业的使命和愿景。例如，在原有为客户提供仓储、加工服务的基础上，是否增加配送服务；若增加配送服务，是选择自营还是外包。

（2）构建战略目标体系。例如，企业确定配送服务外包后，进一步明确选择何种类型的物流公司，以及配送服务在同行业中应达到的水平。

（3）制定战略。对企业内外部环境因素进行系统分析，识别外部机遇与挑战以及自身优势与劣势，从而选择并制订适合企业发展的战略方案。

（4）实施战略。将企业战略方案转化为具体组织行动，确保企业战略实现预定目标。例如，建立与战略相匹配的组织架构、组织文化和工作环境，配置必要资源，如资金、库房、配送车辆、装卸工具等。

（5）战略评价与控制。战略评价包括监测战略实施进展、评估执行业绩、修正战略决策，以实现预期目标；战略控制则是在评价基础上，针对性地及时提出纠偏措施，确保战略有效实施。例如，通过审计检查、领导视察、汇报会议等形式进行监督和控制。

9.1.2　仓储和配送战略的制定

企业战略制定与战略实施是企业战略管理的核心环节。战略制定是战略管理的基础，而战略实施则是战略执行的具体手段。企业战略制定的正确性以及战略实施效果的好坏，都直接关系到企业战略管理的成败。

1. 确定仓储和配送战略的内容

（1）确定战略思想。战略思想是指导仓储和配送经营战略制定与实施的基本理念，是企业领导者和员工对仓储和配送经营中重大关系和问题的认识与态度的总和。它在仓储和配送经营活动中发挥着统领、核心和导向作用。

（2）制定战略目标。战略目标是企业在战略思想指导下，根据主客观条件分析，在战略期内确定要达到的总体水平，是仓储和配送经营战略的核心内容。

（3）确定战略重点。战略重点是指对实现战略目标具有关键作用且具有发展优势或需要加强的方面，是决策人员进行战略指导和控制的关键点。

（4）制定战略方针。战略方针是企业依据战略思想、战略目标和战略重点，确定的仓储和配送活动应遵循的基本原则、指导规范和行动策略。

（5）明确划分战略阶段。根据战略目标的要求，在规定的战略期内，划分若干阶段，以有序推进战略实施。

（6）制定战略对策。战略对策，又称经营策略，是为实现战略目标而采取的重要措施和手段，具有阶段性、方针性、具体性和多重性的特点。

应用案例

Z 农产品配送公司发展战略的制定

1. 公司发展战略制定的基本原则

公司发展战略制定的基本原则是：坚持以政策为牵引；坚持以市场为导向；坚持以共赢为基础；坚持以创新为动力；坚持以安全为核心。

2. 公司总体战略目标

公司总体战略目标：力争到 2025 年，主要经济指标较 2020 年翻一番。充分利用国家对"三农"问题的政策支持，逐步发展成为在全国具有影响力和核心竞争力的大型农产品配送集团。在全国各地拓展业务，实现农产品供应基地 200 个、优质直供商 90 家的目标，进一步巩固合作关系。积极探索与国外相关农产品基地建立稳定合作关系，推动国内优质农产品出口，开拓国际市场。

3. 公司战略重点

一是充分用好政策红利，坚持稳中求进，开辟更多省级分公司，抢占更多市场份额；二是坚持市场导向，在"安全、健康、绿色、有机"的基础上，提升客户满意度，同时针对不同客户，细分市场和产品；三是通过战略合作，稳定上游关系，实施一体化战略，加强与电子商务、物流公司的合作，减少公司储存和运输环节，降低运营成本；四是加快技术创新，提升深加工能力，增加产品科技附加值，增强公司抵御各种风险的能力。

4. 公司发展战略

（1）一体化战略。一是与蔬菜基地和农户形成一体化合作，实现互利共赢；二是与长期客户建立一体化关系，提供贴心服务；三是与竞争者在质量标准和行业准则方面达成一致，避免恶性竞争；四是加强国内外一体化合作，学习先进企业经验，提升综合实力；五是推动种植、配送、餐饮等全产业链一体化发展，实现多元化经营。

（2）密集型战略。一是市场渗透，通过线上线下相结合、打折促销清库存等方式主动出击，对当季热卖果蔬进行促销，增加销量；二是市场开发，要将市场定位着眼于省内，形成以杭州为中心，辐射周边地市的市场区块；三是产品更新换代，在净菜加工免洗化等方面下功夫，与政府、机关、学校、企业食堂保持长期合作，提供加工后的净菜和盒饭，为客户定制高端食材，与其他行业竞争者进行错位竞争。

5. 公司发展战略的实施

（1）一体化战略实施：①稳定上游供货，确保供应畅通；②稳定下游销售，确保销售无碍；③构建行业同盟，确保公平竞争；④实现资源共享，确保经济高效。

（2）密集型战略实施：①市场渗透战略；②市场开发战略；③产品开发战略。

（3）公司发展战略实施的保障：①坚持党建引领；②强化人才保障；③实行技术创新；④拓展品牌建设。

2. 制定仓储和配送战略的程序

（1）树立正确的仓储经营战略思想。主要包括市场观念、用户观念、竞争观念、创新观念、机会观念、开发观念、信誉观念、开放观念、效益观念等。

（2）进行战略环境分析，包括企业内部环境分析和外部环境分析。

① 内部环境分析（优势与劣势分析）：对影响企业生存和发展的内部因素进行分析。由于企业内部因素是可控的，分析的目的是利用和强化优势，克服和改变劣势。

② 外部环境分析（机会与威胁分析）：对影响企业生存和发展的外部因素进行分析，包括国内外的政治、经济、技术、社会和自然条件等环境因素。

（3）确定战略宗旨。确定企业战略宗旨不仅要陈述企业未来的任务，还要阐明为什么要完成这个任务以及完成任务的行为规范是什么，形成优秀的使命陈述书。

例如，世界五百强企业之一的荷兰天地物流集团的宗旨是：为客户在全球递送货物和邮件，并在这一过程中提供超越他们期望的服务。中国物资储运总公司的企业宗旨是：促进中国经济的良性发展，为人民生活改善做出贡献。

（4）制定战略目标。仓储企业的战略目标是企业在完成基本任务过程中所追求的最终结果。例如，宝供物流集团的战略目标是打造世界一流的物流企业。

（5）战略类型的选择。首先明确企业的经营领域及在该领域内的优势，根据企业自身特点确定战略类型。可供选择的基本战略包括总成本领先、差异化、目标集聚等。

（6）战略方案的设计及选择。制定 3 种以上的备选方案，并制定应急战略。战略方案应选择科学合理且可实施的方案。

（7）战略方案评价与决策。运用科学的方法和严格的程序，确定将要实施的战略方案。

3．制定仓储和配送战略的方法

这里重点阐述制定仓储和配送战略过程中，仓储和配送战略类型以及战略方案的选择及决策方法，如 SWOT 矩阵法、SPACE 矩阵法和战略方案汇总表法。

（1）SWOT 矩阵法。SWOT 矩阵法即态势分析法，它是将与研究对象密切相关的内部优势（Strengths）和劣势（Weaknesses）、外部机会（Opportunities）和威胁（Threats）通过调查罗列出来，并依照一定的次序按矩阵形式排列起来，然后运用系统分析的思想，把各种因素相互匹配起来加以分析，从中得出一系列相应的结论。

SWOT 分析的结果在战略研究中被称作战略计划或方案。经过 SWOT 分析，可以有如下不同的战略匹配和选择。

第一种是优势—机会（SO）战略。SO 战略是一种将组织内部的优势与外部环境的机会相匹配，发挥组织内部优势并利用外部机会以达到组织目标的战略。

第二种是劣势—机会（WO）战略。当组织面临外部机会，但内部存在劣势阻碍这些机会的实现时，WO 战略通过利用外部机会来弥补内部劣势，从而提升组织的整体竞争力。

第三种是优势—威胁（ST）战略。ST 战略是利用自身优势来回避或减轻外部威胁影响的战略。

第四种是劣势—威胁（WT）战略。WT 战略是在减少内部劣势的同时，规避外部环境威胁的战略。这是一种防御性战略。对于那些内部存在诸多劣势且外部面临大量威胁的组织而言，其对外部机会的利用效率往往较低。

（2）SPACE 矩阵法。SPACE 矩阵法是一种通过匹配企业所处的战略地位因素来设计经营战略方案的方法。战略地位与行动评价（Strategic Position and Action Evaluation，SPACE）矩阵主要用于分析企业的外部环境以及企业应采用的战略组合。SPACE 矩阵分为四个象限，分别对应企业采取的进攻型、保守型、防御型和竞争型四种战略模式。该矩阵的两个数轴分别代表企业的两个内部因素——财务优势（Financial Strength，FS）和竞争优势（Competitive Advantage，CA）；以及两个外部因素——环境稳定性（Environmental Stability，ES）和产业优势（Industry Strength，IS），如图 9-1 所示。这四个因素对企业的总体战略地位具有决定性影响。

在实际应用中，根据企业四个因素的信息，绘制出战略选择图。

在图 9-1 中，坐标系 Ⅰ 到Ⅳ象限分别表示与变量组合相对应的四种战略模式：Ⅰ为进攻型；Ⅱ为保守型；Ⅲ为防御型；Ⅳ为竞争型。战略制定的基本做法是：在对四个因素进行评价打分后，将其分值分别标示在相应的数轴上；计算每个数轴两个因素分值的代数和；根据每个数轴分值代数和，画出坐标点；连接原点至坐标点，确定一条向量；该向量所在的象限就是应该选择的战略。

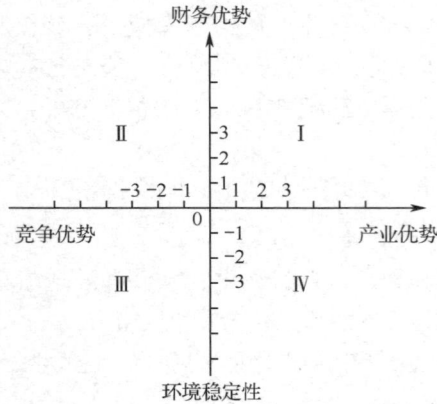

图 9-1　SPACE 矩阵

（3）战略方案汇总表法。战略方案汇总表法是一种用于设计企业经营战略方案的基本方法，也可用于设计企业的仓储与配送战略方案。该方法通过分析企业在不同竞争地位和市场增长情况下的各种可能情况，汇总出相应可能的战略方案，具体内容如表 9-1 所示。

表 9-1　战略方案汇总具体内容

行业市场增长	企业竞争地位	
	优势（S）	劣势（W）
迅速	Ⅰ象限战略方案	Ⅱ象限战略方案
缓慢	Ⅳ象限战略方案	Ⅲ象限战略方案

第Ⅰ象限表示处于最佳竞争地位且处于市场迅速增长环境中的企业应采取的战略方案。第Ⅱ象限表示处于市场迅速增长的行业环境中，但需要提升自身竞争地位的企业应采取的战略方案。第Ⅲ象限表示处于市场增长缓慢且自身竞争地位较低的企业应采取的战略方案。第Ⅳ象限表示处于较高竞争地位，但运行于市场增长缓慢环境中的企业应采取的战略方案。

从表 9-1 可以看出，企业战略方案的选择方式多种多样。然而，处于实际经营中的企业应当根据自身情况具体分析，不能盲目照搬国内外其他企业的战略方案。企业应以自身定位为基础，借鉴他人的长处，发挥自身优势，从而做出最优选择。

9.1.3　制定仓储和配送战略方法的应用

SWOT 矩阵法、SPACE 矩阵法是制定仓储和配送战略的重要方法，这里进一步用实例介绍其应用。

1．SWOT 矩阵法应用案例

HJ 物流公司经过多年艰苦创业，已发展成为一家中等规模的物流企业，拥有固定资产 4000 多万元，仓储面积超过 5 万平方米。为了更好地制定物流经营战略规划，公司首先运用 SWOT 矩阵法，分析当前面临的内外部环境。

（1）企业环境因素分析。

① 公司拥有的内部优势（Strengths）主要表现为：作为福建省较早从事专业仓储运输服务的第三方物流企业，公司率先涉足电子类产品物流的细分领域，并在区域市场的市场份额、知名度、营业规模及效益指标等方面取得了显著的领先地位，形成了明显的区域市场地位优势；公司已在全国主要大中型城市构建了较为完善的物流业务网络，并通过运用全球卫星定位货物追踪系统与物流信息管理系统，展现了突出的物流网络信息技术优势；此外，公司与省内的电子类知名企业建立了长期稳定的合作关系，形成了显著的客户资源优势。

② 公司存在的劣势（Weaknesses）主要表现为：公司创业元老的经营管理理念难以契合现代物流的理念，从而严重制约了公司的长远发展；工作环境与福利条件均难以吸引和留住人才；公司尚未明确战略定位与战略规划；仓储资源亦无法满足客户的实际需求。

③ 外界环境为公司带来的机会（Opportunities）主要表现为：国家及地方政府对重点物流企业给予大力支持，并在政策层面出台了一系列优惠措施；同时，随着台湾电子类厂家纷纷到海西经济区投资设厂，为公司带来了丰富的物流商机与发展潜力。

④ 外界环境给公司带来的威胁（Threats）主要表现为：第一，国外物流巨头进入国内物流市场，给我国物流业带来竞争的压力；第二，外部成本上升带来的公司经营利润下滑；第三，省内其他物流企业采取低价竞争策略，带来市场竞争外部挑战。

（2）经营战略思想及公司宗旨的确定。HJ 物流公司以"争创全球性物流服务品牌，成为物流行业中民营企业的典范"为经营战略思想；秉持"诚信经营、优质服务、团结奋进、共创辉煌"的公司宗旨；弘扬"团结拼搏、开拓创新、携手共进、争创一流"的公司精神；并以"客户至上、信誉第一、价格合理、服务周到"为服务理念。

（3）公司物流经营战略目标的确立。公司以"不断追求卓越的服务品质，采用现代物流信息技术，提供尽善尽美的物流服务，力求成为国内一流的第三方物流企业"为其战略目标。

（4）公司物流经营战略类型的选择。根据目前公司的分析情况，可以采取差异化战略和目标集聚战略。

① 差异化战略。公司为电子类大客户提供从产品下线到各地经销商乃至最终客户的全程物流服务。服务内容涵盖物流项目管理与策划、厂区仓储管理、干线运输、中转仓库管理、区域配送、流通加工、包装以及逆向物流等一体化、个性化的物流解决方案。通过协助客户设计或优化物流网络，改进物流流程，完善供应链管理，公司致力于帮助客户降低库存水平，缩短交货周期，提升服务水平。

② 目标集聚战略。公司以电子类产品物流市场为核心，凭借已建立的客户合作关系，重点拓展区域内电子类制造企业客户群体，并为其提供一体化物流服务。根据客户需求，量身定制全国范围内的运输服务（包括多式联运），同时提供物流分拨、仓储、配送，以及产品分拣、包装、流通加工等全方位服务。

2．SPACE 矩阵法应用案例

HX 公司是一家第三方物流企业，凭借其自身优势以及区位条件，已发展成为当地物流行业的龙头企业。然而，由于公司成立时间较短，与制造业的合作深度尚显不足。因此，有必要对公司的物流业务发展环境进行全面分析，并据此制定物流业务组合发展战略。

（1）公司物流业务发展的外部环境分析。

① 公司物流业务发展的宏观环境分析。社会物流市场规模持续扩大，第三方物流行业蓬勃发展；国家产业发展规划及各地政策为物流行业提供了良好的政策环境；物流业的固定资产投资不断增加，物流基础设施逐步完善，现代物流技术也得到了显著提升，基础条件大幅改善。

② 公司物流业务发展的行业环境分析。制造业物流规模增长迅速，仓储配送业务持续扩张，但行业仍面临诸多挑战，包括市场无序竞争、技术水平较低以及行业标准化进程滞后等问题。

③ 公司物流业务发展的机会与威胁。公司业务发展的机会主要包括：物流市场规模持续扩大；物流基础设施不断完善，相关法规政策日益优化；西部大开发、北部湾经济区建设以及中国—东盟自由贸易区的建设，为当地物流业发展提供了广阔的空间。公司业务发展的威胁主要包括：传统体制的惯性制约；地区间物流业发展水平差距较大；企业间竞争日益激烈；行业利润率呈下降趋势；国际知名物流企业进入中国物流高端市场，加剧了市场竞争。

（2）公司物流业务发展的内部环境分析。

① 公司物流业务发展的优势与劣势。

优势：公司与政府建立了良好的关系，能够获取较多的政策与资源支持；核心业务定位清晰，已形成较强的品牌优势，在当地市场具有一定的知名度；在当地拥有较为稳定的客户资源，业务稳定性较高；公司位于当地乃至西南地区的工业重镇，地理位置优越，具备良好的区位条件。

劣势：公司业务结构较为单一，核心业务规模有限，非核心业务盈利能力较弱；物流业务在供应链中的嵌入程度不足，尚未形成核心竞争力，在供应链合作中处于相对弱势地位；在规模扩张过程中，资金需求缺口较大，融资渠道过度依赖政府支持；公司现有人才结构不合理，缺乏提升服务质量所需的人才储备，尤其是缺少能够独当一面的复合型人才。

② 基于 SWOT 分析的环境诊断结论：组织结构不合理，人才储备不足，影响了公司的正常运转；业务结构单一，规模较小，资金不足，制约了公司业绩的提升。这些问题在企业运营中相互交织，共同阻碍了企业物流业务组合发展战略的顺利实施。

（3）公司物流业务发展目标。

公司愿景为"坚守诚信，追求卓越，创造价值，回报社会，致力于成为备受尊敬的供应链物流服务标杆企业"。

公司使命为"以倡导行业标准、提供精益服务、创造客户价值、回报社会大众为己任，通过集约化经营、网络化运作、信息化管理，提供卓越的供应链物流服务"。

公司发展的远景目标为"立足当地，辐射西南，依托中国，面向东盟，成为中国—东盟区域内国际领先的供应链物流服务提供商"。

（4）公司物流业务发展战略选择。

① 公司工业物流业务的发展战略。运用 SPACE 矩阵进行战略选择分析。首先在 SPACE 矩阵中选取环境稳定性、竞争优势、产业优势和财务优势四个关键因素，结合公司实际情况，建立相应的条件因素，并根据设定的指标权重对条件因素进行分值确定。其中，环境稳定性和竞争优势的分值范围为-6~0（绝对值越大，表示因素状况越差）；产业优势与财务优势的

分值范围为 0～6（绝对值越大，表示因素状况越好）。四个条件因素的分值如表 9-2 所示。

表 9-2　公司工业物流业务 SPACE 的条件因素的分值

		分值	权重			分值	权重
环境稳定性	政府支持	1	0.3	竞争优势	服务创新程度	1	0.4
	进入壁垒	3	0.2		客户忠诚度	3	0.2
	技术要求	3	0.2		产品生命周期	1	0.2
	价格压力	4	0.2		市场份额	4	0.1
	竞争压力	1	0.1		网络渠道	4	0.1
	合计	2.4			合计	2.0	
		分值	权重			分值	权重
产业优势	产业潜力	5	0.3	财务优势	投资回报	2	0.2
	利润空间	5	0.2		偿债能力弱	2	0.2
	资本密集	5	0.2		速效渠道单一	2	0.2
	财务稳定性	4	0.2		资产应用度高	6	0.2
	产业周期	4	0.1		财务风险高	2	0.2
	合计	4.7			合计	2.8	

根据以上信息，建立坐标系，绘制战略选择图，如图 9-2 所示。具体做法是：将四个条件因素的分值标示在坐标轴上；计算横轴两个条件因素分值的代数和，即 4.7-2.0=2.7，并标示在横轴上；计算纵轴两个条件因素分值的代数和，即 2.8-2.4=0.4，并标示在纵轴上；画出坐标点（2.7，0.4）；依据此坐标点和原点，画出一条向量，该向量在第一象限。图 9-2 说明，公司物流业务发展战略应选择进攻型战略。

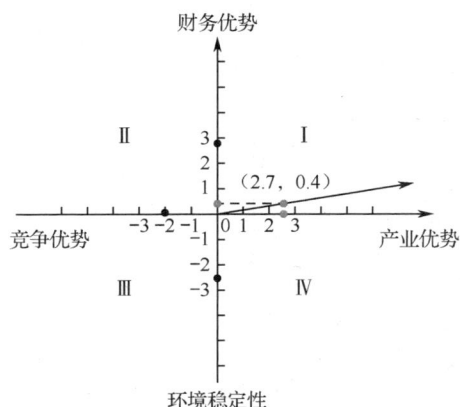

图 9-2　公司工业物流业务战略选择图

从目前情况看，公司在行业内尚具有较强的竞争优势；不足的就是，公司目前财务状况不是很理想，但是，由于公司目前的业务中工业物流是主要的利润来源，在政府的支持下，公司融资问题有望得到解决。有鉴于此，公司对工业物流业务采用进攻型战略符合公司实际的战略选择。

　　根据上述分析，结合工业物流先进理念，在基地建成以后，可以在零部件采购，供应链融资，零部件产品展示，产品、零部件及原材料进出口代理等领域继续拓展，努力将该基地打造成能够提供综合服务的工业物流平台。

　　② 公司大宗物资仓储配送业务的发展战略。该业务主要由公司下属子公司经营。通过对业务发展情况的分析，计算大宗物资仓储配送业务板块四个条件因素的分值，并绘制战略选择图，如表 9-3 和图 9-3 所示。

表 9-3　公司大宗物资仓储配送业务 SPACE 的条件因素的分值

		分值	权重			分值	权重
环境稳定性	政府支持	5	0.1	竞争优势	服务创新程度	6	0.2
	进入壁垒	6	0.3		客户忠诚度	4	0.2
	技术要求	5	0.2		产品生命周期	4	0.2
	价格压力	5	0.2		市场份额	5	0.3
	竞争压力	5	0.2		网络渠道	4	0.1
	合计	5.3			合计	4.7	
		分值	权重			分值	权重
产业优势	产业潜力	5	0.1	财务优势	投资回报	2	0.2
	利润空间	3	0.3		偿债能力弱	2	0.2
	资本密集	3	0.2		融资渠道单一	2	0.2
	财务稳定性	3	0.2		资产应用度高	6	0.2
	产业周期	2	0.2		财务风险高	2	0.2
	合计	3.0			合计	2.8	

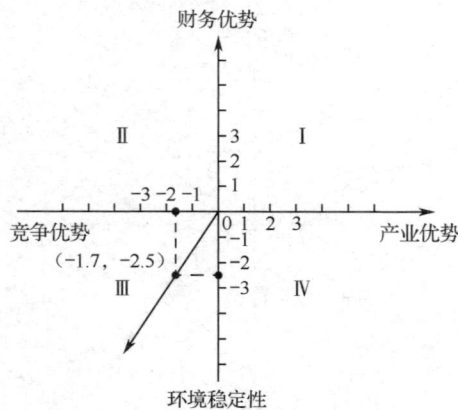

图 9-3　公司大宗物资仓储配送业务战略选择图

　　鉴于该业务处于不稳定的市场环境中，公司当前的经营项目尚缺乏竞争优势，且公司财务优势相对较弱，因此初步选择"防御型战略"。然而，考虑到大宗物资仓储配送业务是公司规模扩张的重要基础，且随着物流业的蓬勃发展，仓储配送行业也展现出较大的发展潜力，关键在于提升仓储配送技术水平，进军高端仓储配送市场。因此，公司应采用"积极防御战略"，即逐步退出低端仓储配送市场，充分利用有限的公司资源，争取进入高端仓储配送市场。

公司可与当地糖网合作，构建全国食糖贸易、仓储、实物交割及物流配送一体化业务体系，借此进军高端仓储配送服务领域。此外，在日用百货及特殊物资仓储配送行业，与电子商务相结合的业务模式在当地仍处于空白状态，这是一般小型仓储企业难以涉足的领域，却正是公司的优势所在。因此，将公司大宗物资仓储配送业务的发展方向聚焦于上述领域，而对于一般的仓储配送业务，则可择机逐步退出。

③ 公司运输业务的发展战略。运输业务主要由运输子公司负责经营。经过调研与诊断，计算该业务板块四个条件因素的分值，并绘制战略选择图，如表 9-4 和图 9-4 所示。

表 9-4　公司运输业务 SPACE 的条件因素的分值

		分值	权重			分值	权重
环境稳定性	政府支持	4	0.1	竞争优势	服务创新程度	3	0.2
	进入壁垒	6	0.3		客户忠诚度	4	0.2
	技术要求	5	0.2		产品生命周期	4	0.1
	价格压力	4	0.2		市场份额	5	0.3
	竞争压力	5	0.2		网络渠道	2	0.2
	合计	5.0			合计	3.7	
		分值	权重			分值	权重
产业优势	产业潜力	5	0.2	财务优势	投资回报	2	0.2
	利润空间	5	0.2		偿债能力弱	2	0.2
	资本密集	4	0.2		融资渠道单一	2	0.2
	财务稳定性	5	0.2		资产应用度高	6	0.2
	产业周期	4	0.2		财务风险高	2	0.2
	合计	4.6			合计	2.8	

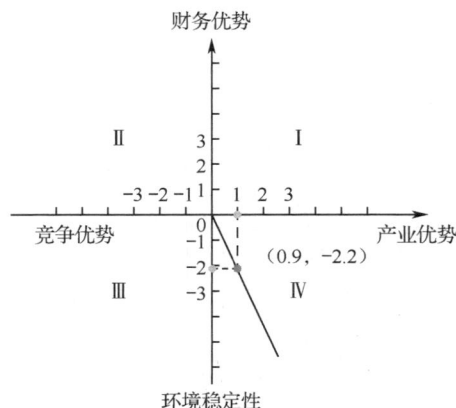

图 9-4　公司运输业务战略选择图

公司是一家专注于物流服务的专业化企业，在整车运输领域具备较强的产业优势。然而，由于受到人才短缺和资金不足的限制，公司目前尚未进入高端运输市场。尽管该产业具有较强的吸引力，但市场环境不稳定，公司虽有一定竞争优势，但财务优势较弱，这是公司运输业务当前面临的现实情况。针对这一现状，公司在运输业务发展上应采用"竞争型战略"。目前，公司凭借工业物流项目的业务支撑，能够较好地维持运输业务的运营。在此基础上，公司应努力积蓄力量，通过与食糖、日用百货仓储配送业务以及工业物流业务的协同发展，构建全国干线运输网络体系，逐步拓展集装箱运输、特种物品运输等业务领域，进而逐步进入高端运输市场，并逐步扩大市场份额。

9.2 仓储配送一体化

随着经济的发展以及商品市场竞争的日益激烈，企业对物流服务的要求不断提高。尤其是电子商务的迅猛发展，使得物流服务成为影响企业市场竞争力的关键因素。为了提升物流服务水平，物流的各个环节必须实现有效的衔接与协调，进而达成物流一体化的目标。其中，仓储与配送作为物流服务的重要环节，其一体化运作是实现物流一体化的核心。因此，仓储配送一体化受到了越来越多企业的关注，部分企业已将其作为一项竞争战略，以获取市场竞争优势。

9.2.1 仓储配送一体化的认知

在传统企业管理模式中，运输、仓储、配送等物流业务往往独立运作，相互割裂。而仓储配送一体化则能够提供一站式仓储配送服务，帮助企业节省仓储与运输成本，提升存货周转率，从而满足现代物流发展以及现代企业管理的需求。

1. 仓储配送一体化的含义

仓储配送一体化，简称仓配一体化。目前，仓配一体化主要是在电子商务环境下对"仓储+配送"环节的整合，是实施该模式企业的战略选择。通过实现仓储与配送的整体化和同步化运作，仓配一体化能够有效衔接仓储与配送流程，旨在提升仓储配送效率、降低仓储配送成本，并为客户提供一体化服务。因此，仓配一体化既是一种物流服务模式，也是仓配一体化企业为客户提供的综合性服务模式。

具体而言，电子商务企业只需将订单交付给仓储与配送企业，后续的合单、转码、库内作业、发运配送、拒收返回以及上下游账务结算等工作均由仓配一体化服务商负责完成。实际上，仓配一体化服务商为满足客户需求，制订了客户提交订单后涵盖所有服务的一体化解决方案，即采用仓配一体化的模式。国家标准《物流术语》（GB/T 18354—2021）对仓配一体化的定义为："仓配一体化是为客户提供一站式仓储与配送服务的运作模式。"

因此，仓配一体化并非仅仅是"仓储+配送"的简单组合，而是对整个物流服务流程的深度融合，实际上涵盖了物流的多个环节，包括集货、储存、流通加工、分拣、包装、配送，乃至安装等一系列物流服务及增值服务。

知识链接

企业一体化战略

企业一体化战略是指企业充分利用自身在产品、技术、市场等方面的优势，依据物资流动的方向，推动企业向深度和广度持续发展的一种战略。该战略旨在有目的地将相互关联密切的经营活动纳入企业体系，形成一个统一的经济实体，并对其进行有效的控制与支配。

一体化战略是由多个关联单位组合而成的经营联合体，主要包括纵向一体化、横向一体化和混合一体化。

纵向一体化，也称垂直一体化，是指生产或经营过程相互衔接、紧密联系的企业之间实现的一体化。按物资流动的方向，纵向一体化可以进一步划分为前向一体化（生产企业与销售商的联合）、后向一体化（生产商与原料供应商的联合）。

横向一体化，也称水平一体化，是指与处于相同行业、生产同类产品或工艺相近的企业实现联合。其实质是资本在同一产业和部门内的集中，目的在于扩大企业规模、降低产品成本、巩固市场地位。

混合一体化是指处于不同产业部门、不同市场且相互之间没有特别的生产技术联系的企业之间的联合。其类型包括产品扩张型、市场扩张型以及毫无关联型。

2. 仓配一体化的发展

仓配一体化与 20 世纪 90 年代出现的合同制、综合物流模式具有相似的特征。合同制或综合物流模式同样能够为客户提供一站式仓配服务，但其业务主要服务于企业及客户，聚焦于从生产厂家到经销商或零售商仓库之间的物流环节，包括仓储管理、干线运输和配送等，而未涉及产品从商家到最终消费者的过程，即主要为 B2B（企业对企业）模式。

近年来，随着互联网技术的快速发展，国内学术界和企业界对仓配一体化模式开展了广泛的研究与实践。这种服务模式逐渐成为电子商务企业、快递企业竞争的重要手段。目前，这些企业大致可以分为以下三种类型。

（1）垂直电子商务平台类。企业典型代表包括京东、苏宁易购和当当。京东在全国运营超过 3600 个仓库，其中包含云仓，其运营管理的仓储总面积超过 3200 万平方米，此外，还运营了 42 座大型智能化物流园区 "亚洲一号"。苏宁易购全国仓储面积达到 960 万平方米，运营了 15 个自动化分拨中心和 57 个区域配送中心。当当在全国范围内拥有 29 个物流中心，总库房面积超过 40 万平方米。

（2）平台类。企业典型代表如天猫、唯品会、拼多多等。这种类型的企业以菜鸟物流为代表，通过投入机器人仓储设备，提升拣货效率，降低仓储成本。

（3）快递类。企业典型代表包括顺丰、圆通、申通、韵达等。顺丰经过 30 多年的发展，已成为国内领先的快递物流综合服务商，也是全球第四大快递公司。顺丰凭借科技赋能产品创新，为客户提供了涵盖多行业、多场景、智能化、一体化的智慧供应链解决方案。顺丰仓储依托专业的运营管理水平、先进的系统管理能力以及完善的仓配一体化网络，为客户提供专业且高质量的服务。圆通创立于 2000 年 5 月，目前已发展成为一家集快递物流、科技、航空、金融、商贸等为一体的综合物流服务运营商和供应链集成商。申通经过 30 余年的发展，立足传统快递业务，全面进入电子商务领域，在全国范围内形成了完善且流畅的自营快递网络，为客户提供快递、仓储、配送、系统、客服等 B2C 一站式物流服务，以及代收货款、贵重物品通道、冷链运输等服务。此外，申通还积极建设全球海外仓服务体系，为全球跨境电子商务提供从头程运输、清关、仓储管理、库存管控、物流配送等一条龙供应链服务。

9.2.2 仓储配送一体化模式的制定

在制定仓储配送一体化战略时，企业首先需分析并确定是否采用仓配一体化战略；其次，在明确采用仓配一体化战略后，企业应围绕该战略目标，选择具体的仓储配送一体化模式。

1. 仓配一体化模式的比较与选择

首先，需对仓配一体化模式与其他物流配送模式的优势及劣势进行分析比较。

网络快递模式是指以"揽件—中转—干线运输—中转—末端配送"的流程，通过类似网络的形式实现包裹的交寄全过程。买家完成网络购物后，电子商务卖家将单件商品交付快递企业，经过快递企业内部多个环节的集散与转运，最终将商品投递至全国范围内分散的消费者手中。网络快递模式如图 9-5 所示。

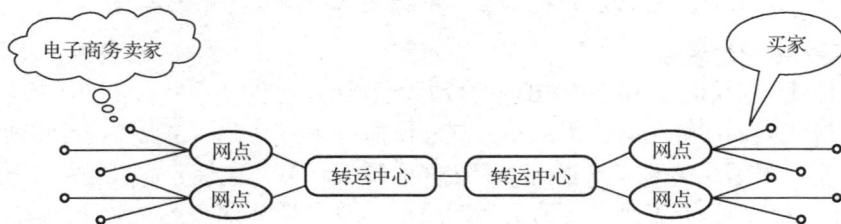

图 9-5 网络快递模式

第三方物流模式，亦称"合同制物流"，是指商品生产与销售企业将其物流环节外包给第三方物流企业，由该物流企业提供货物运输及订单配送等相应服务。

仓配一体化模式、网络快递模式与第三方物流模式各具优势与劣势。三种模式的优势和劣势比较如表 9-5 所示。

表 9-5 仓配一体化模式、网络快递模式与第三方物流模式的优势和劣势

模　　式	优　　势	劣　　势
仓配一体化	生产环节短、效率高、时效短	适合单品，IT 投入成本高
网络快递	体系健全、覆盖范围广、占快递行业 80%业务量	经转环节多，时效性不好
第三方物流	服务范围涉及客户经营等全过程	网络覆盖面小

仓配一体化的优势主要体现在以下几个方面：①对于电子商务企业而言，其价值主要在于与仓配一体化服务商的合作管理更为简便，能够提升服务时效并降低成本；②对于仓配一体化服务商而言，其价值主要体现在提升服务水平、增强客户忠诚度以及实现共同配送；③对于社会而言，其主要价值在于能够合理配置和高效利用资源。

企业在选择配送模式时，应综合考虑企业自身各方面的因素，对比仓配一体化模式、网络快递模式以及第三方物流模式的优势与劣势，并进行定性分析，最终确定是否将仓配一体化模式作为企业的一种竞争战略。

2．确定仓配一体化战略的目标

企业在确定采用仓配一体化战略之后，应对其战略目标进行分析与明确。通常而言，仓配一体化的最终目标是变革物流体系，通过实现仓与配之间的无缝连接，提升订单与仓配的集成度，简化流程，从而在物流环节的作业效率、物流服务质量、客户满意度以及物流成本降低等方面为企业带来竞争优势。

部分企业制定仓储配送一体化战略的主要目的在于获取低成本优势，此类战略属于低成本战略；而另一些企业在采用这一基本战略的同时，因作业效率的提升、订单完成时间的缩短以及客户服务水平的提高，形成了独特的差异化服务优势。在这种情况下，仓配一体化战略便包含了两种基本战略，即低成本战略与差异化战略。然而，由于企业资源投入的限制以及其他因素的制约，企业通常会以某一种战略为主导。

仓配一体化战略目标主要体现在以下几个方面。

（1）资源整合方面。资源涵盖仓储设施、配送车辆、物流作业设施设备、人员等实体资源，以及由数据与信息构成的虚拟资源。借助互联网和信息技术的支持，通过资源整合，实现资源的集约化与协作化，从而提升资源利用效率。

（2）信息传递方面。仓配一体化业务中的信息传递包括内部信息传递及内外信息交换，其目标是通过内部各系统之间的无缝衔接以及 EDI 中心与外部系统的互联互通，最终实现信息传递的准确、高效、无纸化和系统化。

（3）作业流程方面。应实现作业流程的智能化、标准化与规范化，这是确保流程环节无缝衔接和高效运行的基础。

3．选择合适的仓配一体化模式

仓配一体化模式通常包括仓配一体化一般模式和仓配一体化分仓模式两种。企业应依据自身战略及仓配一体化战略目标，对这两种具体模式进行对比分析，从而做出合理的选择。

（1）仓配一体化一般模式。一般而言，电子商务企业专注于市场销售，订单产生后，后续的合单、转码、库内作业、发运配送、拒收返回以及上下游账务结算等工作均由电子商务仓配一体化服务商负责完成（见图 9-6）。电子商务仓配一体化服务商提供的服务可划分为仓库管理、配送管理、退货管理和信息管理。

① 仓库管理，涵盖入库管理、出库管理、库存管理及仓库统计分析等。其中，仓库统计分析是对入库、出库和库存数据进行科学分析，为入库管理、出库管理和库存管理决策提供依据。

② 配送管理，包括线路规划、配送实施、配送状态监控、投诉与异常处理、保险与理赔、绩效分析与优化等工作。

③ 退货管理，包括买家退货、收货、入库及上架等环节。

④ 信息管理，信息管理系统主要包括订单管理系统、仓储管理系统、配送管理系统、客服中心管理系统、代收货款系统、结算系统和 ERP 系统等。

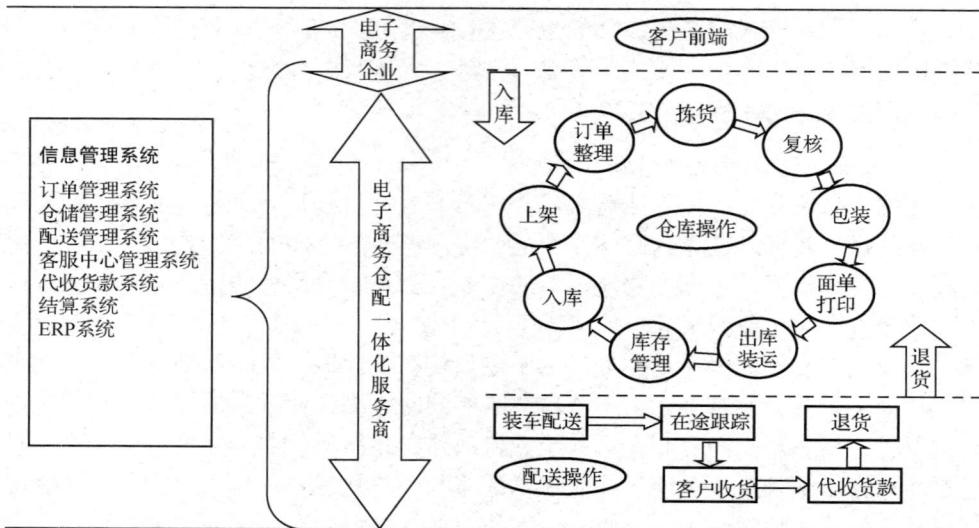

图 9-6 仓配一体化一般模式

（2）仓配一体化分仓模式。仓配一体化分仓模式是基于一般模式的拓展，通常包括单体仓、总分仓、平行仓和落地配仓四种形式。

① 单体仓，即电子商务企业在全国仅设置一个仓库。仓库地址可选择距离电子商务企业最近的仓库、仓配一体化服务商的总仓，或者距离订单聚集区域最近的仓库。

② 总分仓，即电子商务企业在全国设置一个主仓和若干个分仓。所有商品存放于主仓，并通过"依据区域订单销售比例进行商品配比，结合实际库存进行分仓配比"的方式完成分仓调拨。

③ 平行仓，即电子商务企业在全国设置多个仓库，依据历史销售数据进行仓库配比。平行仓中所有仓库均为同一等级，各仓库之间可实现货物调拨。

④ 落地配仓。此模式下，电子商务企业在全国仅设置一个仓库。在新产品上市、节假日、同行竞争、政策性促销等特殊时期，通过数据分析将货物分散运输至销量最为集中的异地配送中心。订单产生后，将订单分配给距离最近的配送中心，后续的仓库操作、配送操作及退货操作均由电子商务仓配一体化服务商负责完成。

9.2.3 仓储配送一体化的实施

仓配一体化战略的实施受到多方面因素的影响，因此在实施过程中，需在仓储和配送网络建设、仓内布局等方面采取合理的策略。

1. 仓配一体化实施的关键因素

从仓配一体化的发展状况来看，除了外部市场环境和需求因素，以下几个方面也是影响其发展的重要因素。

（1）物流网络。包括仓储网络、配送网络、运输网络及其之间的有机组合等。物流网络的构成、节点设置与布局、物流能力等，是有效实施仓配一体化的重要条件。

（2）供应链设计能力。对不同行业企业所处供应链的掌控与设计能力、客户大数据服务能力、市场预测模型的精准程度以及各环节之间的衔接与协同程度，均会影响仓配一体化的实施效果。

（3）物流设施与设备应用能力。这是仓配一体化实施的基础条件。

（4）综合 IT 能力。包括信息系统的建设能力，以及订单管理系统、仓储管理系统、配送管理系统等系统的建设能力。

2．仓配一体化实施的策略

（1）优化仓储和配送网络建设。具体包括：不同区域内分仓（或配送中心）的数量、地理位置和规模；各级分仓的存储区域规划以及仓储作业管理运营规划等。其中，仓储作业管理运营规划旨在整合仓储管理资源，实现流程的集约化配置与同步化运作，优化作业路径，减少无效物流作业，提升物流作业效率。

（2）仓内科学布局和管理，主要包括：制定科学合理的仓配流程，涵盖集货、入库、保管、加工、拣货、出库、配装、运送及交接等环节；实施精细化仓储布局；加大硬件投资以提升业务处理能力；建设仓配一体化信息系统；配备强有力的管理团队和高素质员工；加强客户关系管理。

📖 应用案例

盒马鲜生仓配一体化战略

盒马鲜生是阿里巴巴对线下超市进行完全重构的新零售业态。该业态对人、物、场进行重构，将超市、餐饮、仓储、配送等功能融为一体，拥有近 7800 个 SKU，并提供免费送货、无门槛、3 公里内 30 分钟送达以及无理由退货等特色服务。在物流方面，盒马鲜生采用"前线上订单、后场仓储"的模式。

盒马鲜生制定了标准化的入库流程，确保商品入库上架每托盘不超过 30 分钟，以防止商品在入库过程中因温度升高而导致质量下降。在疫情期间，从商品入库到送达客户手中的全程均由盒马鲜生工作人员操作，避免商品与外界接触，从而确保商品的安全性。

传统快件寄递的流程为：订单接受→订单登记→调用安排→库内作业→提货发货→在途跟踪→到达目的地→订单签收。在仓配一体化模式下，快件寄递流程优化为：订单接收→门店仓内拣货、包装、出库→客户。通过智能安全库存管理系统，对各时段订单量进行预测并及时发出补货提醒，确保在订单量激增的时段，库存商品始终保持充足状态。智能仓内作业系统科学安排工作人数，以达到最优人效。智能订货库存分配系统预测不同门店所在区域的商品分配需求，确保商品库存充足。智能履约系统对拣货路线和配送路线进行最优配置，以缩短配送时间和距离。智能调度系统对订单进行区域合单，并对批次、包裹进行最优匹配。

⟳ 9.3　集中库存与分散库存

企业常常面临物流市场的波动与变化，同时也会遭遇不同客户的多样化需求及其不同程度的变化。为了应对市场变化和满足客户的多样化需求，企业通常会采取不同的库存管理战略，如集中库存战略、分散库存战略或集中与分散相结合的战略。本节不仅阐述不同库存战略的分析、选择及实施过程，还通过具体事例重点说明集中库存战略和分散库存战略的选择方法。

9.3.1　集中库存与分散库存概述

部分企业实施集中库存战略，旨在通过合理配置仓库资源，扩大库存规模，并优化配送路线，从而降低仓储与配送成本。这种做法的基本战略属于低成本战略。另一些企业则采用分散库存战略，其目的在于适应不同市场需求，满足不同客户的需求，提供差异化服务，以提升客户的服务体验。这种做法的基本战略为差异化战略。当然，也有企业可能采用集中库存与分散库存相结合的战略，根据企业未来发展方向确定其战略目标及具体策略。

1. 集中库存与分散库存的含义

在企业的多仓库系统中，根据各仓库之间的关系，可将库存控制方法分为两种基本类型：集中库存和分散库存。

集中库存即集中管理库存，是一种控制库存的方法，也是一种库存管理系统。它由系统中处于核心地位的仓库汇集系统内的所有需求信息，集中处理系统内的各项业务，并平衡各市场的需求，如图 9-7（a）所示。

简而言之，集中库存是指企业库存的集中统一管理。集中库存并非意味着必须集中存储。集中库存可以从以下两方面理解：一是企业内部库存相关部门之间相互沟通与协作；二是降低库存总成本，即集中管理库存依靠先进的管理方法，实现企业总库存成本的最小化，而非单纯追求单一库存的最低成本。

一般而言，由于需求的不确定性，当将不同地点的需求集中处理时，一个地点客户高于平均值的需求很可能被另一个地点客户低于平均值的需求所抵消或中和。随着核心仓库服务地点数量的不断增加，这种中和的可能性也随之增加。这能够有效降低安全库存水平，进而降低总库存水平，避免分散库存中可能出现的局部最优而整体并非最优的情况。

与集中库存相对应，分散库存是另一种库存管理系统，指系统中各仓库之间完全独立，各仓库处于并列地位，每个仓库的决策目标是优化自身的库存策略，即追求系统内的局部最优。实际上，分散库存是指企业各个分支机构或分公司自行管理和控制其库存，如图 9-7（b）所示。

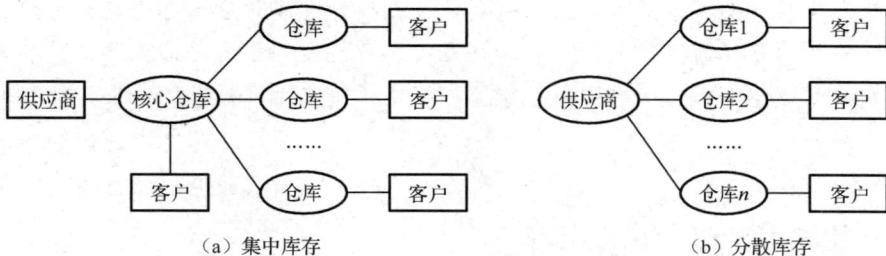

（a）集中库存　　　　　　　　　　　　　　（b）分散库存

图 9-7　集中库存和分散库存

在某些情况下，对库存采取分散控制也是一种有效的库存管理战略。一般来说，集中库存与分散库存各有其优势与劣势，且适用于不同的场景。以下将重点介绍集中库存的优势、劣势、适用条件以及集中库存战略的选择与实施，而分散库存的相关内容则不再赘述。

🔍 知识链接

集中采购与分散采购

集中采购是指企业在核心管理层设立专门的采购机构，统一组织和实施企业所需物品的采购活动。换言之，企业采购的决策权主要集中在企业管理高层。集中采购的对象通常包括：大宗物品，价值高或总价高的物品，关键零部件、原材料或其他战略物资，以及保密度高、产权约束多的物品。

分散采购则是将企业或企业集团的采购权限下放至下属各需求单位，由其根据自身生产经营需要自行组织和实施采购行为。分散采购适用于以下对象：小批量、价值低且总支出占经营费用比重较小的物品。

在实践中，许多企业将集中采购与分散采购相结合。部分企业以集中采购为主，而另一些企业则以分散采购为主。

2. 集中库存的优势与劣势

集中库存理论的提出，最初旨在通过各部门之间的协作，实现降低成本、提升客户服务满意度的目标。经众多企业的实践验证，集中库存具有以下优势。

（1）降低企业总库存水平。对于整条供应链而言，集中库存能够有效避免"牛鞭效应"，从而降低整条供应链的库存水平。

（2）及时响应市场变化。集中管理库存使供应链核心企业能够有效管控供应链上的库存，使库存或生产计划与市场需求相契合；当市场出现波动时，核心企业可凭借其库存管理权迅速做出决策。

（3）降低经营成本。集中库存可将仓储设施布局在交通便利但远离城市的区域，从而降低管理费用或租赁费用；同时，能够减少从仓库到各地分支机构的运输成本，扩大配送网络的优化范围，并通过精简各分支机构的仓库管理人员，降低相关费用。

然而，集中库存也存在一定的劣势。具体表现为：客户与仓库的距离可能增加，从而延长客户收货时间；由于库存规模较大、环节较多，库存管理难度显著加大；此外，任何突发性事件都可能影响企业的整体运营，进而使企业的仓储安全风险大幅提高。

3. 集中库存的适用条件

尽管集中库存战略具有诸多优势，但并非所有企业都适合，也并非企业所有产品都适宜采用集中库存管理。集中库存的适用条件如下所示。

（1）标准化或通用化的产品，其可替代性强，差异性小，且能够被多个客户同时使用。

（2）首次通过认证后无须逐批检验的产品。

（3）生命周期较长的零部件，在相当长的时期内不会出现废弃或变更的可能性。

（4）产品在企业采购成本中所占比例较高，且需求量较大。

（5）零部件的市场需求较为稳定，且库存具有规模性，便于实施集中管理。

（6）不适合采用部门（或企业）内控或内控不经济的产品，如特殊产品（如具有危险性、易腐性、易损坏性等性质的产品）、需求量小的产品、使用部门难以管理的产品等。

4．集中库存战略选择的影响因素

实施集中库存能够有效降低安全库存和总库存水平，因此，库存水平和库存成本是决定是否实施集中库存的首要因素。除此之外，还需考虑以下因素。

（1）客户响应能力及需求的不确定性。如果客户要求快速响应，库存储存地点则需靠近客户，此时采用集中库存战略可能不适用。反之，如果客户对响应速度要求不高，则可考虑采用集中库存战略。对于客户需求的不确定性，如果需求不确定性较高，企业需设定较高的安全库存，此时集中库存战略可能更为合适；反之，可采用分散库存战略。

（2）产品价值重量比。对于低价值重量比的货物，采用集中库存战略会大幅增加运输成本，从而导致总成本快速上升。而对于高价值重量比的产品，如计算机硬件，由于其价值较高且库存持有成本较高，采用集中库存战略更为有利。

（3）运输成本。当库存集中于少数几个配送中心时，虽然设施成本和安全库存成本得以降低，但由于配送中心服务范围扩大，运输距离增加，运输成本也会相应上升。因此，在采用集中库存战略时，虽然可以降低安全库存，但必须在运输成本、库存成本与设施成本之间进行综合权衡。

5．集中库存战略的选择及实施

在选择集中库存或分散库存战略时，可采用定性方法与定量方法。定性方法主要包括加权评分法、优缺点比较法、德尔菲法等。加权评分法是依据集中库存的影响因素，从中选取若干关键因素，按照预先设定的标准进行打分；根据这些因素的重要程度，赋予其相应的权重；随后计算总评分，即各因素得分与权重乘积之和。通过对比集中库存和分散库存战略的总评分，确定最终的选择。优缺点比较法则通过对集中库存与分散库存战略的优缺点进行对比分析，综合评估，从而确定较为合理的选择。

集中库存战略实施的关键在于：建立和完善管理机构及管理机制，如组建集团公司集中采购与库存管理团队；设计集中化库存的业务流程及内容，若企业以集中库存管理为主，还需明确集中库存与分散库存的范围及种类；建立有效的信息系统，实现信息在企业高层与各分支机构之间的快速流动与共享。

📖 应用案例

D公司集中库存管理模式

D公司通过改革，强化了对整体库存的控制权，实现了库存的统一管理。具体而言，总公司依据各省区公司的销售及库存信息，判断其库存是否需要补充。若需要，则自动向物流中心发出发货指令，补充省区公司的库存，并根据市场需求协调炼化企业的生产计划。

D公司为实现集中库存管理，采取了以下措施：引进ERP系统，建立统一的编码体系；建立市场销售信息库，掌握需求变化情况，并将省区公司需求预测与分析功能集成至大区公司系统中，构建高效快捷的成品油销售反馈与预测系统；建立完善的物流调度指挥系统，实现对物流环节的实时监控；建立先进的物流优化系统，实现对储存、配置及运输调度的综合管理；通过无线网络在省区公司、炼化企业与大区公司之间建立实时库存信息共享机制；确定成品油油库的最佳库存量及最高、最低限量，并优化油库的接卸与发货流程；制定配送成本核算方法，逐步建立和完善成品油配送成本管理系统；基于合作精神，公司与省区公司共同建立供应链协调管理机制，搭建合作沟通渠道，明确各方目标与责任，为集中库存管理提供有效支持。

9.3.2 基于库存水平的集中与分散的库存战略选择

在多仓库系统中，根据库存水平的高低，在集中库存与分散库存之间进行战略选择是十分必要的。以下通过一个具体案例，阐述在仅考虑库存水平的情况下，如何选择集中库存或分散库存。

假设某企业生产甲、乙两种产品供应 A、B 两地市场，要求服务水平（不缺货）达到 97%（查正态分布表知 Z_a =1.9）。已知订货提前期为 1 周，一次订货费 K 为 100 元，单位产品库存持有成本 H 为 0.3 元/周。统计过去 10 周的市场需求如表 9-6 所示。

表 9-6 过去 10 周的市场需求

单位：件

周		1	2	3	4	5	6	7	8	9	10
市场 A	甲产品	133	145	137	138	155	130	119	158	140	145
	乙产品	60	52	55	47	50	52	52	60	55	57
市场 B	甲产品	143	132	139	136	122	144	114	151	127	142
	乙产品	45	50	52	55	59	48	50	45	47	49

试考虑这两个市场以"各自仓储"和"集中仓储"两种情况进行存储。对数据进行统计分析，每种产品在"分散"和"集中"情境下的平均需求和需求标准差如表 9-7 所示。

表 9-7 每种产品在"分散"和"集中"情境下的平均需求和需求标准差

单位：件

市　　场	产　　品	平均需求（D）	需求标准差（σ_D）	变差百分数
市场 A（分散）	甲	140	11.56	8.3%
市场 A（分散）	乙	54	4.22	7.8%
市场 B（分散）	甲	135	11.30	8.4%
市场 B（分散）	乙	50	4.40	8.8%
总计（集中）	甲	275	18.68	6.8%
总计（集中）	乙	104	2.83	2.7%

根据表 9-7 的数据，甲产品和乙产品在实施集中库存管理后，其变差百分数均有不同程度的下降。与甲产品相比，乙产品的变差百分数降幅更为显著，这表明乙产品的需求变动性得到了更为有效的控制。

已知经济订货批量 $Q = \sqrt{2DK/H}$ ，安全库存 $SS = Z_a \sqrt{L}\sigma_D$ ，平均库存量 $= SS + Q/2$ ，根据上述相关数据计算出每种产品在"分散"和"集中"情境下的经济订货批量、安全库存和平均库存，如表 9-8 所示。

表 9-8　每种产品在"分散"和"集中"情境下的经济订货批量、安全库存和平均库存

单位：件

市　　场	产　　品	平均需求（D）	经济订货批量	安 全 库 存	平均库存量
市场 A 分散库存	甲	140	306	22	175
市场 B 分散库存	甲	135	300	21	171
市场 AB 集中库存	甲	275	428	35	250
市场 A 分散库存	乙	54	190	8	103
市场 B 分散库存	乙	50	183	8	100
市场 AB 集中库存	乙	104	263	5	137

由表 9-8 的数据结果可知，甲产品和乙产品采用集中库存之后，安全库存和平均库存均有明显降低，其中甲产品集中库存比分散库存的平均库存减少 28%，乙产品集中库存比分散库存的平均库存减少 32%。

9.3.3　基于库存水平和运输成本的集中与分散的库存战略选择

通常而言，集中库存与分散库存战略的选择需要综合考虑多种因素。以下结合具体案例，阐述在综合考虑库存水平和运输成本的情况下如何确定采用哪种库存战略。

仍以 9.3.2 节中提到的某企业为例。该企业生产的甲产品主要供应 A、B 两地市场，要求服务水平（不缺货）达到 97%（查正态分布表可知 $Z_a=1.9$）。已知订货提前期为 1 周，每次订货费用 K 为 100 元，单位产品库存持有成本 H 为 0.3 元/周。甲产品在"分散"和"集中"两种情境下的平均需求量及需求标准差如表 9-7 所示。甲产品在"分散"和"集中"两种情境下的经济订货批量、安全库存和平均库存水平如表 9-8 所示。甲产品"集中"与"分散"库存方案的比较如表 9-9 所示。

表 9-9　甲产品"集中"与"分散"库存方案的比较

	分 散 库 存	集 中 库 存
A 地的经济订货批量/件	306	——
A 地的平均库存/件	175	——
A 地的库存成本/元	52.5	——
A 地的年库存成本/元	2730	——
A 地的每次运输重量/千克	612	——
A 地的运输成本/元	122.4	——
A 地的年运输成本/元	2912	——
A 地的年物流总成本/元 （年库存成本+年运输成本）	5642	——
B 地的经济订货批量/件	300	——
B 地的平均库存/件	171	——
B 地的库存成本/元	51.3	

续表

	分 散 库 存	集 中 库 存
B 地的年库存成本/元	2667.6	—
B 地的每次运输重量/千克	600	—
B 地的运输成本/元	120	—
B 地的年运输成本/元	2808	—
B 地的年物流总成本/元 （年库存成本+年运输成本）	5475.6	—
分散库存方案的年物流总成本/元 （A 地+B 地的年物流总成本）	**11117.6**	
配送中心的周需求量/件	—	275
配送中心的平均库存/件	—	250
配送中心的库存成本/元	—	75
配送中心的年库存成本/元	—	3900
配送中心每次运输重量/千克	—	550
配送中心运输成本/元	—	185
配送中心年运输成本/元	—	9620
配送中心年物流总成本/元 （年库存成本+年运输成本）	—	**13520**

已知该企业直接向 A 地和 B 地的客户供应甲产品，而非通过中间代理商或分销商。A、B 两地均保有客户所需产品的库存，且由该企业直接向位于 A、B 两地的仓库进行补货。补货通过公路运输完成，补货数量为经济订货批量，平均补货前置时间为 1 周。公路运输企业的运输费率为 $0.2x$，其中 x 表示运输货物的重量，单位为千克。甲产品的单位重量为 2 千克。

该企业制定了如下集中库存方案：取消 A、B 两地的库存，将库存集中到一个配送中心，由配送中心根据客户需求每周配送一次。若采用集中库存模式，库存将集中于一个配送中心，并借助快递公司提供更快速的运输服务，其运输费率为（$20.0+0.4x$）。显然，由一个配送中心统一向 A、B 两地客户配送，会增加配送频率和运输费率，从而导致集中库存模式下的运输成本上升。因此，若实施集中库存，企业需权衡运输成本上升与库存成本下降之间的关系，最终依据物流总成本来确定分散库存方案与集中库存方案中哪个更为有效。

甲产品集中库存与分散库存方案比较的分析步骤如下：首先，计算甲产品在 A 地的年库存成本；其次，计算企业向 A 地仓库补货的年运输成本；进而得出甲产品在 A 地保有库存的年物流总成本。采用相同的方法，计算甲产品在 B 地保有库存的年物流总成本，以及甲产品采用分散库存方式的年物流总成本。随后，以类似的方式计算甲产品采用集中库存方式的年物流总成本。需要说明的是，采用集中库存方式时，由配送中心统一向 A、B 两地配送，每次配送的数量为每周客户的平均需求，配送频率为每周一次。最终，比较分散库存方案的年物流总成本与集中库存方案的年物流总成本，物流总成本较低的方案即更有效的物流方案。

根据表 9-9 的计算结果，集中库存方案的年物流总成本更高。上述分析表明，实施集中库存方案后，尽管库存水平有所降低，但物流总成本并未随之下降。特别是集中库存模式采用配送中心统一配送，配送频率增加，运输成本显著上升，从而导致物流总成本增加。因此，在选择集中库存与分散库存时，应基于对两种模式物流总成本的比较来进行决策。

9.4 仓储和配送网络规划

通常而言，企业应围绕自身战略及其目标，制定物流战略，并构建一个全面、系统、综合的物流网络规划，涵盖仓储和配送网络的规划。仓储和配送网络规划涉及企业未来仓库、配送中心等物流节点以及连接线路的布局，包括这些节点与线路如何组成网络。该规划将影响企业未来的长期投资和长期发展，因此仓储和配送网络规划是企业长期性的、全局性的战略问题。本节将重点阐述仓储网络和配送网络规划的原则、内容及方法。

9.4.1 仓储网络规划

企业制定并实施科学的仓储网络规划战略，能够明确未来仓储网络的发展方向，确定仓库或物流中心节点的布局与设置，以及未来仓储网络的构成方式等。企业应基于企业总体战略和物流战略，遵循一定的原则，运用科学的方法，制定合理的仓储网络规划。

1. 仓储网络与仓储网络规划的含义

（1）仓储网络的含义。通常而言，企业仓储网络是企业物流网络的重要组成部分。仓储网络作为一种重要的物流系统空间网络结构，由节点和线路组成，各节点通过线路相互连接，每条线路和每个节点均与物流网络的结构、组织方式及运营效率密切相关。

🔍 知识链接

物流网络

通常而言，物流活动主要在线路和节点上展开。其中，线路上的活动主要是运输，包括集货运输、干线运输、配送运输等；而物流功能要素中的其他要素，如包装、装卸、保管、分货、配货、流通加工、信息处理等，均在节点上完成。因此，物流网络可以被理解为：基于物流基础设施网络，以信息网络为支撑，按照网络组织模式运行的三大子网络有机结合而成的综合服务网络体系。

物流的三大子网络包括：物流组织网络，它是物流网络运行的组织保障；物流基础设施网络，它是物流网络高效运作的基本前提和条件；物流信息网络，它是物流网络运行的重要技术支撑。物流基础设施网络由运输线路和物流节点相互交织而成，也称物流实体网络，通常被称作物流网络。

根据物流功能的不同，物流网络可分为运输网络、仓储网络、配送网络等子网络。物流网络也可被视为物流系统。物流系统是由物流各要素组成的有机综合体，各要素之间存在有机联系，并致力于实现物流总体的合理化。与一般系统类似，物流系统具有输入、转换和输出三大功能，通过输入和输出与社会环境进行交换，从而实现系统与环境的相互依存。

国家标准《物流术语》（GB/T 18354—2021）中对物流网络的定义为"通过交通运输线路将分布在一定区域内的不同物流节点连接而成的系统"。

仓储网络中的线路一般是指节点之间公路运输、铁路运输、水路运输、航空运输和管道运输所使用的线路。节点是进行各种装卸、保管、分拣工作的场所，是仓储网络系统中最重要的组成部分，主要有仓库、物流中心、配送中心等。节点的数量、实际所处的物理位置以及物流节点的相对位置，不仅与整个物流仓储网络的布局紧密关联，且对物流系统的运转效率、经济效率有极大影响，关系到整个物流系统的运营成本和服务效果。

本章所涉及的仓储网络内容主要聚焦于物流网络节点及其之间的运输线路相关问题，同时也涵盖较大区域的配送网络问题，但不涉及末端配送节点及配送运输线路的相关问题。

（2）仓储网络规划的含义。仓储网络规划是对一定区域内仓储网络进行科学规划的过程，其基本目标是实现仓储网络的优化，即通过合理布局仓库的形式与功能组合，达到最佳效果。其核心目的是将总体仓储成本最小化，包括库存持有成本、仓储成本和运输成本的最小化，同时满足需求方对反应时间和响应速度的要求。具体而言，仓储网络规划包括确定仓库网点的数量、设计每个仓库的功能与服务范围、确定仓库的规模大小，以及规划各仓库之间的业务依存关系等。

2．仓储网络规划的原则

仓储网络规划的原则主要有：①全局最优原则，即在全局最优原则的指导下，对仓储网络进行整体设计及相关详细规划；②适应性原则，仓储网络规划必须与物流资源、需求及企业未来发展相一致；③协调性原则，即网络规划与服务区域和对象特点、物流设施和技术、运输等方面相匹配，统筹规划；④经济性原则，即兼顾成本与收益的关系，使得系统总成本最低；⑤客户满意原则，就是必须做到客户至上，满足内部及外部客户的需求。

3．仓储网络规划的内容

按照规划的先后顺序，仓储网络规划包括以下 4 项内容：①根据区域市场的总需求，确定所有节点的总体规模；②确定仓库数量，通常需综合考虑成本、客户服务需求、运输能力、中转与直达供货的比例、节点信息化水平等因素进行决策；③确定各仓库的规模，需考虑的因素包括客户服务水平、市场大小、最大日库存量、库存物品尺寸、所使用的物料搬运系统、仓库日吞吐任务量、供应提前期、规模经济、仓库布局、过道要求、仓库办公区域、使用的货架类型等；④确定各仓库的具体位置。

4．仓储网络规划的方法

仓储网络规划的方法有多种模型算法，如粒子群优化算法、蚁群优化算法、果蝇优化算法、遗传算法等。其中，粒子群优化算法、蚁群优化算法和果蝇优化算法都属于群体智能算法的范畴，它们通过迭代搜索来寻找最优解。

粒子群优化算法又称微粒群算法或微粒群优化算法。其基本思路为：模拟一群鸟在搜寻位置未知的食物时，通过不断探索与改进，逐步找到最佳的觅食策略。粒子群优化算法可用于解决系统优化问题。由于仓储网络本身是一个系统，因此粒子群优化算法可以应用于仓储网络的规划与优化。

蚁群优化算法是一种用于寻找优化路径的概率型算法。其基本思路为：利用蚂蚁的行走路径来表示待优化问题的可行解，整个蚂蚁群体的所有路径共同构成待优化问题的解空间。路径较短的蚂蚁释放的信息素量较多，随着时间推移，较短路径上累积的信息素浓度逐渐增高，选择该路径的蚂蚁数量也越来越多。最终，在正反馈机制的作用下，整个蚂蚁群体会集中到最佳路径上，此时对应的路径即待优化问题的最优解。

果蝇优化算法是一种基于果蝇觅食行为的仿生学原理而提出的全局优化方法。果蝇在感官知觉上优于其他物种，尤其是在嗅觉与视觉方面。果蝇的嗅觉器官能够敏锐地收集空气中飘浮的各种气味，甚至可以嗅到40公里以外的食物源。当接近食物时，果蝇可以利用其敏锐的视觉发现食物和同伴聚集的位置，并朝该方向飞行。果蝇优化算法通过模拟果蝇利用敏锐的嗅觉和视觉进行觅食的过程，实现对解空间的群体迭代搜索。

遗传算法是一种基于大自然中生物进化规律而设计的计算模型，它模拟了达尔文生物进化论中的自然选择和遗传学机理，通过模拟自然进化过程来搜索最优解。该算法通过数学方法和计算机仿真运算，将问题的求解过程转化为类似生物进化中的染色体基因的交叉、变异等操作。遗传算法特别适合用于求解较为复杂的组合优化问题。

9.4.2 配送网络规划

企业配送网络规划的战略决策涉及未来配送中心、仓库等节点的设置与布局，配送网络的整体构成，以及物流与配送战略的实施，是企业必须考虑的重要经营战略问题。配送网络规划涵盖规划的原则、内容及方法等方面。

1. 配送网络和配送网络规划的含义

配送网络是由配送节点和线路组成的系统，是由节点、线路及其他相关要素构成的有机整体。配送节点包括配送中心（或仓库）、配送站点（如快递分拣站、连锁超市、奶站等）以及末端网点（如快递自提柜）等。配送线路通常是指配送节点之间配送车辆所使用的道路。

根据配送范围，配送网络可以分为国际配送网络、国内配送网络、区域配送网络和地区配送网络。本章所述的配送网络属于地区配送网络，通常仅涉及企业在一个较小区域（如城市区域）内进行短途、末端配送所使用的网络。

地区性配送网络通常有两种基本结构：一种是由单个配送中心、多个配送网点和配送线路组成的网络；另一种是由多个配送中心、多个配送网点和配送线路组成的网络。此外，部分配送网络还包含末端网点，因此配送网络可以进一步细分为多种结构形式。

配送活动通常围绕客户需求展开，旨在确定产品从供应商流向客户的整个物流过程中的配送方式选择及配送流程，包括配送中心与客户节点的对应关系、物流设施设备的种类与容量，以及配送路线的选择等。因此，合理规划配送网络是确保其作为一个高效有机整体运行的关键。配送网络规划的核心是对配送节点和配送线路进行科学规划，其目标是构建最优化的配送网络结构，以实现网络总成本最小化并满足客户服务需求。

2. 配送网络规划的原则及影响因素

与仓储网络规划类似，配送网络规划的原则包括全局最优原则、适应性原则、协调性原则、经济性原则和客户满意原则。

配送网络的规划和建设会受到诸多因素的影响：①需求因素，包括市场需求的特点、客户的需求特征及其变化情况；②客户服务因素，包括库存可得率、送货速度、订单履行的速度与准确性等；③产品特征因素，包括产品的重量、数量、体积、价值和风险等；
④配送成本因素，即网络规划应使各方面的总成本达到最小化；⑤产品定价策略因素，
即定价政策决定了买方或卖方是否承担某些配送活动，从而影响配送网络的构成。

3．配送网络规划的内容及方法

配送网络规划的内容包括：配送中心及配送站点的选址；确定配送中心及配送站点的
数量与规模；明确配送中心及配送站点的功能和服务范围；确定配送线路。配送网络建设
的核心是配送中心的选址，它是配送网络建设的基础，其方法与仓库选址类似，相关内容
将在 9.4.3 节中介绍。

与仓储网络规划类似，配送网络规划也可采用类似的模型算法，如粒子群优化算法、
蚁群优化算法、果蝇优化算法、遗传算法等。

9.4.3　仓库的选址

根据仓储网络和配送网络规划的理论，网络节点（如仓库、配送中心等）的选址需要
综合考虑多方面因素，遵循合理化、协调性、经济性等原则，并选择合适的方法。仓库选
址可供选择的方法较多，这里重点介绍重心法、加权评分法、优缺点比较法和德尔菲法。

1．仓库选址的原则及影响因素

（1）仓库选址的原则。仓库选址的原则主要包括：①合理化原则；②协调性原则；③
经济性原则；④适应性原则。

（2）仓库选址的影响因素。仓库选址的影响因素主要包括：①自然环境因素，如气象
条件、地质条件、施工条件、地形条件等；②经营环境因素，如经营环境、商品特性、配
送费用、服务水平等；③基础设施状况，如交通条件、公共设施状况等；④其他因素，如
国土资源利用、环境保护、周边状况等。

2．单一仓库选址方法

单一仓库（或配送中心）选址是指在某一区域内仅选取一个地址作为仓库。代表性的
方法有重心法（Center-of- gravity Approach）、网格法（Grid Method）、数值分析法，另外，
还包括图表技术法（Graphical Techniques）和近似法（Approximating Methods）等。

重心法是选址问题中最常用的一种模型，适用于解决连续区域内基于直线距离的单点
选址问题。该方法将物流系统的资源供给点与需求点视为分布在某一平面范围内的物体系
统，各供给点与需求点的物流量分别被视为物体的重量，而整个系统的重心即仓库的最佳
位置，此时运输总成本最低。

重心法有如下假设条件：需求集中于某一点；不同地点物流设施的建设费用、营运费
用相同；运输费用与运输距离成正比；运输路线为空间直线距离；各个需求点的位置和需
求量已知且不变。

根据重心法的原理，仓库地址坐标为：

$$x_0 = \frac{\sum\limits_{j=1}^{n} a_j w_j x_j}{\sum\limits_{j=1}^{n} a_j w_j}$$

$$y_0 = \frac{\sum\limits_{j=1}^{n} a_j w_j y_j}{\sum\limits_{j=1}^{n} a_j w_j}$$

式中，x_i、y_i 是需求点的坐标，x_0、y_0 是仓库地址的坐标。

在运用重心法计算出仓库位置之后，还需进行实地考察，明确拟建仓库的具体坐标位置。根据实际情况，排除河流、公路等客观因素的影响，并进行适当微调，最终确定仓库的具体地址。

重心法的最大特点是计算方法简单，但该方法计算的是仓库地理坐标的加权平均值，未考虑设置仓库后，现有资源点和需求点之间不再直接联系，而是通过该仓库中转，这将导致运输距离和运输成本发生变化。因此，该方法计算的结果并非精确的仓库位置。可以将重心法的结果作为初始解，进一步运用迭代法进行优化。

3．多仓库选址方法

许多企业会同时在一个地区为多个仓库或配送中心选址。选址方法分为定量方法和定性方法。

（1）定量方法。

① Kuehn-Hamburger 模型。Kuehn-Hamburger 模型是用于多个设施选址的典型方法。它是一种启发式方法，即先求出一个简单的初始解，然后通过反复计算和修改，逐步优化该解，直至接近最优解。

② 模拟模型。模拟模型在求解精度上通常低于数学优化模型，但能够在全面反映实际问题的基础上，求得较为满意的解。

（2）定性方法。实践中，选址还需要采用定性方法，如加权评分法、优缺点比较法、德尔菲法等。

① 加权评分法。在选址过程中，许多重要因素难以精确量化，这给选址方案的对比分析带来了困难。加权评分法是一种常用的处理方法。该方法通过选定若干关键因素并赋予相应的权重，对每个备选地址进行评分，计算加权总分，最终根据评分结果确定最优的选址方案。

权重的确定是加权评分法的关键。确定权重的方法包括灰色综合评价法、熵值法等。灰色综合评价法是一种基于灰色关联分析理论的模糊综合评价方法。其基本原理是将评价对象的某些特征属性抽象为一个灰色系统，并计算出一个灰色综合指数，以此衡量该对象的总体状况和综合水平。这种方法能够帮助决策者更清晰地识别系统或组织的优劣势，从而为决策提供有力支持。灰色综合评价法的应用范围非常广泛，可用于评价系统、组织、产品和服务等，并据此提出有效的改进措施。

② 优缺点比较法。优缺点比较法是一种较为简单的定性分析选址方法。该方法通过罗列各选址方案的优缺点，分析比较各方案的特点，并按多个等级进行评分，等级越高，得分越高。最终计算各项得分的加权总和，得分最高的方案即最优方案。在具体操作中，决策人员通常使用一个包含选址影响因素的表格，对不同方案的各因素进行评分。最常考虑的影响因素包括区域地形、位置、面积、水电设施状况、所有者情况等。该方法受主观因素影响较大，缺乏科学性和精确性，因此在现代选址中较少使用。然而，对于初次接触选址问题、需要综合考虑选址影响因素的工作人员来说，仍具有一定的参考价值。

③ 德尔菲法。德尔菲法的基本思路是：通过函询的方式，以"背对背"的形式征询专家小组成员的意见，并以数值形式表示。经过客观分析和多次征询，专家小组的意见趋于一致，从而做出最终决策。该方法多用于预测工作，也可用于配送中心选址的定性分析。该方法虽然操作简单，但主观性强，最终的决策结果易受专家的知识经验、所处的时代背景和社会环境等因素的影响与限制。在候选点过多时，难以达成一致意见，从而导致选址结果不够科学。因此，该方法在候选点有限的情况下较为有效，但在为城市大型物流系统进行配送中心选址时，需要结合大量基础资料和定量分析，否则会显得说服力不足。

4. 重心法的应用

下面通过例题来说明应用重心法选址的具体做法。

【例 9-1】某计划区域内资源点与需求点的分布情况如图 9-8 所示，各需求点的需求量和运费率如表 9-10 所示。需在该地区设置一个仓库 D，只考虑运输费用，求 D 点的最佳位置。

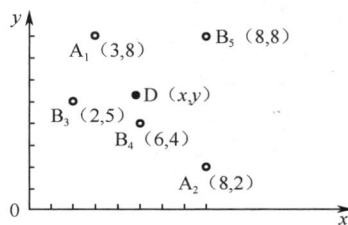

图 9-8　需求点分布图

表 9-10　需求量与运费率

单位：件

需　求　点	需　求　量	运　费　率
A_1	2000	0.5
A_2	3000	0.5
B_3	2500	0.75
B_4	1000	0.75
B_5	1500	0.75

解：根据已知条件，运用重心法计算公式计算仓库位置坐标：

$$x_0 = \frac{2000 \times 0.5 \times 3 + 3000 \times 0.5 \times 8 + 2500 \times 0.75 \times 2 + 1000 \times 0.75 \times 6 + 1500 \times 0.75 \times 8}{2000 \times 0.5 + 3000 \times 0.5 + 2500 \times 0.75 + 1000 \times 0.75 + 1500 \times 0.75} = 5.16$$

$$y_0 = \frac{2000 \times 0.5 \times 8 + 3000 \times 0.5 \times 2 + 2500 \times 0.75 \times 5 + 1000 \times 0.75 \times 4 + 1500 \times 0.75 \times 8}{2000 \times 0.5 + 3000 \times 0.5 + 2500 \times 0.75 + 1000 \times 0.75 + 1500 \times 0.75} = 5.18$$

该地区拟设置的仓库 D 的位置为：（5.16，5.18）。最后还要进行实地考察，排除河流、道路、已有建筑等客观因素，确定比较合理的位置。

📖 应用案例

H 市蔬菜配送网络规划

根据 H 市交通运输、物流业发展现状以及蔬菜配送现状，以运输路径为基础，构建 H 市蔬菜配送网络。

（1）运用地理信息系统，进行城区蔬菜配送中心初步选址。确定 14 个农贸市场作为候选的配送中心（编号 1～14）。

（2）利用灰色综合评价法对配送中心进行二次选址。经过综合评价，14 个农贸市场的综合得分为：W_1=3.195；W_2=3.125；W_3=2.994；W_4=3.084；W_5=3.161；W_6=3.131；W_7=3.190；W_8=3.176；W_9=3.186；W_{10}=3.127；W_{11}=3.010；W_{12}=3.191；W_{13}=3.094；W_{14}=3.145。

将以上候选配送中心的评价分值从大到小排序可得：$W_1>W_{12}>W_7>W_9>W_8>W_5>W_{14}>W_6>W_{10}>W_2>W_{13}>W_4>W_{11}>W_3$。

从评价分数来看，分值越高的地方越适合建配送中心，设定评价分数低于3.10的不适合做备选点。所以，将得分 W_3、W_4、W_{11}、W_{13} 的市场排除，最后确定其他 10 家得分较高的市场作为配送中心的备选点，即 W_1、W_2、W_5、W_6、W_7、W_8、W_9、W_{10}、W_{12}、W_{14}。

（3）利用遗传算法确定配送网络。根据配送中心选址情况，构建基于时间窗约束的城区蔬菜配送网络模型，并以配送成本最低、客户时间满意度最大为目标函数，进行遗传算法编程。通过运行程序得出最优结果，确定 H 市城区蔬菜的最终配送网络。

最终从 10 个备选点中选定 W_1、W_2、W_5、W_6、W_8、W_9、W_{10} 作为蔬菜配送中心，构建城区蔬菜配送网络。这些配送中心在服务自身市场的同时，还为周边其他 60 个农贸市场提供蔬菜配送服务。

（4）配送网络运营保障措施。主要包括：将数量众多的中小型企业联合起来，共同组建企业联盟；争取政府支持；推动政府制定相关行业法规；加大农产品物流基地、配送中心、仓储等设施的建设力度；提升物流信息化水平；培养现代物流专业人才。

本章实训

（1）实训项目：企业仓储网络规划或配送网络规划。

（2）实训目的：选择一家具有仓储网络或配送网络的企业，了解其网络的现状，能够分析存在的问题，并提出优化的建议。

（3）实训内容：①调查企业战略以及仓储或配送网络方面的资料，并进行整理；②根据调查资料，分析和描述企业仓储或配送网络的现状；③运用所学知识，分析企业仓储或配送网络方面存在的问题；④讨论企业仓储或配送网络方面问题的解决方法。

（4）实训要求：明确实训活动的总体安排和要求；学生按 4～6 人进行分组；每组制订实训活动计划方案；确定实训活动的进度安排。

（5）实训考核：要求每组写出实训活动报告；对各组实训情况进行评价。

复习思考题

1. 单项选择题

（1）（　　）是一种经营战略，是物流企业为实现中长期经营目标、获取持久竞争优势，针对仓储和配送环节所制定的全局性规划与策略。

A. 仓储和配送战略　　　　　　　B. 仓储网络规划

C. 配送网络规划　　　　　　　　D. 仓配一体化战略

（2）（　　）使得仓储和配送整体化和同步化运作，实现仓储和配送的无缝衔接，旨在提高仓储配送效率，降低仓储配送成本，为客户提供一体化的服务。

A. 仓储和配送网络　　　　　　B. 仓配一体化

C. 仓储和配送战略　　　　　　D. 物流战略规划

（3）（　　）是指企业物流系统中各仓库之间完全独立，各仓库处于并列地位，每个仓库的决策目标是使自己的库存策略最优。

A. 集中库存　　　　　　　　　B. 仓储战略

C. 仓储战略管理　　　　　　　D. 分散库存

（4）（　　）是对一定区域内仓储网络进行科学规划的过程，其基本目标是仓储网络的最优。

A. 配送网络规划　　　　　　　B. 仓储网络规划

C. 仓储和配送规划　　　　　　D. 库存规划

（5）将物流系统的资源供给点与需求点看成分布在某一平面范围内的物体系统，各供给点与需求点的物流量可分别看成物体的重量，物体系统的重心将作为仓库的最佳位置点。这种方法被称为（　　）。

A. 战略规划　　　　　　　　　B. SWOT 矩阵法

C. 综合评价法　　　　　　　　D. 重心法

2．**多项选择题**

（1）基本经营战略包括（　　）。

A. 目标集聚战略　　　　　　　B. 差异化战略

C. 总体发展战略　　　　　　　D. 总成本领先战略

（2）仓配一体化的优势包括（　　）。

A. 增大客户服务时效　　　　　B. 降低仓配服务成本

C. 提高企业服务水平　　　　　D. 增加企业利润

（3）集中库存的优势包括（　　）。

A. 减少分公司库存　　　　　　B. 降低经营成本

C. 及时对市场做出响应　　　　D. 降低总库存水平

（4）仓储网络规划的原则包括（　　）。

A. 适应性原则　　　　　　　　B. 全局最优原则

C. 协调性原则　　　　　　　　D. 经济性原则

（5）仓储网络规划的内容包括（　　）。

A. 仓库数量的确定　　　　　　B. 各仓库规模的确定

C. 确定各仓库的具体位置　　　D. 确定所有节点的总体规模

（6）配送网络规划的影响因素包括（　　）。

A. 客户服务内容　　　　　　　B. 市场需求

C. 配送成本　　　　　　　　　D. 产品特征

3．**问答题**

（1）简述制定仓储和配送战略的程序。

（2）简述仓配一体化战略实施的关键因素及策略。

（3）简述集中库存的优势与劣势，并分析分散库存的优势和劣势。

4．计算题

M_1、M_2 分别为货源地，分别生产 A、B 两种产品。N_1、N_2、N_3 是产品需求地，具体数据资料如表 9-11 所示。假如要建一个中转仓库，负责将两种产品分拨给 3 个需求地。请用重心法计算中转仓库的位置。

表 9-11　数据资料

货源地和需求点	位置（x，y）	产品	运输总量/吨	运费费率
M_1	（1，1）	A	3000	0.06
M_2	（0，3）	B	7000	0.06
N_1	（2，4）	A、B	5000	0.08
N_2	（5，2）	A、B	2000	0.08
N_3	（6，9）	A、B	3000	0.08

参考文献

[1] 汝宜红，宋伯慧. 配送管理[M]. 北京：机械工业出版社，2021.

[2] 梁军. 仓储与配送管理[M]. 南京：南京大学出版社，2019.

[3] 梁旭，刘徐方. 物流仓储与配送管理[M]. 北京：清华大学出版社，2017.

[4] 刘南，兰振东. 运输与配送[M]. 北京：科学出版社，2017.

[5] 邓春姊，卢改红. 仓储管理[M]. 南京：南京大学出版社，2016.

[6] 孙家庆，杨永志. 仓储与配送管理[M]. 北京：中国人民大学出版社，2016.

[7] 赵小柠. 仓储管理[M]. 北京：北京大学出版社，2015.

[8] 赵佳妮，朱卫平，李智忠. 仓储配送管理[M]. 北京：国防工业出版社，2015.

[9] 陈胜利，李楠. 仓储管理与库存控制[M]. 北京：经济科学出版社，2015.

[10] 唐连生，李滢棠. 库存控制与仓储管理[M]. 北京：中国物资出版社，2011.

[11] 刘云霞. 仓储规划与管理[M]. 北京：清华大学出版社，2013.

[12] 曹军，陈兴霞. 仓储与配送管理[M]. 北京：中国物资出版社，2010.

[13] 王皓. 仓储管理[M]. 北京：电子工业出版社，2013.

[14] 何庆斌. 仓储与配送管理[M]. 上海：复旦大学出版社，2011.

[15] 刘彦平. 仓储和配送管理[M]. 北京：电子工业出版社，2011.

[16] 唐纳德·沃尔特斯. 库存控制与管理[M]. 李习文，李斌，译. 北京：机械工业出版社，2011.

[17] 李勇昭. 2021年中国仓储业发展回顾与2022年展望[J]. 中国储运，2022（04）：26-29.

[18] 崔睿玲. 盒马鲜生的物流配送合理化研究[J]. 中国物流与采购，2022（18）：51-52.

[19] 史磊. 面向智慧水务的仓储管理创新实践[J]. 城镇供水，2022（04）：104-108+6.

[20] 高浩文，李士统，孟涛. 航空发动机修理物料的精准配送管理与应用[J]. 航空动力，2022（01）：31-34.

[21] 高鹏. B2B电商环境下快消品仓配一体化运作模式研究[J]. 全国流通经济，2021（10）：18-20.

[22] 陈明超，刘汝丽. 新零售业态下的仓配一体化模式研究——以盒马鲜生为例[J]. 价值工程，2020（18）：115-118.

[23] 冯菊，刘嘉诺，徐林. "互联网+"背景下电商物流的仓配一体化研究[J]. 物流工程与管理，2019（07）：83-84.

[24] 郭军，李俊，杨晶晶. 烟草行业物流线路的优化措施[J]. 计算机产品与流通，2018（7）：269+271.

[25] 董云飞. 煤炭企业采购物资安全库存研究[J]. 煤炭经济研究，2016（7）：69-72.

[26] 张学礼，等. 国家标准《城市物流配送汽车选型技术要求》释义[J]. 专用汽车，2015（04）：62-65.

[27] 郭秋实，等. PDCA 管理法在降低自动化药房库存差错率中的应用[C]//中国药学会.2015 年中国药学大会暨第十五届中国药师周论文集.吉林大学第一医院二部药品管理部，2015:247-254.

[28] 郑红友. 订货点技术在 X 公司的应用[J]. 南通纺织职业技术学院学报，2014（02）：22-24.

[29] 刘红辉. 浅谈仓储物流营销[J]. 中国储运，2014（04）：126-128.

[30] 胡彦林. 钢铁深加工 ERP 系统中的 JMI 联合库存与物流管理[C]//中国计量协会冶金分会，《冶金自动化》杂志社. 中国计量协会冶金分会 2013 年会论文集. 武汉钢铁工程技术集团自动化有限责任公司技术质量部，2013:606-608.

[31] 潘剑雄等. 烟草商业企业配送车辆调度问题[J]. 中外企业家，2013（30）：99-103.

[32] 邹兴艳. 永川人人乐超市物流仓储成本研究[J]. 现代商业，2012（10）：50.

[33] 刘亚行. 仓库平面布局调整及工艺布局优化方案的计划与实施[J]. 物流工程与管理，2012（02）：83-85.

[34] 姜海燕. 基于 4R 理论的联邦快递在华营销策略[C]//Wuhan University,Scientific Research Publishing,Engineering Information Institute.Proceedings of Conference on Web Based Business Management(WBM2011). 中央财经大学;内蒙古财经学院，2011:437-440.

[35] 陆华. 集中库存对不同产品配送模式的影响研究[J]. 物流技术，2010（17）：75-77.

[36] 朱海龙，孙永风. 试论大区公司集中库存管理[J]. 国际石油经济，2009（09）：62-65+96.

[37] 高剑锋、张敬源. 北京奥运物资总体配送计划探析[J]. 市场周刊（理论研究），2009（01）：96-97.

[38] 王毅. 城市配送与车辆选型[J]. 综合运输，2003（06）：46-47.

[39] 黎清，谢奕思. 卷烟分拣设备的 TPM 管理方法应用研究[C]//广西壮族自治区烟草公司柳州市公司 2020 年学术论文汇编. 广西壮族自治区烟草公司柳州市公司物流配送中心，2020:315-322.

[40] 赖英妮. 利用盘点数据分析深化仓储管理工作[C]//中国土木工程学会燃气分会. 中国燃气运营与安全研讨会（第十届）暨中国土木工程学会燃气分会 2019 年学术年会论文集（下册）. 成都燃气集团，2019:513-516. DOI:10.26914/c.cnkihy.2019.022856.

[41] 吴卓红. 优化货位管理提高仓储作业效率[C]//中国土木工程学会燃气分会.中国燃气运营与安全研讨会（第十届）暨中国土木工程学会燃气分会 2019 年学术年会论文集（下册）. 成都燃气集团股份有限责任公司供应部仓库，2019:525-530. DOI:10.26914/c.cnkihy.2019.022859.

[42] 李志伟等. 宣钢实施备件零库存及包线管理的实践[C]//河北省冶金学会,上海市金属学会，湖北省金属学会，江苏省金属学会，山东省金属学会. 2015 电子商务在钢铁交易及冶金设备、备品备件管理中的应用交流推介会论文集. 河北钢铁集团宣化钢铁公司机动处，2015:85-90.

[43] 史乐蒙. 中国大宗商品仓储管理进入标准化时代[N]. 期货日报，2022-08-26（007）.

[44] 傅苏颖. 打通"最后一百米"国药控股再造社区药品配送全流程[N]. 中国证券报，2022-05-13（A07）.

[45] 刘倩. 一个云仓撬动数千家制鞋企业[N]. 泉州晚报，2021-7-16（008）.

[46] 杜朋举. 买得舒心 卖得开心[N]. 陕西日报，2020-07-26（001）.

[47] 张柳杨. 派单模式下考虑骑手异质性的外卖配送策略研究[D]. 重庆：重庆大学，2021.

[48] 马思佳. 考虑时变及天气影响的外卖专送配送路径问题研究[D]. 北京：北京交通大学，2021.

[49] 田源. 餐饮外卖配送路径问题研究[D]. 马鞍山：安徽工业大学，2021.

[50] 张晋熙. YNYZ 仓配一体化管理规划研究[D]. 昆明：云南财经大学，2021.

[51] 黄生金. X 乳业公司配送网络优化研究[D]. 济南：山东财经大学，2021.

[52] 刘俊荣. 面向需求激增的末端配送资源配置优化研究[D]. 北京：北京交通大学，2020.

[53] 杨靖雯. 时空因素对 O2O 外卖配送服务影响及其配送方式的选择策略[D]. 大连：东北财经大学，2020.

[54] 张颐铭. 烟台市城乡配送网络优化研究[D]. 济南：山东财经大学，2020.

[55] 张馨月. 新疆烟草公司物流配送成本控制研究[D]. 石河子：石河子大学，2020

[56] 马天山. BL 公司物流配送网络管理体系的优化研究[D]. 杭州：浙江理工大学，2019.

[57] 缪林. 现代服务理念下物流园区仓配一体化业务流程优化研究[D]. 泉州：华侨大学，2019.

[58] 向思诺. 城市社区电商物流终端配送模式选择研究[D]. 武汉：武汉科技大学，2018.

[59] 郭浩. H 市城区蔬菜物流配送网络构建研究[D]. 福州：福州大学，2018.

[60] 吴丽红. 零售商线上渠道生鲜品配送方式决策研究[D]. 北京：北京交通大学，2017.

[61] 崔琦. 辽宁省冷冻水产品东北地区冷链配送网络规划研究[D]. 哈尔滨：哈尔滨商业大学，2016.

[62] 郭毅. 基于供应链的 NLT 公司库存集中化策略研究[D]. 北京：北京工业大学，2016.

[63] 覃铭. 电网企业仓储网络布局优化研究[D]. 北京：华北电力大学，2015.

[64] 李红瑶. 基于 4Ps 理论的第三方物流企业营销策略创新研究[D]. 长春：东北师范大学，2012.

[65] 潘剑锋. SH 粮油仓储有限公司发展战略研究[D]. 青岛：中国海洋大学，2012.

[66] 庄永香. HX 公司物流业务组合战略研究[D]. 南宁：广西大学，2012.

[67] 王沛. 分销资源计划（DRP）在品牌服装企业的实施应用研究[D]. 泉州：华侨大学，2012.

[68] 陈黎. 第三方物流企业市场营销体系构建研究[D]. 重庆：重庆交通大学，2011.

[69] 郭俐. 基于车辆选择的农产品物流配送问题研究[D]. 呼和浩特：内蒙古工业大学，2009.

[70] 周兰兰. 基于服务体系的物流营销模式研究[D]. 大连：大连海事大学，2010.

[71] 冉泽松. 连锁超市的配送系统设计和优化分析研究[D]. 泉州：华侨大学，2009.

[72] 刘松. 物流配送计划编制的研究[D]. 成都：西南交通大学，2007.

[73] 华山. 中铁快运物流青岛分公司营销战略研究[D]. 北京：北京交通大学，2007.

[74] 徐秋杰. 中小物流企业营销现状及策略研究[D]. 青岛：中国海洋大学，2006.

[75] 戴霞丽. 成本导向的集中与分散库存策略研究[D]. 上海：上海海事大学，2004.

[76] 刘玄昊. 成东物流公司物流服务质量研究[D]. 成都：电子科技大学，2003.